中外高中数学课程融合的思考与实践

总主编　王红军

主　编　金宝铮

中国教育出版传媒集团

高等教育出版社·北京

内容提要

　　高中阶段举办中外合作办学项目的重要意义与价值之一是通过中外课程的实践与比较，深入思考其不同背后所体现的对学生能力培养的各自特色和优势，为我国新一轮高中课改提供可以借鉴的经验和思路。

　　本书是北京市第三十五中学"中美双文凭国际高中合作课程项目"的数学教师历经六年的教学实践，从培养学生数学学科核心素养角度出发，将中外高中数学内容进行比较与融合的感悟与体会。全书分为上篇和下篇。上篇分为代数、几何、概率统计、微积分四个模块，对中外高中数学课程的设置进行了比较，分析了不同国家相应课程设置的优劣，结合我国的实际情况，结合学生的终身发展需求，提出了融合的具体方案。下篇重点探讨学生能力的培养与发展。对于数学能力的培养如何落实到课堂上，本书提供了大量鲜活的案例，展示了众多成功的教学设计。

　　本书为高中阶段中外合作课程项目的数学教师提供了一个相对系统、翔实的教学样本和范例，可供中学数学教师教学参考使用。

图书在版编目（CIP）数据

中外高中数学课程融合的思考与实践 / 王红军总主编；金宝铮主编 . -- 北京：高等教育出版社，2023.2
ISBN 978-7-04-058613-8

Ⅰ . ①中… 　 Ⅱ . ①王… ②金… 　 Ⅲ . ①中学数学课 – 教学研究 – 高中 　 Ⅳ . ① G633.602

中国版本图书馆 CIP 数据核字（2022）第 071677 号

ZHONGWAI GAOZHONG SHUXUE KECHENG RONGHE DE SIKAO YU SHIJIAN

| 策划编辑 | 安　琪 | 责任编辑 | 安　琪 | 封面设计 | 贺雅馨 | 版式设计 | 徐艳妮 |
| 责任绘图 | 杨伟露 | 责任校对 | 张　薇 | 责任印制 | 赵义民 | | |

出版发行	高等教育出版社	网　　址	http://www.hep.edu.cn
社　　址	北京市西城区德外大街 4 号		http://www.hep.com.cn
邮政编码	100120	网上订购	http://www.hepmall.com.cn
印　　刷	北京中科印刷有限公司		http://www.hepmall.com
开　　本	787mm×1092mm　1/16		http://www.hepmall.cn
印　　张	18		
字　　数	350 千字	版　　次	2023 年 2 月第 1 版
购书热线	010-58581118	印　　次	2023 年 2 月第 1 次印刷
咨询电话	400-810-0598	定　　价	36.20 元

基于国际视野的教育自觉

红军是我多年来一直关心并关注着成长的一名教师。近日，欣闻她和三十五中国际部的教师团队在北京市特级教师金宝铮的指导下正在计划出版一套关于中外高中课程融合的书，我的心中甚是欣喜和欣慰。

教育国际化并非是西方化，也不是国际趋同化。在教育国际化进程中，我们遇到两个方面的挑战：一是在引进先进技术和先进管理理念的同时如何创新，如何跨越？二是如何应对西方文化渗透问题？这两个问题都是教育需要应对的，其本质就在于如何在实现教育国际化过程中保持教育的本土化。如果不能在实现教育国际化过程中保持教育的本土化，那所谓的"他山之石，可以攻玉"就只是在自我设定的框架里打转。而这正是红军和她的团队开展课程融合研究的珍贵所在。以中华民族的优秀传统文化为根基，同时吸收借鉴外来的科学方法，创设中西合璧的课程，最终走出的是一条具有鲜明中国教育特色的学校改革路径。

在新时代的背景下，建设现代化教育强国，我们需要植根中国大地，面向世界舞台，借鉴国际经验，吸收先进内容。办学不能只是盯着"脚下"，也要常"抬头"看世界。我们既不能妄自尊大，也不能妄自菲薄。要学习人家好的东西，自己也要有好东西让人家学习。要通过"洋为中用"，最终形成民族的、科学的、大众的，面向未来、面向世界、面向现代化的中国教育，这才是真正的教育自觉、教育自信、教育自强。教育首先要立足本土，注重挖掘、扩展自己的教育资源，然后再去借鉴、吸收别人的东西。怎么学？学什么？本书是一个很好的范例——可以学的内容分两个层面，一个是"理"的层面，一个是"用"的层面，这两个层面相互影响。"理"是指基本教育理念和学习观，"理"的形成和发展有一个长期过程。"用"是指具体的教育模式和教学手段等。从"理"和"用"的视角阅读《中外高中数学课程融合的实践与思考》，可以更深地发掘该书的价值。

前　言

　　追溯我对中外基础教育的比较产生浓厚兴趣的缘由，还得从 2009 年首批赴美交换生开始说起。那一年，我还在北京三十五中与北京市联合国教科文组织协会共同开展中外半年期交换生项目，第一批学生经历赴美半年交换学习生活回国后的变化，引起了我的深思：为什么仅半年时间学生就变得如此主动、如此有规划？为什么学生在国外学了看似"简单"、看似没有我们"有深度""有难度"的课程，回来继续高中的学习时成绩会越来越好？当看到他们学会面对压力与挑战，学会理解责任与担当，对祖国和父母更加感恩，并且开始学着规划自己的人生后，我又开始思考：是不是把所有时间都用来"刷题"成绩就好？中学阶段到底学什么对学生是更重要的？如何激发学生的成长内驱力？同时，我们也在反思，现代社会的竞争早已经不局限于一地、一城、一国，在全球竞争日趋激烈、国际合作日趋紧密的今天，国家的发展和国际形象的树立需要大批具备国际视野和国际竞争力的高素质人才，个体要得到更好的成长与发展也需要具备国际视野。教育应如何为中国在国际舞台上发挥积极作用做好相应的人才储备？教育应如何为中国的青少年未来在全球范围内有更广阔的发展前景，同时为民族、为国家、为人类命运共同体做出更积极贡献？作为基础教育工作者的我们，又应该承担起什么样的责任与使命？

　　因惑而思，起步探索。2011 年，我在朱建民校长的支持下，开始筹备创办北京三十五中"中美双文凭国际高中合作"项目，并申请了"基础教育国际化人才培养模式的中美比较研究——基于课程体系的建构与探析"课题，希望在探索与实践的同时以科研为途径寻找世界优质教育的优秀基因"洋为中用"：在项目中通过深入引进国外的部分课程与资源，开展中外基础教育的比较研究，深度分析中学阶段学生内驱力成长的影响因素，剖析中学教育的本质，进而深度探索"为学生终身发展奠基"的有温度的教育模式。

　　2012 年，三十五中"中美双文凭国际高中合作"项目获得正式批准。"国际视野，中国道路"——项目伊始我们就强调，公办学校办国际教育，绝不是为少数人出国服务。国际教育不是目的而是途径，我们要以国际教育为一种途径培养具有"全球胜任力"，能够代表中国与世界对话、代表中国与世界合作的具有中国情怀的世界人，具有世界胸怀的中国人。同时，通过教育的中外交流互鉴过程，促进中国教育的现代化，促进课程改革和人才培养模式改革，培养学生的国际视野，从而让不能走出国门的学生在国内也能接受面向世界的教育。也因此，我们国际合作项目的定位在一开始就十分明确："成为全校新课改的实验田、新课程的孵化器、优秀教师的研修基地。"在整个项目中，教师在中西合璧的探索中西学中用，在交流碰撞中不断迸发出对教育的思考与热情。但是，我们也逐渐感受到，课程是达到育人目标的关键因素，有什么样的课程质量就有什么样的人才质量，有什么样的课程特色就有什么样的育人特色。高中阶段的中外合作课程项目也是为党育人、为国育才的教育，更承载着为国家培养具有全球竞争力的优秀人才的责任和使命，我们需要坚守创办国际合作项目的初心，培养能够代表中国与世界对话、与世界合作的优秀人才。因此，仅仅跟着外方课程完成出国读书所需要的考试不能称之为国际教育，也不能支撑我们的人才培养目标，更不能在高中阶段帮助学生打下深厚的中国底色。

扎根中国大地，博采众家之长，探索共同之道，建构更现代的课程内容体系和更合理的课程结构关系——我们在 2012 年到 2015 年中美基础教育比较研究的基础上，以我国课程为基础开始进行部分理科课程的融合与实践，期待保留我国理科课程的基本脉络和扎实功底，同时融入外方课程在探究、实验、应用等方面的优势，更加有助于学生学科核心素养的培养，更加有利于创新型人才的培养，并为我国高中新课改提供可以借鉴的国际经验。我们期待国际合作项目形成具有中国底色、中国特色的独立课程体系；期待国际合作项目培养的学生能够保有中国留学生的优势，能够为世界贡献独特价值；当然，我们更期待有一天能够形成具有完整的中国自主知识产权、被国际认可的课程，让全球的华人学子、全球对中国感兴趣的学生都能学习我们的课程！期待中国的基础教育课程能够为世界贡献更多的价值！

数学教师出身的我，先从数学课程开始实践。《中外高中数学课程融合的实践与思考》一书是在这样的理念下，由三十五中国际合作项目数学教师团队经多年的实践与探索，进行了几轮大胆的尝试与优化，在北京市特级教师金宝铮的亲自指导与带领下，先后对十几个国家的课程标准和教材进行了细致的分析和研究，同时对我国基础教育的优势与不足进行了剖析，在此基础上对中外高中课程进行融合，制定了以"代数、几何、概率统计、微积分"作为四条主线的具有中国特色、适合高中生未来发展所需知识和能力的中外融合高中数学纲要。这部纲要注重数学知识的系统性，同时考虑到适应不同方向发展的需求。比如目标是理工科专业的学生就可以在微积分的内容上多下功夫；志向在商业、金融专业的学生可以在概率统计领域进行更多的研究；而目标是艺术、体育专业的学生则渴望更为广泛的数学知识，但是对于知识深度的要求可以适当放宽，这充分体现了以学生未来发展为主的主导思想。

这些年在主持和反思三十五中国际合作项目的发展过程中，一方面我们坚定自信，自觉传承与弘扬中华民族的优秀传统文化与教育优势，另一方面，我们积极稳妥地扩大对外开放，吸收和借鉴国外的先进技术与教育成果。这种吸收借鉴，不是照搬，更不是西化，而是消化吸收后的自我充实和完善。本书在纲要的指导下，从一线教学现场的视角进行了翔实记录，汇集了教师日常教学的精华，供国内同行参考，同时也为国外同行了解中国的高中数学打开一扇窗。

参与本书编写者（按照汉语拼音排序）：

董志军　金宝铮　李　一　刘　姣　刘月盈　宋肖珺

魏　楠　谢佳汐　徐　琳　张春利　赵思嵋

特别感谢刘焱鑫老师在全书的整理过程中做出了辛苦的努力。

王红军

2022 年 7 月 15 日

目录

上篇　中外课程的融合

下篇　数学能力的培养

上篇 中外课程的融合

§1.1
概述

一、中外代数课程的比较

1. 综述

代数内容比较丰富，主要内容为数、式、方程、函数、数列、数论六个模块，如果把数列归为函数，即看作整标函数，数论分别放在数和方程内，就变成四个模块内容．从不同国家的课程标准看，代数的内容还是比较趋同的，代数的四个模块内容是进一步学习不可或缺的内容，各个国家对此都比较重视．

单纯看我国的课程标准，对于上述四个模块内容的要求还是比较高的．特别是在函数部分，与各国课程相比，内容应该是最全面系统的，要求也是最高的．我国课程标准中的函数包含幂函数、指数函数、对数函数、三角函数四类初等函数；国外的课程标准很少有幂函数，对于对数函数，有些国家也只要求到自然对数的函数；有些国家对于三角函数只研究正弦．

在研究的角度方面，我们研究了函数的单调性、奇偶性、周期性及复合函数．国外只有少数国家研究上述性质．有一部分国家不研究复合函数．除此之外，我们还研究了函数的图像变换，包括平移变换、对称变换以及相应的性质，国外课程标准则很少涉及，也有些国家的课程标准要求借助图形计算器来完成上述研究．三角函数的诸多公式中，两角和差的公式，倍角公式、半角公式，仅有我国与俄罗斯等少数国家的课程标准有相关要求．我们认为掌握将三角函数式变形的能力对于学生进一步的学习，特别是解决数学分析中求函数的积分问题十分重要，我们保留了其中大部分公式，仅删除了和差与积的互化公式．

考虑到对于初等函数研究的完整性，以及学生进一步发展的需要，我们在函数模块采用了国内的课程要求，增加了反三角函数，完整研究五类初等函数．希望通过对上述五类初等函数的研究，学生能够学会对于一般函数研究的方法和手段，遇到未知的函数也能独立地开展研究.

对于数，从实数扩充到复数，各个国家的要求都是这样，但是其深度要求还是有差异的，有些国家只讲复数的代数形式，对于复数的三角形式和指数形式，如棣莫弗定理，大部分国家（包括我国）的课程是不做要求的.对于学有余力的学生，我们还是建议介绍复数的三角形式和指数形式.对于数论中整数的知识，我们没有刻意地作为新课来讲解，因为其中大部分内容在小学阶段已经学习完成，例如公约数、公倍数、简单的整除等.

关于方程（包括多项式），一些国家对于因式定理、带余除法、高次方程等都有要求，考虑到学生未来发展的需要，我们补充了相关的内容.少数国家对于不定方程是有明确要求的，考虑到学生的发展方向，数论不是人人必须掌握的主流内容，也不是学习数学分析和高等代数必须掌握的内容，故不定方程暂不列入我们的教学计划.

数列作为自变量为非负整数的函数，亦可被称为整标函数，主要研究两类常用的数列：等差数列和等比数列.数列的知识也将是后面学习各种级数的基础，但是不宜在此做过多的扩充，同时，将数学归纳法融入于此，让学生掌握一种新的证明方法，这种方法不仅能证明与数列有关的问题，还可以证明与正整数有关的许多问题.

2. 知识与能力要求的比较

现在普遍认为国内的基础教育明显优于国外的基础教育，其中的原因是多样的，如果单纯从数学的角度来看，代数基础的优势在其中所占的比重还是很大的.通过研究不同国家的课程标准，我们发现，一些国家的高中数学内容，我国在初中阶段就已经完成了.国外对于函数的研究，有些是借助直观观察完成的，而我们都是从严谨的数学定义出发，使用数学的符号和语言严格论证，甚至很多的论证都是师生共同探究得到的.

国外研究代数模块，更侧重从实际问题引入，渗透数学建模，虽然我们现在的核心素养要求也将数学建模能力纳入其中，但是在教学中还有较大的提升空间.

二、融合的出发点和具体实践

鉴于上面的分析，从学生未来发展考虑，结合国内对于学生学业水平考试的要求，我们在内容上基本保留了必修教材中关于函数的全部内容，同时增加了关于多项式的内容，如因式定理、带余除法等.在能力的要求上，我们适当削弱了试题的难度，删除了对变形技巧要求较高的题目，有助于学生理解和掌握基本的数学概念和相关的定理及性质.

三、代数融合的教学案例

我们选择了五个案例：

1. 等比数列的求和公式

等比数列求和公式的推导，一般选用经典的错位相减法，这个方法与高斯给出的等差数列求和公式的推导，都是天才般的奇妙想法，如果没有教师传授，学生独立想到这两个想法是非常困难的．教师借用了学生所熟悉的乘法公式，启发学生将等比数列的求和问题利用多项式的乘法给予解决，给人耳目一新的感觉．

2. 诱导公式

在技术不发达的时代，人们利用诱导公式将求任意角的三角函数值转化为求 $\left[0, \dfrac{\pi}{2}\right]$ 的三角函数值，然后使用四位数学用表来查出三角函数的近似值．教师从基础的定义出发，借助本节内容，充分展示了数学知识的系统性、严谨性，对于培养学生的数学素养起到很好的示范作用，值得学习和思考．

3. 两角和与两角差的余弦公式

这部分内容难度较大，特别是公式发现的过程，教师在此做了精心的设计，没有将结论直接给学生，而是给出具体数据先让学生猜测两角和的余弦等于什么，学生很容易猜出一个错误的结论．经过学生自己分析、发现错误，再进一步探究、寻找正确的结论并给出证明的过程，整节课就像一个小型的研究课题，充分体现了教学中关注知识形成的过程这一理念．

4. 正弦定理

借助数学实际问题提出研究的课题后，很多教师都会直接给出定理的证明，但是如何启发学生去探究？如何利用学生最熟悉的直角三角形去发现定理的证明？后文将给出答案．

5. 矩阵乘法

矩阵的内容目前在国内的必修教材中没有出现，但是在国外的教材中相对比较普遍．在介绍矩阵的乘法法则过程中，我们增加了丰富的实际背景知识，使得原本枯燥的法则变得生动易懂．

案例　等比数列的求和公式

一、教学背景分析

数列是高中数学的重要内容之一，并且起到承前启后的作用．一方面，数列作为一种特殊的函数，蕴涵着函数思想；另一方面，数列为后续的极限知识做好准备．等比数列是在等差数列之后学习的，在教学过程中教师可以引导学生类比等差数列的思想来学习等比数列．学情方面，学生学习过的函数基本上都是连续型的，对于这样离散型的整标函数还是比较陌生的．学习过程中可以类比函数的性质，但还要注重区别．

教学重难点： 等比数列的求和公式的探究过程；等比数列的通项公式与求和公式．

二、教学目标设置

1. 理解等比数列的概念；理解等比数列的通项公式与求和公式．

2. 经历探究等比数列求和公式的过程，培养学生观察分析、猜想归纳、应用公式的能力．

3. 培养学生细心观察、认真分析、善于总结的良好思维习惯．

三、教学方法使用

教学方法： 探究式．

四、教学过程设计

第一阶段：创设情境，引出问题

棋盘上的麦粒．根据历史传说记载，国际象棋起源于古印度，相传国王要奖赏国际象棋的发明者，问他想要什么，发明者说："请您在棋盘的第一个格子里放1粒麦子，第二个格子里放2粒，第三个格子里放4粒，第四个格子里放8粒，以此类推，每一个格子里的麦子数都是前一个格子里麦子数的两倍，直到最后一个格子，即第六十四格放满为止．如果国王赏给我这么多数目的麦子，我就十分满足了．"

教师启发：请大家在格子里画一画，如果我们把放在每一个格子里的麦子的数量，看作一个数列 $\{a_n\}$：$1, 2, 4, \cdots, 2^{63}$ 的话，那么请你观察这个数列，它有什么样的特点？

学生：每一项都是前一项的 2 倍．

> **问题 1：对比上节课学的等差数列，你们可以给这个数列起个名字吗？**

学生 A：我觉得应该叫等比数列．

教师：为什么叫等比数列？

学生 A：等差数列讲的是一个数列，从第二项开始，每一项与前一项的差都等于同一个常数，所以叫等差数列．而这个数列从第二项开始，每一项与前一项的比都等于同一个常数，所以叫等比数列．

教师：你说的很好，一个数列从第二项起，每一项与前一项的比都是常数 r（$r \neq 0$），则称它是等比数列．

等比数列 $\{a_n\}$：$\dfrac{a_{n+1}}{a_n} = r$（$r \neq 0$），对于任意 $n \in \mathbf{N}^*$ 都成立，其中 r 为常数．

同学们想一想，为什么这个常数不为 0？

学生 B：因为分母不能为 0．

> **问题 2：请大家类比等差数列的学习过程，自己根据定义推导出等比数列的通项公式．**

以下是学生的推导过程：

$$\frac{a_2}{a_1} = r, \ \frac{a_3}{a_2} = r, \ \frac{a_4}{a_3} = r, \ \cdots, \ \frac{a_n}{a_{n-1}} = r.$$

将上述 $n-1$ 个等式相乘得

$$\frac{a_n}{a_1} = r^{n-1}.$$

因此得到等比数列的通项公式

$$a_n = a_1 r^{n-1} \ (r \neq 0), \ n \in \mathbf{N}^*, \ 其中 \ r \ 叫做公比．$$

设计意图：通过棋盘上的麦粒的故事，引出问题．类比等差数列的研究方法，从知识体系和研究方法的一致性角度，让学生自己探究等比数列的定义．培养学生通过类比的方式提出问题、解决问题的意识．

第二阶段：师生合作，探究公式

回到刚才我们讲的故事，请你帮国王算一算需要准备多少麦粒才能满足他的需求呢？

如果我们想知道按照如此摆放方法，棋盘上到底有多少麦粒，学生可以自己列出

$$S_{64} = 1 + 2^1 + 2^2 + 2^3 + \cdots + 2^{63}. \tag{1-2-1}$$

学生思考如何计算．

$$S_1=1, \quad S_2=1+2^1=3, \quad S_3=1+2^1+2^2=7, \quad S_4=1+2^1+2^2+2^3=15.$$

请你观察：$S_1=1$，$S_2=3$，$S_3=7$，$S_4=15$ 有什么规律？

学生 B：$S_1=1=2^1-1$，$S_2=3=2^2-1$，$S_3=7=2^3-1$，$S_4=15=2^4-1$．

由此推断：$S_{64}=1+2^1+2^2+2^3+\cdots+2^{63}$，

$$S_{64}=2^{64}-1.$$

经过估算，这大概需要 10^{11} 吨的麦粒，所以国王不能够满足他的要求．

学生 C：我们学过一个公式：

$$a^n-b^n=(a-b)(a^{n-1}+a^{n-2}b+a^{n-3}b^2+\cdots+ab^{n-2}+b^{n-1}),$$

所以

$$(1+2^1+2^2+2^3+\cdots+2^{63})\times(2-1)=2^{64}-1.$$

教师：很好，你给出了一个很好的办法．如果我们遇到下面这个等比数列：

$$a_n=3\times\left(\frac{1}{2}\right)^{n-1},$$

或者更加一般的等比数列，你们还能使用上面的方法解决吗？

经过思考和小组讨论，学生发现上面的解法也适合于一般的等比数列求和：

学生 D：设 $a^n=a_1 r^{n-1}$，则

$$
\begin{aligned}
S_n &= a_1 + a_1 r + a_1 r^2 + \cdots + a_1 r^{n-1}\\
&= a_1\left(1+r+r^2+\cdots+r^{n-1}\right)\\
&= \frac{a_1}{1-r}(1-r)\left(1+r+r^2+\cdots+r^{n-1}\right)\\
&= \frac{a_1(1-r^n)}{1-r}.
\end{aligned}
$$

教师：你的想法真的很好，这个想法和前面同学的想法类似，但是你得到的结论基本上对于任何等比数列都成立，更具有一般性．可能会有同学有疑问了，明明证明得很好，为什么我使用"基本上"一词？大家想一想．

学生 E：我知道了，因为分数的分母不能为 0，上述推导要求公比不能为 1，可是等比数列允许公比为 1．公比如果为 1，等比数列就是一个常数数列，前 n 项和为 $S_n=na_1$．

教师：小结等比数列的前 n 项和公式：

$$S_n=\begin{cases} \dfrac{a_1(1-r^n)}{1-r}, & r\neq 1,\\[2mm] na_1, & r=1. \end{cases}$$

下面老师再给大家介绍另外一种方法，叫做错位相减法．

$$S_n = a_1 + a_1r + a_1r^2 + \cdots + a_1r^{n-1}, \tag{1-2-2}$$

$$rS_n = a_1r + a_1r^2 + \cdots + a_1r^{n-1} + a_1r^n. \tag{1-2-3}$$

式 (1-2-2) - 式 (1-2-3) 有

$$(1-r)S_n = a_1 - a_1r^n,$$

$$S_n = \frac{a_1(1-r^n)}{1-r} = \frac{a_1 - a_n r}{1-r} \ (r \neq 1).$$

公比等于 1 的情况与前一种证明方法相同．

于是 $S_n = \begin{cases} \dfrac{a_1(1-r^n)}{1-r}, & r \neq 1, \\ na_1, & r = 1. \end{cases}$

设计意图：由发现的规律得出猜想，进一步推导出一般的公式．由特殊到一般是数学发现的基本方法，也体现了数学抽象的核心素养，通过特殊的、简单的等比数列的求和结果，归纳出一般的等比数列求和公式．

第三阶段：巩固训练

例 1 已知等比数列 $\{a_n\}$ 的前几项为 2, 6, 18, 54, 162, $\cdots$，则 $a_1 = \underline{\quad}$, $r = \underline{\quad}$, $a_n = \underline{\quad}$.

解 $a_1 = 2$, $r = 3$, $a^n = a_1 r^{n-1} = 2 \times 3^{n-1}$.

例 2 已知等比数列 $\{a_n\}$ 中，$a_1 = 6$, $r = 3$. 求前 10 项的和．

解 根据 $S_n = \dfrac{a_1(1-r^n)}{1-r}$, $r \neq 1$, 得

$$S_{10} = \frac{a_1(1-r^{10})}{1-r} = \frac{6(1-3^{10})}{1-3} = 3^{11} - 3.$$

第四阶段：课堂小结，布置作业

学生自己总结本节课所学：等比数列的概念及其通项公式及求和公式．

五、教学特点与反思

1. 揭示知识形成的过程

要强化我们是如何寻找问题解决途径的，常用方法之一就是通过特殊情况发现规律，进而得出猜想，之后的工作就是对猜想加以证明．

本节对于等比数列前 n 项的和，就是先通过前 1 项和、前 2 项和、前 3 项和……发现规律，得出猜想．

2. 借助实际问题，抽象数学模型

在授课开始，我们给出了具体情境，从具体情境与问题出发，引导学生抽象出数学模型，引起学生学习数学的兴趣，激发解决问题的欲望.通过抽象出的数学问题，引导学生解决该问题.

3. 重视自主探究，感悟形成过程

课堂教学中要尊重学生已有的知识和经验，倡导学生自主探究、合作学习.本节没有直接给出错位相减法，而是给学生充分时间讨论，学生发现可以利用已知的乘法公式，顺利解决问题，教师也顺水推舟，进而得出等比数列的求和公式.

§1.3

案例　诱导公式

一、教学背景分析

诱导公式是人教版高中数学教材的重要内容，是研究三角函数的有力工具.该内容不仅是之前任意角的三角函数定义的再次应用和巩固，也为后期得到三角函数的性质和图像奠定基础，起承上启下的衔接作用.在之前弧度制的定义和任意角的三角函数的研究中，学生已经将初中接触到的角和各角对应的正余弦值的概念进行了扩充，可以得到任意一个角的三角函数值.那么在将三角函数值进行扩充定义之后，探究三角函数值之间的关系会对学生完善这一部分知识框架起到至关重要的作用，学生也能在探究的过程中感受到数学知识的逻辑性.诱导公式内容丰富，本节为诱导公式的第一节课，运用化归的思想，将求任意角的三角函数值转化为求 $\left[0, \dfrac{\pi}{2}\right]$ 中角的三角函数值问题.在处理实际问题时，辅助以三角函数值的定义，能更加快速便捷地解决问题.

人教版教材中诱导公式的内容由三角函数线的定义给出，此时学生已具备向量的相关知识.本节鉴于学生尚未学习向量的内容，故由任意角的三角函数值的定义出发，得出角的终边分别关于坐标轴和原点对称时其三角函数值的关系.

教学重难点：同名三角函数值关系的探究过程；同名三角函数值关系的证明和应用.

二、教学目标设置

1. 探究并掌握同名三角函数之间的关系，会使用诱导公式解题.

2. 从三角函数的定义出发，探究具有特殊关系的角的三角函数值之间的关系．

3. 感受数学知识发展的逻辑性，培养学生对于数学学科的兴趣，掌握科学有效的学习方法．

三、教学方法使用

教学方法： 讨论法．

四、教学过程设计

第一阶段：联系旧知，提出问题

问题 1：如何定义任意一个角的三角函数值呢？

学生 A：在角 θ 的终边上任取一点 (x, y)，则

$$\sin \theta = \frac{y}{\sqrt{x^2 + y^2}}, \cos \theta = \frac{x}{\sqrt{x^2 + y^2}}, \tan \theta = \frac{y}{x}.$$

设计意图：本节的主线是从任意角的三角函数值定义出发，探究终边对称或相同时三角函数值之间的关系，所以在第一阶段，教师通过提问带领学生再次回忆定义中的关键内容．教师强调任意角三角函数值的定义与角的终边密切相关．

第二阶段：循序渐进，自主探究

问题 2：请自主探究以下问题：如果已知 $\sin 26° = m$，那么请求出 $\sin(-26°)$，$\sin 386°$ 的值．通过你的探究还能得到什么规律？

学生 B：$\sin(-26°) = -m, \sin 386° = m.$

设计意图：在此环节，教师的提问中涉及一个非特殊角，可能会引起认知冲突．在给出其正弦值之后，利用这个唯一的已知信息探究其他相关角度的正弦值．学生面对非特殊角，只能从定义入手，最终发现角的终边所在位置的关系决定了正弦值的关系．

教师：下面我们有请一位同学来展示你是如何得到这个答案的．

学生 C：

1. $-26°$ 角的终边与 $26°$ 角的终边关于 x 轴对称，由正弦的定义可知，正弦值与 y 有关，所以 $\sin(-26°) = -m$．

2. $386°$ 角的终边与 $26°$ 角的终边相同，所以 $\sin 386° = m$．

设计意图：学生上台展示在探究过程中发现的规律，一方面体现学生是课堂的主人，通过学生的认知水平控制课堂节奏，另一方面锻炼学生表达观点的能力．

教师：那么结合这位同学的讲解，我们能不能猜想到任意一个角的相关规律并尝试用数学语言描述你的猜想．

学生D：

猜想1：$-\alpha$ 与 α 的终边关于 x 轴对称，正弦值相反，即 $\sin(-\alpha) = -\sin\alpha$.

猜想2：$\alpha+2k\pi$ 与 α 终边相同，正弦值相同，即 $\sin(\alpha+2k\pi) = \sin\alpha, k \in \mathbf{Z}$.

设计意图：带领学生感受数学研究的过程，通过对一个特殊问题的研究得出一般猜想并尝试用数学语言描述一般猜想，进而继续下一步的证明．在实际研究问题的过程中，学生往往会通过特殊情况直接得出结论，但这是不对的研究方法．证明成立需要有普适性，否定命题则需要特殊例子．数学研究的方法可以在这种日常探究中不断渗透给学生．

教师：接下来继续进行自主探究，尝试证明以上猜想是否具有普适性．

学生E：对于猜想1：假设在角 α 的终边上有一点 (x, y)，那么在角 $-\alpha$ 的终边上必有一点 $(x, -y)$，所以 $\sin(-\alpha) = \dfrac{-y}{\sqrt{x^2+y^2}} = -\sin\alpha$.

猜想2的证明很直接，因为正弦值的定义与终边相关，所以终边相同的角正弦值相同．以上两个猜想均成立．

设计意图：在学生证明的过程中，教师指出这样的规律对研究实际问题的好处，猜想1帮助我们缩小了研究问题的范围．自此，任意角的三角函数值可以调整为研究非负角三角函数值的问题．猜想2帮助我们将正角的研究范围继续缩小，变为只需研究 $[0, 2\pi)$ 范围内的角．因此用一句口诀来总结这两个猜想就是：负角变正角，大角变小角．

例1 尝试运用"负角变正角，大角变小角"的原则，解决以下问题．

（1）$\sin\dfrac{13\pi}{2}$；（2）$\sin\left(-\dfrac{\pi}{4}\right)$.

解 （1）$\sin\dfrac{13\pi}{2} = \sin\left(6\pi + \dfrac{\pi}{2}\right) = \sin\left(\dfrac{\pi}{2}\right) = 1$.

（2）$\sin\left(-\dfrac{\pi}{4}\right) = -\sin\dfrac{\pi}{4} = -\dfrac{\sqrt{2}}{2}$.

第三阶段：逐层深入，小组合作

教师：已知条件不变，仍旧是 $\sin 26° = m$，请求出 $\sin 154°$，$\sin 206°$ 的值．这一环节进行小组合作，通过特殊问题进行猜想并证明你的猜想．

学生F：

猜想3：因为154°角与26°角的终边关于 y 轴对称，正弦值相同，$\sin 154° = m$.

故猜想：$\pi-\alpha$ 与 α 的终边关于 y 轴对称，正弦值相同，即 $\sin(\pi-\alpha)=\sin\alpha$.

猜想4：$206°$ 角与 $26°$ 角的终边关于原点对称，$\sin 206°=-m$. 故猜想：$\pi+\alpha$ 与 α 的终边关于原点对称，正弦值互为相反数，即 $\sin(\pi+\alpha)=-\sin\alpha$.

证明猜想的过程：

对于这两个猜想，假设在角 α 的终边上有一点 (x,y)，那么

在角 $\pi-\alpha$ 的终边上必有一点 $(-x,y)$，所以 $\sin(\pi-\alpha)=\dfrac{y}{\sqrt{(-x)^2+y^2}}=\sin\alpha$；

在角 $\pi+\alpha$ 的终边上必有一点 $(-x,-y)$，所以 $\sin(\pi+\alpha)=\dfrac{-y}{\sqrt{(-x)^2+(-y)^2}}=-\sin\alpha$.

所以猜想3和猜想4都成立.

设计意图：在第二阶段学生通过自主探究，感受了知识生成的过程，在这一阶段再次利用从猜想到证明的思路. 这一阶段的研究将任意角的三角函数值的研究再次缩小范围，自此只需考虑 $\left[0,\dfrac{\pi}{2}\right]$ 范围内的角.

例2 尝试将下列任意角转化为 $\left[0,\dfrac{\pi}{2}\right]$ 范围内的角进行研究.

（1）$\sin\dfrac{5\pi}{6}$；（2）$\sin\dfrac{4\pi}{3}$.

解　（1）$\sin\dfrac{5\pi}{6}=\sin\left(\pi-\dfrac{\pi}{6}\right)=\sin\dfrac{\pi}{6}=\dfrac{1}{2}$.

（2）$\sin\dfrac{4\pi}{3}=\sin\left(\pi+\dfrac{\pi}{3}\right)=-\sin\dfrac{\pi}{3}=-\dfrac{\sqrt{3}}{2}$.

第四阶段：举一反三，完善知识框架

教师：对于正弦值我们得到了很好的结论，那么对于余弦值和正切值呢？请自己尝试运用同样的方法进行探究.

学生 G：

$\cos(-\alpha)=\cos\alpha$; 　　　　$\tan(-\alpha)=-\tan\alpha$;

$\cos(\alpha+2k\pi)=\cos\alpha$; 　　$\tan(\alpha+2k\pi)=\tan\alpha$;

$\cos(\pi-\alpha)=-\cos\alpha$; 　　$\tan(\pi-\alpha)=-\tan\alpha$;

$\cos(\pi+\alpha)=-\cos\alpha$. 　　$\tan(\pi+\alpha)=\tan\alpha$.

设计意图：在前一阶段通过教师提问和小组合作的方式探究出正弦的诱导公式之后，学生利用这一研究方法，进行余弦和正切诱导公式的研究，有助于培养学生科学的数学探究思路.

例3 尝试将下列任意角转化为 $\left[0,\dfrac{\pi}{2}\right]$ 范围内的角进行研究.

（1）$\cos\dfrac{13\pi}{3}$；（2）$\tan 405°$；（3）$\cos 135°$；（4）$\tan\dfrac{8\pi}{3}$；

（5）$\cos\dfrac{7\pi}{6}$；　（6）$\tan\pi$；　　（7）$\cos\left(-\dfrac{\pi}{4}\right)$；　（8）$\tan\left(-\dfrac{\pi}{6}\right)$.

解　（1）$\cos\dfrac{13\pi}{3}=\cos\left(4\pi+\dfrac{\pi}{3}\right)=\cos\dfrac{\pi}{3}=\dfrac{1}{2}$；

（2）$\tan405°=\tan\left(360°+45°\right)=\tan45°=1$；

（3）$\cos135°=\cos\left(180°-45°\right)=-\cos45°=-\dfrac{\sqrt{2}}{2}$；

（4）$\tan\dfrac{8\pi}{3}=\tan\left(2\pi+\dfrac{2\pi}{3}\right)=\tan\left(\dfrac{2\pi}{3}\right)=\tan\left(\pi-\dfrac{\pi}{3}\right)=-\tan\dfrac{\pi}{3}=-\sqrt{3}$；

（5）$\cos\dfrac{7\pi}{6}=\cos\left(\pi+\dfrac{\pi}{6}\right)=-\cos\dfrac{\pi}{6}=-\dfrac{\sqrt{3}}{2}$；

（6）$\tan\pi=\tan(\pi+0)=\tan0=0$；

（7）$\cos\left(-\dfrac{\pi}{4}\right)=\cos\dfrac{\pi}{4}=\dfrac{\sqrt{2}}{2}$；

（8）$\tan\left(-\dfrac{\pi}{6}\right)=-\tan\dfrac{\pi}{6}=-\dfrac{\sqrt{3}}{3}$.

设计意图：练习同名三角函数关系的计算，强化知识的落实.

第五阶段：知古探今，总结提升

在数学史中，为什么会进行诱导公式的研究呢？因为任意角的三角函数值太多太杂，在没有计算器的情况下很多问题的计算过于复杂. 我们通过研究同名三角函数值之间的关系，将求任意角的三角函数值转化为求$\left[0,\dfrac{\pi}{2}\right]$范围内的三角函数值，进而通过查询三角函数值表（表1-3-1）得到结果. 随着科技的进步，计算器已经能满足我们计算任意角三角函数值的需求（如图1-3-1），但我们不能止步于依靠计算器给出结果. 因为了解诱导公式，了解其背后逻辑有助于我们加深对任意角三角函数定义的理解以及之后对三角函数图像和性质的研究. 每位同学都应自己去探究问题的本质而不是止步于得到答案.

再次回到本节得到的同名三角函数值之间的关系，我们一起进行复习：

$\sin(-\alpha)=-\sin\alpha$，$\cos(-\alpha)=\cos\alpha$，$\tan(-\alpha)=-\tan\alpha$；

$\sin(\alpha+2k\pi)=\sin\alpha$，$\cos(\alpha+2k\pi)=\cos\alpha$，$\tan(\alpha+2k\pi)=\tan\alpha$；

$\sin(\pi-\alpha)=\sin\alpha$，$\cos(\pi-\alpha)=-\cos\alpha$，$\tan(\pi-\alpha)=-\tan\alpha$；

$\sin(\pi+\alpha)=-\sin\alpha$，$\cos(\pi+\alpha)=-\cos\alpha$，$\tan(\pi+\alpha)=\tan\alpha$.

表 1-3-1　三角函数值表

序号	角度	正弦 sin	余弦 cos	正切 tan	余切 cot	序号	角度	正弦 sin	余弦 cos	正切 tan	余切 cot
1	0°	0.00	1.000	0.000	∞	32	31°	0.5150	0.8572	0.6009	1.6643
2	1°	0.0175	0.9998	0.0175	57.290	33	32°	0.5299	0.8480	0.6249	1.6003
3	2°	0.0349	0.9994	0.0349	28.636	34	33°	0.5446	0.8387	0.6494	1.5399
4	3°	0.0523	0.9986	0.0524	19.081	35	34°	0.5592	0.8290	0.6745	1.4826
5	4°	0.0698	0.9976	0.0699	14.301	36	35°	0.5736	0.8192	0.7002	1.4281
6	5°	0.0872	0.9962	0.0875	11.430	37	36°	0.5878	0.8090	0.7265	1.3764
7	6°	0.1045	0.9945	0.1051	9.5144	38	37°	0.6018	0.7986	0.7536	1.3270
8	7°	0.1219	0.9925	0.1228	8.1443	39	38°	0.6157	0.7880	0.7813	1.2799
9	8°	0.1392	0.9903	0.1405	7.1154	40	39°	0.6293	0.7771	0.8098	1.2349
10	9°	0.1564	0.9877	0.1584	6.3138	41	40°	0.6428	0.7660	0.8391	1.1918
11	10°	0.1736	0.9848	0.1763	5.6713	42	41°	0.6561	0.7547	0.8693	1.1504
12	11°	0.1908	0.9816	0.1944	5.1446	43	42°	0.6691	0.7431	0.9004	1.1106
13	12°	0.2097	0.9781	0.2126	4.7046	44	43°	0.6820	0.7314	0.9325	1.0724
14	13°	0.2250	0.9744	0.2309	4.3315	45	44°	0.6947	0.7193	0.9657	1.0355
15	14°	0.2419	0.9703	0.2493	4.0108	46	45°	0.7071	0.7071	1.000	1.000
16	15°	0.2588	0.9659	0.2679	3.7321	47	46°	0.7193	0.6947	1.0355	0.9657
17	16°	0.2756	0.9613	0.2867	3.4874	48	47°	0.7314	0.6820	1.0724	0.9325
18	17°	0.2924	0.9563	0.3057	3.2709	49	48°	0.7431	0.6691	1.1106	0.9004
19	18°	0.3098	0.9511	0.3249	3.0777	50	49°	0.7547	0.6561	1.1504	0.8693
20	19°	0.3256	0.9455	0.3443	2.9042	51	50°	0.7660	0.6428	1.1918	0.8391
21	20°	0.3420	0.9397	0.3640	2.7475	52	51°	0.7771	0.6293	1.2349	0.8098
22	21°	0.3584	0.9336	0.3839	2.6051	53	52°	0.7880	0.6157	1.2799	0.7813
23	22°	0.3746	0.9272	0.4040	2.4751	54	53°	0.7986	0.6018	1.3270	0.7563
24	23°	0.3907	0.9205	0.4245	2.3559	55	54°	0.8090	0.5878	1.3764	0.7265
25	24°	0.4067	0.9135	0.4452	2.2460	56	55°	0.8192	0.5736	1.4281	0.7002
26	25°	0.4226	0.9063	0.4663	2.1445	57	56°	0.8290	0.5592	1.4826	0.6754
27	26°	0.4384	0.8988	0.4877	2.0503	58	57°	0.8387	0.5446	1.5399	0.6494
28	27°	0.4540	0.8910	0.5095	1.9626	59	58°	0.8480	0.5299	1.6003	0.6249
29	28°	0.4693	0.8829	0.5317	1.8807	60	59°	0.8572	0.5150	1.6643	0.6009
30	29°	0.4848	0.8746	0.5543	1.8040	61	60°	0.8660	0.5000	1.7321	0.5774
31	30°	0.5000	0.8660	0.5774	1.7321	62	61°	0.8746	0.4848	1.8040	0.5543

序号	角度	正弦 sin	余弦 cos	正切 tan	余切 cot	序号	角度	正弦 sin	余弦 cos	正切 tan	余切 cot
63	62°	0.8829	0.4693	1.8807	0.5317	78	77°	0.9477	0.2250	4.3315	0.2309
64	63°	0.8910	0.4540	1.9626	0.5095	79	78°	0.9781	0.2097	4.7046	0.2126
65	64°	0.8988	0.4384	2.0503	0.4877	80	79°	0.9816	0.1908	5.1446	0.1994
66	65°	0.9063	0.4226	2.1445	0.4663	81	80°	0.9848	0.1736	5.6713	0.1763
67	66°	0.9135	0.4067	2.2460	0.4452	82	81°	0.9877	0.1564	6.3138	0.1584
68	67°	0.9205	0.3907	2.3550	0.4245	83	82°	0.9903	0.1392	7.1154	0.1405
69	68°	0.9272	0.3746	2.4751	0.4040	84	83°	0.9925	0.1219	8.1443	0.1228
70	69°	0.9336	0.3584	2.6051	0.3839	85	84°	0.9945	0.1045	9.5144	0.1051
71	70°	0.9397	0.3420	2.7475	0.3640	86	85°	0.9962	0.0872	11.430	0.0875
72	71°	0.9455	0.3256	2.9042	0.3443	87	86°	0.9976	0.0698	14.301	0.0699
73	72°	0.9511	0.3090	3.0777	0.3249	88	87°	0.9986	0.0523	19.081	0.0524
74	73°	0.9563	0.2924	3.2709	0.3057	89	88°	0.9994	0.0349	28.636	0.0349
75	74°	0.9613	0.2756	3.4874	0.2867	90	89°	0.9998	0.0175	57.290	0.0175
76	75°	0.9659	0.2588	3.7321	0.2679	91	90°	1.0000	0.0000	∞	0.0000
77	76°	0.9703	0.2419	4.0108	0.2493						

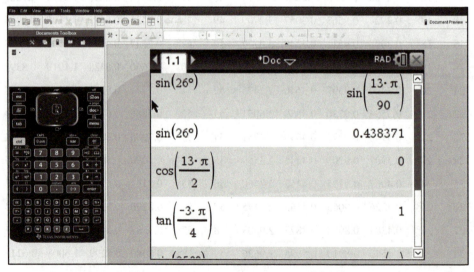

图 1-3-1

五、教学特点与反思

1. 教学过程以学生为主

本节的设计中，教师只提出驱动型问题，学生才是知识探究的主体，学生结合教师的提问可以逐步感受数学知识生成的过程．从问题入手，进行一般情况的猜想进而利用定义进行理论证明，这一过程由教师和学生合作完成．在本节的后一部分设计中，学生需要自主结合前面的探究方法进行实践，这样不仅可以将知识落实到位，更重要的是亲身体验了数学知识的研究过程．以终为始，形成知识的闭环．

2. 不要将目标限定在推导出 12 个公式上

本节的讲解关键在于让学生感受角终边的关系对研究三角函数值的帮助，最终目的不是得出大批量的公式，而是面对一个真正问题时选择什么样的解决方法．学生可以完全不利用上面的公式，但是需要具备"负角变正角，大角变小角"的基本思考方式，紧接着去想目标角与已知角终边的关系．通过本节的设计，我们再一次感受到教师在知识探究中的地位，教师不仅是知识的给予者，更需要巧妙设计驱动型问题，带领学生从历史的角度感受知识的层层深入．

3. 多样化思考方式

对于诱导公式的理解，每个人的想法不同，教师不用限制学生的想法．尤其是在探究完异名三角函数值之间的关系后，对于一个具体的题目有很多解决办法，如 $\tan 240° = \tan(180°+60°) = \tan 60° = \sqrt{3}$；或者不列出公式，思考 $240°$ 的终边和 $60°$ 的终边关系是关于原点对称，进而得出正切值不变；还有 $\tan 240° = \tan(270°-30°) = \cot 30° = \sqrt{3}$．

4. 数学教育与科技的结合

随着科技的进步，计算器的普及，诱导公式的重要性逐渐降低．本节内容可以作为定义的延伸，采用游戏闯关的形式给出（可以参考图 1-3-2 和图 1-3-3），进而达到同样的教学目标．教师要与时俱进，知识不局限在课本．

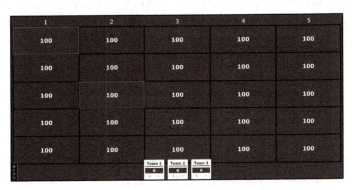

图 1-3-2

图 1-3-3

（课堂游戏说明：将学生按照每组 5 人进行分组，每一列题目从易到难，涉及内容从角的弧度制表达到特殊角的三角函数值；不允许重复选择，答对 100 分，答错不得分，最终统计每组分值并记录在日常表现中．在进阶版中，每一列的分值可以调整，从少到多，不同分值对应不同难度，学生可选择其中一道进行挑战．）

§1.4
案例　两角和与两角差的余弦公式

一、教学背景分析

三角变换是三角函数的重要内容，也是重要的工具之一，是学生进一步学习所必须掌握的技能．两角和与两角差公式又是和、差、倍、半角公式的基础和出发点，当学生掌握了两角和与两角差公式之后，倍角公式与半角公式都很容易得到．由此可见本节的重要性和必要性．学生已经学习了三角函数的定义和运算，平面向量的运算和应用，但是如何利用向量的数量积推导三角函数的关系，还需要学生具备一定的逻辑思维能力和应用能力．

教学重难点：两角和与两角差的余弦公式及其探究过程．

二、教学目标设置

1. 掌握两角和与两角差的余弦公式；了解推导过程并能简单运用公式．

2. 经历探究两角和与两角差的余弦公式的过程，学生体会知识之间的内在联系．

3. 挑战未知的知识，探索未知的内容，锻炼学生勇于克服困难的意志品质．

三、教学方法使用

教学方法：探究式．

四、教学过程设计

第一阶段：创设情境，引出问题

> 问题：请大家思考，如果不用计算器，我们如何得到 cos15°？

学生 A：我觉得可以把 15°看成 45°–30°，因为我们对 45°，30°更加熟悉．

教师：那么现在我们的问题就转化为 cos(45°–30°) 等于什么？请大家猜想．

学生 B：$\cos15°=\cos(45°-30°)=\cos45°-\cos30°=\dfrac{\sqrt{2}-\sqrt{3}}{2}$．

学生 C：这个结论不对，因为 $\dfrac{\sqrt{2}-\sqrt{3}}{2}<0$，而 15°角是个锐角，锐角的余弦值应该是正数，所以你这个结论肯定是错的．

教师：我们还可以一起用计算器算一下 cos 15°的值，得到 0.965（近似值），由此判断学生 B 的猜想不正确．

设计意图：通过具体例子引出问题，学生大胆猜想后认识到两角差的余弦不能按照"分配律"展开．

第二阶段：师生合作，探究公式

在课堂上学生基本上都是想利用单位圆和平面向量的知识来解决上述问题，画了单位圆，然后设角 α，β 的终边与单位圆交于点 P，Q，则 P(cos α, sin α)，Q(cos β, sin β)，如图 1–4–1．

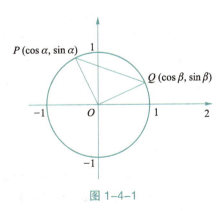

图 1–4–1

再往前走，学生都处于一种茫然的状态，不知道该怎么继续．在此教师需要给予帮助，给予适当的提示：

教师：根据同学们画的图，我们看一看$\angle\alpha-\angle\beta$在哪里？

学生：$\angle POQ$．

教师：由此你们能想到些什么？

学生：我们学过余弦定理，可以得到

$$|PQ|^2=|OP|^2+|OQ|^2-2|OP||OQ|\cos(\alpha-\beta).$$

教师：同学们还能想到些什么？

许多学生把OP，OQ的长度带入上式并化简，得到

$$|PQ|^2=2-2\cos(\alpha-\beta). \tag{1-4-1}$$

教师：同学们再看看这个基本的图形，还能想到什么？

学生：我想到两点间距离公式$|PQ|=\sqrt{(\cos\alpha-\cos\beta)^2+(\sin\alpha-\sin\beta)^2}$，但是我不知道怎么用．

教师：请小组讨论一下，我们如何根据大家发现的结论去探讨我们的问题？

经过讨论，同学们发现

$$\begin{aligned}
|PQ| &= \sqrt{(\cos\alpha-\cos\beta)^2+(\sin\alpha-\sin\beta)^2} \\
&= \sqrt{\cos^2\alpha-2\cos\alpha\cos\beta+\cos^2\beta+\sin^2\alpha-2\sin\alpha\sin\beta+\sin^2\beta} \\
&= \sqrt{2-2\cos\alpha\cos\beta-2\sin\alpha\sin\beta}.
\end{aligned} \tag{1-4-2}$$

将式（1-4-1）与式（1-4-2）进行比较，得到

$$2-2\cos(\alpha-\beta)=2-2\cos\alpha\cos\beta-2\sin\alpha\sin\beta,$$

所以

$$\cos(\alpha-\beta)=\cos\alpha\cos\beta+\sin\alpha\sin\beta.$$

这就是我们得到的两角差的余弦公式．

教师：同学们再回顾一下我们探讨和解决问题的过程，有什么感受？

学生：我们对于同一个量，可以有不同的方式来描述，比如我们可以用两种不同的方式来表示线段PQ的长度，一种方法是使用余弦定理，还有一种方法是使用两点间距离公式，然后将不同方式得到的结论进行比较，最终得到需要的公式．

教师：总结得很好，上述这种方法在数学中有一个通俗的名称，叫做"算两次"，通过比较同一个量的两种不同表示，寻求问题的解决办法．下面我们来思考：如何通过两角差的余弦公式得到两角和的余弦公式？

学生：将β看作$-\beta$，就有

$$\begin{aligned}
\cos(\alpha+\beta) &= \cos[\alpha-(-\beta)] \\
&= \cos\alpha\cos(-\beta)+\sin\alpha\sin(-\beta) \\
&= \cos\alpha\cos\beta+\sin\alpha(-\sin\beta) \\
&= \cos\alpha\cos\beta-\sin\alpha\sin\beta.
\end{aligned}$$

设计意图：学生通过经历对同一个量使用不同方法来表示的探究过程，体会知识之间的内在联系．

第三阶段：课堂小结，布置作业

例 1 计算 $\cos 105°$ 的值．

解 $\cos 105° = \cos(60° + 45°) = \cos 60° \cos 45° - \sin 60° \sin 45° = \dfrac{\sqrt{2} - \sqrt{6}}{4}$．

例 2 已知 $\cos \alpha = -\dfrac{4}{5}\left(\dfrac{\pi}{2} < \alpha < \pi\right)$，计算 $\cos\left(\dfrac{\pi}{2} - \alpha\right)$ 的值．

解 由 $\cos \alpha = -\dfrac{4}{5}$，$\dfrac{\pi}{2} < \alpha < \pi$，得 $\sin \alpha = \dfrac{3}{5}$，

$$\cos\left(\dfrac{\pi}{6} - \alpha\right) = \cos\dfrac{\pi}{6}\cos\alpha + \sin\dfrac{\pi}{6}\sin\alpha = \dfrac{-4\sqrt{3} + 3}{10}．$$

五、教学特点与反思

1. 学生研讨未知，教师适当引导

教师在课堂上设置问题，让学生进行探讨，但是由于课堂时间有限，不可能完全让学生得出结论．在学生的研讨过程中，教师适时地加以引导，给学生铺垫一下，让学生跳一跳能够得着，有一些学生难以想到的过程，教师要有预测，在难度较大的地方，教师给予适当的提示是必要的．

2. 在知识生成的过程中，提炼解决问题的方法

"算两次"是一种经常见到的方法，从某种程度上来说，掌握这种方法的重要性不亚于公式的掌握．学生在课堂上既掌握了两角差的余弦公式，又学会了一种新的思考问题的方法，收获颇丰．

本节首先证明了两角差的余弦公式，然后用负角代替正角得到两角和的余弦公式．通过公式的推导，学生了解了知识之间的内在联系和发展过程．在推导公式的过程中，学生感悟公式的形成过程，领会其中体现出来的数学基本思想，掌握研究数学的基本方法，从而提高数学能力．

3. 揭示知识之间的内在联系

本节研究从两角差的余弦公式推导到两角和的余弦公式，后续可从两角和的余弦公式出发，探究两角和与两角差的正弦和正切，再进一步研究二倍角公式，这些知识内在的相互联系，在探究的过程中将得到充分的展示．

§1.5

案例　正弦定理

一、教学背景分析

正弦定理是在"解三角形"这一章节学习的，学生已经在初中学过"解直角三角形"的相关知识，即在直角三角形中，除了直角外共有 5 个元素：3 条边和 2 个锐角，学生可以由直角三角形中的已知元素，求出其余未知元素．但是仅仅掌握解最特殊的直角三角形是不够的，我们还需要学会解一般三角形的问题．因此，这一节的学习就帮助我们把解直角三角形的方法推广到解任意三角形当中．

教学重难点：三角形边角关系的探究过程；正弦定理的推导及其应用．

二、教学目标设置

1. 理解正弦定理；会利用定理解决简单问题．
2. 经历探究三角形边角关系的过程，感悟"数形结合"的数学思想．
3. 感受数学来源于生活，应用于生活，感悟特殊与一般的关系．

三、教学方法使用

教学方法：探究式．

四、教学过程设计

第一阶段：创设情境，引出问题

问题：如图 1-5-1，在河的两岸有 A，B 两点，我们该如何得到两点之间的距离呢？很显然，直接测量是不方便的．那么我们能不能借助可以测量的长度和可以测量的角度解决问题呢？我们可以在 B 点同侧找一点 C，分别连接 BC 和 AC，如果我们测量出 BC 两点间的距离为 100 m，$\angle B=60°$，$\angle C=45°$，我们是否可以求出 A，B 两点间的距离？

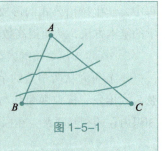

图 1-5-1

很多同学想到经过点 A 做线段 BC 的垂线，如图 1-5-2，构造出熟悉的直角三角形．于是得到

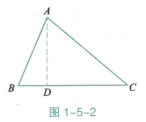

图 1-5-2

$$BD = AB\cos 60°,\ CD = AC\cos 45°,$$

所以

$$AB\cos 60° + AC\cos 45° = 100. \hspace{2cm} （1-5-1）$$

学生感到困惑：式（1-5-1）中的 AB，AC 均未知，只有一个等式，无法解决问题．

经过学生探究、交流发现：

$$AD = AB\sin 60° = AC\sin 45°,$$

这样就有

$$AB = \frac{AD}{\sin 60°},\ AC = \frac{AD}{\sin 45°},$$

带入式（1-5-1），可以求出

$$AD = \frac{100}{\frac{\sqrt{3}}{3} + 1},$$

所以

$$AB = \frac{AD}{\sin 60°} = 100(\sqrt{3} - 1)（\text{m}）.$$

借助直角三角形解决了这个实际问题．

第二阶段：师生合作，发现定理

教师：回顾我们解决问题的过程，同学们遇到了这样的一个式子：$AD = AB\sin 60° = AC\sin 45°$，你们有什么想法？

学生讨论后发现，上面等式可以改写为

$$\frac{AB}{\sin 45°} = \frac{AC}{\sin 60°},$$

于是有学生猜测一般的结论：

$$\frac{AB}{\sin C} = \frac{AC}{\sin B}.$$

更进一步由对称性可以猜测

$$\frac{AB}{\sin C} = \frac{AC}{\sin B} = \frac{BC}{\sin A}.$$

如果 $\angle A$，$\angle B$，$\angle C$ 所对应的边分别为 a，b，c，则有

$$\frac{a}{\sin A} = \frac{b}{\sin B} = \frac{c}{\sin C}.$$

这就是正弦定理，它是在解决上述问题的过程中发现并得出的猜想．

第三阶段 完成证明，得到定理

我们从最熟悉的直角三角形开始探究．如图 1-5-3，Rt $\triangle ABC$ 中，$\angle A$ 为直角，$\angle A$，$\angle B$，$\angle C$ 所对应的边分别为 a，b，c．

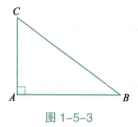

图 1-5-3

根据初中学过的正弦函数的定义，我们可以得到 $\sin C = \dfrac{c}{a}$，$\sin B = \dfrac{b}{a}$，由此可得

$$\frac{c}{\sin C} = \frac{b}{\sin B} = a.$$

因为 $\angle A$ 为直角，所以 $\sin A = 1$．由以上得

$$\frac{a}{\sin A} = \frac{b}{\sin B} = \frac{c}{\sin C}.$$

受到直角三角形的启发，锐角三角形和钝角三角形的证明也采用构造直角三角形的方法来完成，以下是学生的证明过程（如图 1-5-4、图 1-5-5）．

图 1-5-4

锐角△

$\sin A = \dfrac{BD}{c}, \sin C = \dfrac{BD}{a}$，

所以 $c \sin A = a \sin C$．

$\sin B = \dfrac{AE}{c}, \sin C = \dfrac{AE}{b}$，

所以 $c \sin B = b \sin C$．

故 $\dfrac{a}{\sin A} = \dfrac{c}{\sin C} = \dfrac{b}{\sin B}$．

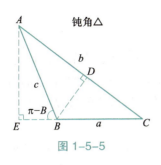

图 1-5-5

钝角△

$$\sin A = \frac{BD}{c}, \sin C = \frac{BD}{a},$$

所以 $c\sin A = a\sin C$,

所以 $\dfrac{a}{\sin A} = \dfrac{c}{\sin C}$.

$\sin B = \sin(\pi - B) = \dfrac{AE}{c}, \sin C = \dfrac{AE}{b},$

所以 $\dfrac{a}{\sin A} = \dfrac{b}{\sin B} = \dfrac{c}{\sin C}$.

设计意图：学生经历了从特殊三角形开始探究，发现结论，得到解决问题的思路，进而对一般三角形的情况进行证明，给出一般性的结论的过程. 此过程体现从特殊到一般的思想方法，探究过程中，学生以小组合作的方式体验数学探究活动，同时培养了探索和合作精神.

第四阶段：借助练习，运用定理

例 1 已知在 $\triangle ABC$ 中，$a=2$，$b=4$，$\angle A = 30°$，求 $\angle B$.

解 根据正弦定理 $\dfrac{a}{\sin A} = \dfrac{b}{\sin B}$，得 $\dfrac{2}{\sin 30°} = \dfrac{4}{\sin B}$，因此，$\sin B = 1$，$\angle B = 90°$.

例 2 已知在 $\triangle ABC$ 中，$c=8$，$\angle A = 75°$，$\angle B = 45°$，求 b.

解 因为 $\angle A = 75°$，$\angle B = 45°$，所以 $\angle C = 60°$.

根据正弦定理有

$$\frac{b}{\sin B} = \frac{c}{\sin C},$$

$$\frac{b}{\sin 45°} = \frac{8}{\sin 60°},$$

$$b = \frac{8\sqrt{6}}{3}.$$

此部分考查学生对正弦定理的理解以及简单的应用.

五、教学特点与反思

1. 借助实际问题，抽象数学模型

在授课开始，我们引入了生活中的实际问题，带领学生进入一个具体的数学情境，让学生感受到了数学的实用性，引起学生学习数学的兴趣，激发学生解决问题的欲望. 从实际情境与问题出发，抽象出数学模型，再通过建立三角形中的边角关系解决该问题. 在问题的解决过程中，发现规律，得出猜想，这也是用数学的眼光看世

界，用数学的思维分析世界，这都是数学素养的集中体现，也是数学知识产生和发展的必经之路.

2. 重视自主探究，感悟形成过程

《普通高中数学课程标准》（2017 年版）提出要尊重学生已有的知识和经验，倡导学生自主探究、合作探究. 本节采用了探究式教学方法，以问题为教学的出发点，引导学生观察和发现，使学生能够形成一双慧眼，在问题解决的过程中发现并提炼出有益的结论，训练学生从特殊到一般的思维过程.

问题的探究过程遵循由简到繁，由特殊到一般的原则，从学生熟悉的知识出发，将复杂的问题转化为简单的问题，将任意三角形的求解问题转化为直角三角形的求解问题，从中发现规律，进而提炼出正弦定理.

§1.6

案例 矩阵乘法

一、教学背景分析

国内教材通过考察线性变换的复合从而引进二阶矩阵的乘法运算，要求学生掌握线性变换后再学习向量乘法运算. 国外教材把矩阵这一章放在了微积分课程的先修书目里，不需要学生掌握线性变换，只需要掌握简单的矩阵的定义以及矩阵的运算方法就可以. 国内教材在引入矩阵乘法运算的时候，通常会采用将方程组转化为矩阵的方式来讲解，而国外教材尝试从生活实例中引入矩阵乘法运算，帮助学生更好理解矩阵乘法运算. 本节展示了如何从现实问题中抽象出矩阵乘法.

教学重难点：了解矩阵的乘法运算；掌握矩阵乘法运算在实际生活中的应用.

二、教学目标设置

1. 掌握矩阵的乘法运算法则，会进行两个矩阵的乘法，并解决实际问题.
2. 通过探究实际生活中的例子，理解矩阵乘法法则的定义.
3. 在研究的过程中，体会从生活中抽象数学概念和运算的过程.

三、教学方法使用

教学方法：探究式.

四、教学过程设计

第一阶段：复习知识

问题1：已知矩阵 A，B，

$$A = \begin{bmatrix} 3 & -2 \\ 4 & 5 \\ -8 & 1 \end{bmatrix}, \qquad B = \begin{bmatrix} 2 & -1 \\ 6 & 8 \\ -5 & 7 \end{bmatrix}.$$

求：（1）$A+B$；（2）$B-A$；（3）$2A$.

学生：（1）$A+B = \begin{bmatrix} 5 & -3 \\ 10 & 13 \\ -13 & 8 \end{bmatrix}$；（2）$B-A = \begin{bmatrix} -1 & 1 \\ 2 & 3 \\ 3 & 6 \end{bmatrix}$；（3）$2A = \begin{bmatrix} 6 & -4 \\ 8 & 10 \\ -16 & 2 \end{bmatrix}$.

设计意图：学生对于简单的问题，应该很快得到答案．设计此题的目的是让学生回忆矩阵的加法、减法和数乘运算．矩阵的加减法是两个矩阵对应的元素相加减，数乘则是矩阵的每个元素都乘该数．我们在计算加减法的时候，两个矩阵的维度必须相同，不同维度的两个矩阵不能进行加减法运算．

第二阶段：引入问题

我们学习了矩阵的加减法，还学习了数与矩阵相乘，那么矩阵和矩阵相乘应该如何计算呢？

问题2：小明去商店买单价为2.30元的面包2个，单价为4.10元的牛奶3瓶和单价为2.25元的奶酪2块；小华去商店买单价为2.30元的面包3个，单价为4.10元的牛奶2瓶和单价为2.25元的奶酪1块．我们计算一下小明和小华各花了多少钱？

上面的数据可以通过表1-6-1来表示.

表1-6-1　小明与小华的购买情况（1）

	面包	牛奶	奶酪
小明	2	3	2
小华	3	2	1

学生A：可以列出算式.

小明一共花钱：2.30×2+4.10×3+2.25×2=21.40（元）；

小华一共花钱: 2.30×3+4.10×2+2.25×1=17.35 (元).

教师: 他做得很好, 可以用矩阵来表示上述数据吗?

经过小组讨论, 有学生发现可以将购物数量用矩阵表示:

$$A = \begin{bmatrix} 2 & 3 & 2 \\ 3 & 2 & 1 \end{bmatrix};$$

同时单价也可以使用一个矩阵表示:

$$B = \begin{bmatrix} 2.30 \\ 4.10 \\ 2.25 \end{bmatrix}.$$

那么 $AB = \begin{bmatrix} 2.30 \times 2 + 4.10 \times 3 + 2.25 \times 2 \\ 2.30 \times 3 + 4.10 \times 2 + 2.25 \times 1 \end{bmatrix} = \begin{bmatrix} 21.40 \\ 17.35 \end{bmatrix}.$

在这里, 教师借助表格启发学生将表格与矩阵联系起来. 教师充分肯定学生的想法, 并且指出: 我们刚才发现的这个做法与矩阵的乘法定义完全吻合.

矩阵乘法的定义: 如果矩阵 $A=(a_{ij})_{m \times n}$, $B=(b_{ij})_{n \times p}$, 则 $AB=(c_{ij})_{m \times p}$, 其中 $c_{ij}=a_{i1}b_{1j}+a_{i2}b_{2j}+a_{i3}b_{3j}+\cdots+a_{in}b_{nj}$.

教师: 请同学们换一种方式列出表格, 然后构造矩阵, 再用矩阵的乘法法则进行一次运算, 看看两次不同的运算结论是否相同?

学生开始独立思考, 大部分同学都得到了如表 1-6-2 的结论:

表 1-6-2　小明与小华的购买情况 (2)

	小明	小华
面包	2	3
牛奶	3	2
奶酪	2	1

矩阵 $A=[2.30 \quad 4.10 \quad 2.25]$; 矩阵 $B = \begin{bmatrix} 2 & 3 \\ 3 & 2 \\ 2 & 1 \end{bmatrix}.$

依据矩阵乘法的定义得到 $AB=[2.30 \quad 4.10 \quad 2.25] \begin{bmatrix} 2 & 3 \\ 3 & 2 \\ 2 & 1 \end{bmatrix}$

$=[2.30 \times 2 + 4.10 \times 3 + 2.25 \times 2 \quad 2.30 \times 3 + 4.10 \times 2 + 2.25 \times 1]$

$=[21.40 \quad 17.35].$

根据上面的探究，我们发现在矩阵的乘法中，第一个矩阵的列数和第二个矩阵的行数相同才可以进行乘法，而在实际应用中，不同的两个矩阵相乘虽然得出的矩阵不同，但是都可以表示实际意义.

例1 根据矩阵乘法定义，尝试解决下列问题：

赞助商提供给两个足球队的装备清单如表 1-6-3.

表 1-6-3 两个足球队的装备清单

	女子队	男子队
衣服	12	15
球	45	38
球鞋	15	17

每件衣服 580 元，每个球 120 元，每双球鞋 600 元. 运用矩阵乘法计算赞助商赞助两个队分别花多少钱？

解 学生 B：

$$AB = \begin{bmatrix} 580 & 120 & 600 \end{bmatrix} \begin{bmatrix} 12 & 15 \\ 45 & 38 \\ 15 & 17 \end{bmatrix} = \begin{bmatrix} 21\,360 & 23\,460 \end{bmatrix}.$$

学生 C：

$$AB = \begin{bmatrix} 12 & 45 & 15 \\ 15 & 38 & 17 \end{bmatrix} \begin{bmatrix} 580 \\ 120 \\ 600 \end{bmatrix} = \begin{bmatrix} 21\,360 \\ 23\,460 \end{bmatrix}.$$

设计意图：学生 B 和 C 的答案都是正确的. 在我们规定了矩阵乘法运算法则后，通过题目让学生应用此规则去解决现实问题.

例2 在造船厂中，制造一条船只需要三道工序 A，B，C，不同船只不同工序花费的时间如表 1-6-4 所示.

表 1-6-4 不同船只不同工序花费时间表　　单位：h

	A 工序	B 工序	C 工序
小船	1.0	0.5	0.2
中船	1.6	1.0	0.2
大船	2.5	2.0	1.4

现有甲、乙两个船厂，不同船厂在不同工序下每小时的成本如表 1-6-5 所示.

表 1-6-5　不同船厂在不同工序下每小时成本表　　　　单位：万元

	甲船厂	乙船厂
A 工序	15	13
B 工序	12	11
C 工序	11	10

根据表 1-6-4 和表 1-6-5，设

$$S = \begin{bmatrix} 1.0 & 0.5 & 0.2 \\ 1.6 & 1.0 & 0.2 \\ 2.5 & 2.0 & 1.4 \end{bmatrix}, \quad T = \begin{bmatrix} 15 & 13 \\ 12 & 11 \\ 11 & 10 \end{bmatrix}.$$

计算 ST，并解释计算出的 ST 结果.

解

$$ST = \begin{bmatrix} 1.0 & 0.5 & 0.2 \\ 1.6 & 1.0 & 0.2 \\ 2.5 & 2.0 & 1.4 \end{bmatrix} \begin{bmatrix} 15 & 13 \\ 12 & 11 \\ 11 & 10 \end{bmatrix} = \begin{bmatrix} 23.2 & 20.5 \\ 38.2 & 33.8 \\ 76.9 & 68.5 \end{bmatrix}.$$

23.2 万元是甲船厂制造一条小船的成本，20.5 万元是乙船厂制造一条小船的成本.

38.2 万元是甲船厂制造一条中船的成本，33.8 万元是乙船厂制造一条中船的成本.

76.9 万元是甲船厂制造一条大船的成本，68.5 万元是乙船厂制造一条大船的成本.

设计意图：学生在熟悉矩阵乘法运算的过程中，可以更加深刻地体会矩阵乘法运算在解决现实问题中的突出作用. 如果教师上课时间不够，可以把此题作为课后思考题.

五、教学特点与反思

1. 突出实际问题与数学概念之间的关系. 在解决现实生活中的问题时，我们引入了新的数学运算方式，让学生对新运算方式有一个直观的感受，在探究运算规则的过程中，让学生体悟数学是解决现实问题的一门生动学科.

2. 突出学生探究矩阵乘法的过程. 学生在探究的过程中虽然有偏差，但教师需要给学生提供这样的探究机会，这样可以让学生更加深刻地理解矩阵乘法规则，也可以从科学家的角度去理解如何从现实问题中抽象出运算规则的过程.

第2章
几何课程的融合

§2.1
概述

一、中外几何课程的比较

1. 综述

总体来说，国内的几何课程无论从知识的系统性还是教学要求的深度来说，与国外课程相比应该说处于最高水平．在国内的课程设置中，对于平面几何的研究在初中阶段就已经完成，很多国家在高中阶段才开始设置系统研究平面几何的课程．对于立体几何来说，国内课程强调通过立体几何模块的学习，培养学生的空间观念和逻辑推理的核心素养．国外的立体几何课程，只有俄罗斯与我国的要求相近，其他绝大多数国家在知识上的要求都不到我国的一半，且从能力要求上看，基本上没有演绎推理的要求，仅仅停留在简单的面积、体积的计算以及知识的应用阶段．

国内的解析几何课程比较系统地研究了点、直线、圆、圆锥曲线以及它们之间的位置关系和参数方程与极坐标，较好地体现了解析几何使用代数的方法研究几何图形性质的思想．国外课程多是比较简单地介绍一些基本公式，也有一些国家的课程很简单地讲直线、圆、圆锥曲线的方程．

2. 知识与能力要求的比较

高中几何课程的设置主要包括三个部分：几何、解析几何、向量（见表 2-1-1）.

表 2-1-1　中外高中几何课程设置

	几何	解析几何	向量
国内	立体几何	平面解析几何	平面向量 空间向量
国外	平面几何 立体几何	平面解析几何 简单的空间解析几何	平面向量 空间向量

几何（立体几何）：

国内高中几何课程的内容完全是立体几何，而国外的一些国家，将平面几何放在高中讲，从最基础的三角形内角和、全等三角形开始，到圆的性质与判定，并含有平移、旋转、伸缩变换的内容和三段论演绎推理，但是到了立体几何，对于线面的位置关系，多数国家基本上就忽略了．

国内课程的立体几何内容，从研究问题的方式上看分为两部分：一部分利用演绎推理研究空间的线面关系，这一部分作为高一的必修内容；还有一部分是借助空间向量研究空间点、线、面的位置关系，这一部分是高二的选修内容．从知识的角度来看也分为两部分：一部分是研究点、线、面的位置关系以及距离和角度的计算，另一部分是对柱、锥、台、球进行表面积、体积的计算．

国外课程的立体几何内容，多数国家以计算为主，计算柱、锥、台、球的表面积、体积，而且较多的国家还对研究的物体有限制，比如锥体只研究三棱锥，柱体只研究长方体等．仅有个别的国家对于点、线、面的位置关系要求利用演绎推理的方式进行研究．

对于立体几何中的位置关系的研究，国内教材有两个方式：一个是演绎推理，还有一个是利用空间向量来研究；国外很多国家都将空间向量用于研究线面的位置关系，有些还借助向量，建立直线和平面的方程．

解析几何：

国内对于解析几何安排了丰富的内容，不仅研究直线和圆以及圆锥曲线的定义、几何性质和方程，还比较全面详细地研究它们的位置关系和组合图形的性质．对于直线和圆的几何性质，可以借助平面几何知识来研究，但是对于椭圆、双曲线和抛物线，仅有平面几何的知识难以去研究其更多的性质，只有使用代数的方法，借助曲线的方程才能更加深入有效地开展研究，此时解析几何的优势就得到充分的展示．

国外的解析几何内容对于曲线与方程，基本上处于简单了解的状态，一部分国家的课程仅仅停留在中点坐标公式、两点间距离公式以及直线与圆的方程，不涉及圆锥曲线，其研究的深度处于初级水平．也有一些国家的课程涉及椭圆、双曲线和抛物线及参数方程和极坐标．

向量：

中外关于向量的课程中，从知识的角度看基本上相同，既有平面向量，也有空间向量．国内的课程相对来说停留在对向量本身的研究，对于向量在其他知识模块的应用也有涉及，但是相对于国外课程来说，显得薄弱．

国外对于立体几何和解析几何，与国内课程相比，更多地使用向量的相关知识来解决，其优势是普通学生易于掌握，但是对于逻辑推理的训练会显得欠缺．

二、融合的出发点和具体实践

鉴于上面的分析，从学生未来发展考虑，结合国内对于学生学业水平考试的要求，我们从知识上保留了研究点、线、面的位置关系，保留了柱、锥、台、球表面积、体积的计算，舍去了在三维空间利用向量研究线面位置关系的内容．从能力的要求上，注重了两点：一是培养学生的空间观念，二是培养学生逻辑推理的能力．

在解析几何方面，我们为了让学生更好地体会解析几何的基本思想，使用代数的方法研究几何图形的性质，比较系统地研究圆锥曲线及其性质，同时删去了一些演算技巧性较高的内容，从而突出解析几何的核心思想．

三、几何融合的教学案例

本章我们选择了五个案例：从圆到椭圆、从正方形到正方体、直线与平面垂直的判定、两个平面的位置关系和圆柱的应用：最佳易拉罐设计．读者可以通过这五个案例，感受我们对几何课程融合的理解与实践．

1. 从圆到椭圆

从代数、几何的不同角度描述了圆与椭圆的定义，揭示了圆与椭圆的内在联系，将原本看似不同的两种曲线，通过数量关系得到了统一，本节的特点是充分体现了解析几何的基本思想．

2. 从正方形到正方体

本节让学生利用合情推理中的类比方法，学会提出问题，并且能够解决所提出的问题．研究的问题是开放的，研究的过程中教师重点培养学生的空间观念并掌握类比推理的方法．

3. 直线与平面垂直的判定

本节揭示了线线垂直与线面垂直的内在联系．学生通过定义发现线面垂直的判定定理，在探究的过程中，学生借助教具（笔）和折纸等，在实践中探索、在实践中发现，充分展示了国内课程的特点和优势．在研究过程中，教师重点培养学生的空间观念和逻辑推理的核心素养．

4. 两个平面的位置关系

本节充分展示了中外课程的融合，在研究线面位置关系的过程中，将向量叉乘作为工具，完成位置关系的研究．

5. 圆柱的应用：最佳易拉罐设计

本节充分体现数学知识的应用，在国外的课程中，数学知识应用所占的比例明显高于国内的课程．本节也在数学应用方面做出努力探索．

§2.2

案例　从圆到椭圆

一、教学背景分析

教学内容分析：学生学习了圆与椭圆的相关知识后，都感到圆与椭圆有着密切的联系．本节借助平面直角坐标系，利用代数的方法探寻圆与椭圆的内在联系．

学情分析：学生已经学习了圆的方程和椭圆的方程，对于未知的探究有一定的基础和训练，同时对用代数的方法研究几何图形的性质积累了一定的经验．

教学重难点：从圆的性质到椭圆性质的类比；利用解析几何的基本思想和方法，研究圆与椭圆的内在联系．

二、教学目标设置

1. 启发学生将构成圆的条件进行适当改动，使其变成椭圆，揭示圆与椭圆的内在联系，同时尝试大胆猜想、小心求证的思维方法．

2. 尝试由圆的性质猜想出椭圆的性质，初步感受并实践如何由已知的知识提出新的问题．

3. 通过主动探究、合作学习，感受探索的乐趣，在探究中学会创新，在探究中体会数学的理性与严谨．

三、教学方法使用

教学方法：探究式．

四、教学过程设计

第一阶段：复习引入

教师：圆和椭圆是我们熟悉的两种图形，那么它们之间有哪些内在的联系？

学生：圆就是平面内到定点的距离等于定长的点的集合（如图 2-2-1（1））．

教师：我们还可以把圆看成与两个定点连线的斜率乘积为 -1 的点的集合（不含两个定点，如图 2-2-1（2））；还可以是线段 AB 的端点分别在 x, y 轴上滑动时，线段 AB 中点 P 的轨迹（如图 2-2-1（3））；还可以是线段 AB 上的一个动点 C，过 C

作 $CP \perp AB$，且满足 $|PC|^2=|AC||BC|$ 的点 P 的集合（如图 2-2-1（4））；还可以是平面内到两定点的距离之比是定值（不是 1）的点的集合（如图 2-2-1（5））.

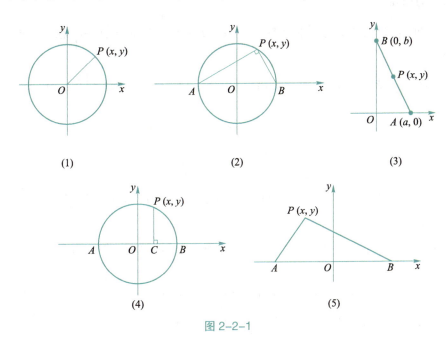

图 2-2-1

第二阶段：问题探究

将圆的定义做一点变化，变成平面上到两个定点距离之和为定值的点的集合，就可以得到椭圆的定义. 那么我们能否将上述其他构成圆的条件略加改动，使得所得图形为椭圆？将上述构成圆的情况分别记为①、②、③、④、⑤，为了方便研究，我们可以设圆的半径为 5.（有些问题事先不知道圆的半径.）

请学生分组合作研究，每个小组至少选择一种情况.

课堂上小组汇报情况：

小组 1：学生针对构成圆的情况②进行改动，点 $A(-5,0)$、点 $B(5,0)$ 不变，将条件变为 $k_{PA}k_{PB}=-2$，然后推广到 $k_{PA}k_{PB}=\lambda(\lambda<0)$，具体过程如下：

若 $k_{PA}k_{PB}=-2$，因为 $k_{PA}=\dfrac{y}{x+5}$，$k_{PB}=\dfrac{y}{x-5}$，所以

$$k_{PA}k_{PB}=\frac{y}{x+5}\frac{y}{x-5}=\frac{y^2}{x^2-25}=-2,$$

得到 $y^2+2x^2=50$，即 $\dfrac{x^2}{25}+\dfrac{y^2}{50}=1$ 是椭圆的方程．若 $k_{PA}k_{PB}=\lambda\ (\lambda<0)$，则 $\dfrac{x^2}{25}+\dfrac{y^2}{-25\lambda}=1$ 是椭圆的方程．

小组2：学生将情况③中的条件"P 是 AB 的中点"变为 $\overrightarrow{AP}=\dfrac{1}{4}\overrightarrow{AB}$，具体过程如下：

设 $\overrightarrow{AP}=\dfrac{1}{4}\overrightarrow{AB}$，因为 $\overrightarrow{AP}=(x-a,y)$，$\overrightarrow{AB}=(-a,b)$，故 $(x-a,y)=\dfrac{1}{4}(-a,b)$，所以

$$\begin{cases} x-a=-\dfrac{1}{4}a, \\ y=\dfrac{1}{4}b, \end{cases} \begin{cases} a=\dfrac{4}{3}x, \\ b=4y. \end{cases}$$

又因为 $|AB|=10$，所以 $a^2+b^2=100$，于是 $\left(\dfrac{4}{3}x\right)^2+(4y)^2=100$，即 $\dfrac{x^2}{\frac{225}{4}}+\dfrac{y^2}{\frac{25}{4}}=1$ 是椭圆的方程．

小组3：学生将第④种构成圆的条件变为 $|PC|^2=\lambda|AC||BC|$，$\lambda\in(0,1)$，具体过程如下：

设 $P(x,y)$，所以有 $C(x,0)$，$x\in[-5,5]$，故 $y^2=\lambda\,|x+5||x-5|$，从而 $y^2=\lambda\,|x^2-25|$，因为 $x\in[-5,5]$，所以 $y^2=\lambda(25-x^2)$，即 $\dfrac{x^2}{25}+\dfrac{y^2}{25\lambda}=1$ 是椭圆的方程．

针对情况⑤，学生觉得将比值2换为1，轨迹是直线，如果是其他正数，轨迹都是圆，所以没办法变成椭圆．教师可以提示将"之比为定值"变为"之和为定值"，让学生感受提出问题的角度是多样的．

第三阶段：思考升级

教师给出圆的性质，请同学们给出将圆改为椭圆后的猜想，并且研究猜想是否正确．

（1）圆的面积公式：$S=\pi r^2$，课上有学生猜想出了椭圆的面积公式为 $S=\pi ab$．

（2）切割线定理：$|PA|^2=|PB||PC|$，如图 2-2-2，教师预设猜想 $|PA|^2=\lambda|PB||PC|$，其中 $\lambda>0$．

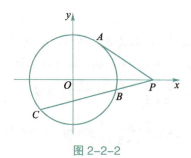

图 2-2-2

（3）过圆 O：$x^2+y^2=r^2$ 上一个定点 $P(x_0,y_0)$ 作圆的切线，其方程为 $x_0x+y_0y=r^2$. 如图 2-2-3，课上有学生得出了相应猜想，过椭圆 $\dfrac{x^2}{a^2}+\dfrac{y^2}{b^2}=1$ 上一个定点 $P(x_0,y_0)$ 作椭圆的切线，切线方程为

$$\frac{x_0x}{a^2}+\frac{y_0y}{b^2}=1.$$

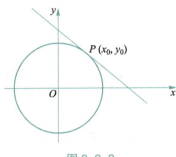

图 2-2-3

设计意图：进一步提升学生的合情推理能力，感受"猜想证明"是数学发现很重要的手段，很多数学中的重要定理都是这样发现的.

第四阶段：课堂小结

猜想正确，需要证明；猜想错误，需要举反例说明. 即使猜想是错的，这种思考都是很有价值的，历史上很多著名数学家都提出过错误的猜想. 无论是正确的还是错误的猜想，都为科学的进步和发展做出了贡献.

第五阶段：课后思考

每人选择两个猜想，判断是否正确并给出证明.

设计意图：作业的设计，可以让学生的思考延续到课后.

五、教学特点与反思

1. 教学设计有创新性

教师确定此课题后，进行文献检索，发现几乎没有教师进行过"从圆到椭圆"的教学设计，所以本节有一定的创新性. 本节的设计目的是启发学生借助圆与椭圆的密切关系提出新的猜想，并试图对猜想的正确性进行论证.

2. 课题的设计源于学生的疑惑

学生在学完圆与椭圆的知识后，总感觉圆与椭圆之间有密切的联系，但是又不是很清楚，所以我们就设计了本节．学生从课前自主探究，到课上积极思考，正所谓"不愤不启，不悱不发"．

课后学生普遍反映课前只是觉得圆与椭圆有联系，但是没觉得有这么深入的奇妙的联系，以后再研究椭圆的性质时，可以先研究圆中的相应性质，再从这种特殊情况猜测一般情况．

3. 教学紧紧围绕数学核心素养设计

在教学设计时教师紧紧围绕"逻辑推理"这一核心素养，希望学生初步感受并实践如何由已知的知识提出新的问题，引导学生"大胆猜想，小心求证"，让一节课成为一个小型的课题研究．

4. 相信学生的能力，给学生思考的空间

本节课前的思考任务是"你知道构成圆的条件有哪些"，教师在进行教学设计时，并没有想到用"阿波罗尼斯圆"，但是学生想到了，教师顺水推舟地把"阿波罗尼斯圆"融进了教学设计．在教学中，教师应更加相信学生，为他们提供更广阔的思考空间．

§2.3
案例　从正方形到正方体

一、教学背景分析

教学内容分析：学生学习了多面体和旋转体的相关知识后，对几何体的截面很有兴趣，然而教材中没有这节的内容，所以教师就适时设计了本节．

学情分析：学生热爱数学，数学素养具备一定的水平；平时的授课可以不受教学内容的限制，可以根据学生的实际情况制定．

教学重难点：正方体截面的种类及其证明．

二、教学目标设置

1. 猜想正方体截面的形状，提高空间想象能力．

2. 从平面到空间，利用类比的方法，提出猜想，进一步去尝试证明正方体截面的形状，感受大胆猜想、小心求证的思维方法．

3．通过主动探究、合作学习，感受探索的乐趣，在探究中学会创新，在探究中体会数学的理性与严谨．

三、教学方法使用

教学方法：探究式．

四、教学过程设计

第一阶段：复习引入

教师：一个正方形有四个角，如果剪掉这个正方形的一个角，还剩几个角？

学生A：5个．

学生B：也有可能是3个或者4个．

教师：很好，大家考虑得很全面．

第二阶段：问题探究

教师：请同学们继续思考，如果把这个问题推广到三维空间会是什么样的？

学生C：用一个平面去截一个正方体，截面有几个角呢？

教师：你的意思是用一个平面去截一个正方体，截面是什么形状．

学生D：可以是三角形或者四边形．

学生E：也可能是六边形．

教师：还可能是其他形状吗？

学生F：因为截面的边是平面与正方体各面的交线，而正方体只有六个面，所以交线最多有六条，也就是说，截面最多有六条边．所以，截面可能是三角形、四边形、五边形和六边形．

教师：如果是三角形，可以是特殊的三角形吗？如果是四边形，可以是特殊的四边形吗？请每个小组选择至少一种情况合作研究．

设计意图：充分发挥学生的主体作用进行小组合作探究，感受大胆猜想、小心求证的推理方法．

课堂上小组汇报情况：

小组1：可以是锐角三角形．如图2-3-1所示，△EFG是锐角三角形．

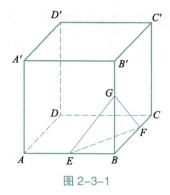

图 2-3-1

证明：在 Rt $\triangle EBG$ 中，$EG^2=EB^2+GB^2$，同理 $EF^2=EB^2+FB^2$，$GF^2=FB^2+GB^2$，所以根据余弦定理，可得

$$\cos\angle EFG = \frac{GF^2+EF^2-EG^2}{2FG\times EF}$$

$$= \frac{\left(FB^2+GB^2\right)+\left(EB^2+FB^2\right)-\left(EB^2+GB^2\right)}{2FG\times EF}$$

$$= \frac{2FB^2}{2FG\times EF}.$$

显然 $\cos\angle EFG \in (0,1)$，所以 $\angle EFG$ 是锐角.

同理 $\angle EGF$ 和 $\angle FEG$ 也是锐角，所以 $\triangle EFG$ 是锐角三角形.

小组2：可以是等腰三角形，等边三角形.

在图 2-3-1 中，调整 $\triangle EFG$ 三边的长度，当 $BE=BF$ 时，$\triangle EFG$ 为等腰三角形；当 $BE=BF=BG$ 时，$\triangle EFG$ 为等边三角形.

教师：这两组同学猜想出了截面可以是锐角三角形、等腰三角形和等边三角形这三种情况，并且给出了证明.下面我们运用这样的思路来探究截面可能是哪些特殊的四边形.

小组3：可以是平行四边形.如图 2-3-2 所示，当 $AP=C'Q$ 时，四边形 $A'PCQ$ 是平行四边形.

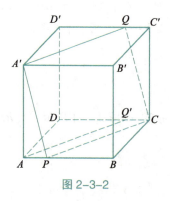

图 2-3-2

证明：在棱 CD 上取点 Q'，使 $AP=CQ'$，连接 AQ'，可得 $PC\|AQ'\|A'Q$，同理可得 $A'P\|CQ$，所以四边形 $A'PCQ$ 是平行四边形．

小组 4：可以是矩形和正方形．如图 2-3-3 所示，四边形 $A'BCD'$ 是矩形．

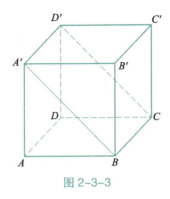

图 2-3-3

证明：因为 $A'D'\|BC$，且 $A'D'=BC$，所以四边形 $A'BCD'$ 是平行四边形．又因为 $BC\perp$ 平面 $ABB'A'$，所以 $BC\perp BA'$，故四边形 $A'BCD'$ 是矩形．显然，当平面平行于正方体的底面时，截面为正方形．

小组 5：可以是菱形．如图 2-3-4 所示，若 E 和 H 分别是棱 AB 和 $C'D'$ 的中点，则四边形 $A'ECH$ 是菱形．

证明（略）.

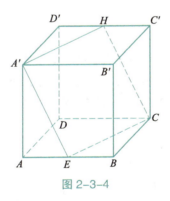

图 2-3-4

小组 6：可以是梯形．如图 2-3-5 所示，当 $BE=BF$，且 $B'M=B'N\neq BE$ 时，四边形 $EFNM$ 是梯形．

证明（略）.

教师：这四组同学猜想出了截面可以是平行四边形、矩形、正方形、菱形和梯形这五种情况，并且给出了证明．下面我们运用这样的思路探究截面是否可能为五边形和六边形．

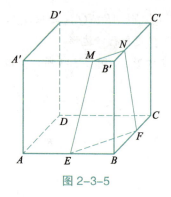

图 2-3-5

小组 7：可以是正六边形．如图 2-3-6 所示，当 E，F，L，H，N，M 分别是相应棱的中点时，此时的截面是六边形 $EFLHNM$，而且是正六边形．

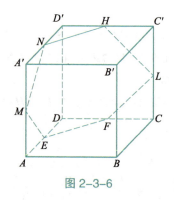

图 2-3-6

教师：小组 7 做的这个六边形的六条边显然是相等的，但是这是正六边形吗？

小组 8：小组 7 的截面是不对的，因为这六个点并不在同一个平面，NE 与 ML 是异面直线，应该调整为图 2-3-7，六边形 $EFLHNM$ 才是正六边形．

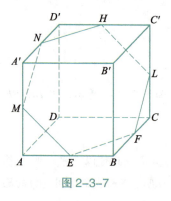

图 2-3-7

教师：很好．哪一组能做出五边形的截面？

小组 9：在图 2-3-7 中，固定 E，F 两点，把截面逐渐放平，点 N 和点 H 逐渐

靠近点 D'，当这两个点与 D' 重合时，就是我们组做出的五边形，如图 2-3-8，但是我们没有想出如何证明．

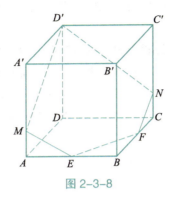

图 2-3-8

教师：你们组的空间想象能力很好，如何证明这个五边形是一个平面图形呢？请大家课后思考，这是本节课的第一项作业．

第三阶段：思考升级

学生证明了截面可以是以上这么多图形后，教师继续设问，引导学生深入思考．

教师：请同学们想象一下，正方体的截面不可能是什么图形呢？请每个小组合作研究．

小组 1：不可能是直角三角形．

小组 2：不可能是直角梯形．

教师：如何说明不能是这些图形呢？请同学们课后继续思考，这是本节课的第二项作业．

设计意图：进一步提升学生的空间想象能力，鼓励学生猜想并证明自己的想法．两项课后作业的设计，让学生的思考延续到课后．

第四阶段：课堂小结

通过想象并证明正方体的截面的形状，提升学生的空间想象能力和逻辑推理能力．

五、教学特点与反思

1. 教学紧紧围绕数学核心素养设计

在小学和初中，一般是通过让学生切割实物，诸如橡皮泥、豆腐块等，直观感受正方体截面的形状，但是高中生显然不能停留在这个层面．在没有实物的情况下，我们不仅要继续提升学生的直观想象能力，更需要培养学生的逻辑推理能力．鉴于此，教师做教学设计时紧紧围绕"直观想象"和"逻辑推理"这两个核心素养．

2. 整合教材，激发学生的创造力

教材是学校教育的主要课程资源，但不是唯一的课程资源．教师应根据实际情况，创造性地使用教材、整合教材．根据教学的需要重新创造和设计新颖而富有挑战性的问题，激发学生潜在的创造力，逐步形成创新意识．本节教师将散落于教材中的正方体截面问题，梳理整合，通过问题串和开放性问题的形式，引导学生一步步地深入思考．

§2.4
案例　直线与平面垂直的判定

一、教学背景分析

教学内容分析：直线与平面垂直，是立体几何中线面位置关系的一种．我们希望通过直观感知和操作确认进行归纳，得出直线与平面垂直的判定定理．希望学生通过本节的学习在空间观念和逻辑推理这两个方面都有提升．因此，如何把具体与抽象、直观与逻辑、感性与理性有机地结合起来，成为了教学设计的重点．

学情分析：在本节之前，学生通过学习线面平行，已经对空间观念有了一定的认识，同时在平面几何学习的基础上，进一步巩固和提升研究几何图形的方法．学生比较清楚需要从定义、判定和性质三个方面对未知关系进行探究．

教学重难点：直线与平面垂直的定义和判定定理；直线与平面垂直的判定定理的归纳和简单应用．

二、教学目标设置

1. 通过观察图片和折纸试验，学生理解直线与平面垂直的定义，归纳和验证直线与平面垂直的判定定理，并能简单应用判定定理．

2. 运用已有的知识和经验，通过实践操作，发现直线与平面垂直的判定定理．

3. 通过对探索过程的引导，学生感悟利用已知探究未知的过程和方法，并培养主动探究的习惯和能力．

三、教学方法使用

教学方法：探究式．

四、教学过程设计

第一阶段：实例引入，理解概念

1. 复习直线与平面的位置关系，让学生举例感知生活中直线与平面相交的位置关系，其中最特殊、最常见的一种就是线面的垂直关系，从而引出课题．

2. 给出学生非常熟悉的校园操场图片，引导他们观察操场上旗杆与它在地面的影子的关系，然后将其抽象为几何图形，再用数学语言对几何图形进行精确描述，引出线面垂直的定义．即：如果直线 l 与平面 α 内的任意一条直线都垂直，我们就说直线 l 与平面 α 互相垂直．定义的本质揭示了线线垂直与线面垂直的内在联系，同时又是线面垂直的性质．

设计意图：通过"具体形象—几何图形—数学语言"的过程，学生体会定义的合理性．

3. 简单介绍线面垂直在我国古代的重要应用——日晷．

设计意图：通过介绍我国古代用来计时的一种仪器——日晷，学生感受数学的应用价值．

第二阶段：理性分析，提出猜想

教师：如果学校要更换新的旗杆，我们该如何检验新旗杆与地面是否垂直呢？也就是我们如何判定一条直线是否垂直于某个平面呢？

学生 A：可以用线面垂直的定义来判定．

学生 B：不行，定义中的"任意一条直线"，没有办法验证！

教师：对．那应该怎么办呢？

学生 B（继续）：如果平面外一条直线和平面内的一条直线平行，那么这条直线就和这个平面平行．类比线面平行的判定定理，我感觉：如果一条直线和平面内的一条直线垂直，那么这条直线就和这个平面垂直．

教师：你能类比线面平行的判定定理来思考问题，很好．

学生 C（边回答边演示）：我右手拿的这支笔与桌面上的另一支笔垂直时，右手这支笔所在的直线不与桌面垂直，所以仅仅垂直于平面内的一条直线显然不行．

教师：这位同学能用实物来演示，很好．如果一条直线仅仅和平面内的一条直线垂直，那么这条直线不一定和这个平面垂直．那么我们怎么办？

学生D：如果增加一条直线，当一条直线与平面内的两条直线都垂直，是不是就可以了？

学生D演示了一条直线与平面内两条相交直线都垂直的情况，认为这样可以．

学生C提出反对意见：我在桌面上增加一条与原有直线（笔）平行的直线（笔），此时，右手这支笔所在的直线还是不垂直于桌面．所以如果一条直线和平面内的两条互相平行的直线垂直，那么这条直线不一定和这个平面垂直．

学生D：那就增加一个限制，平面上的两条直线必须相交！

教师：现在，我们已经得到一个猜想：如果一条直线与一个平面内的两条相交直线都垂直，那么这条直线与这个平面垂直．这个猜想是否正确呢？我们来验证一下．

设计意图：逻辑推理能力的培养不是一蹴而就的，而应该依赖学生的接受水平和能力逐层升级．教师引导学生将无限转化为有限，水到渠成地猜想出线面垂直的判定定理，从而提升学生的逻辑推理能力．

第三阶段：通过试验，验证定理

请每位同学准备一个如图2-4-1所示的三角形纸片，三个顶点分别记作A，B，C．过$\triangle ABC$的顶点A折叠纸片，得到折痕AD，且BD与CD（所在直线）重合．将折叠后的纸片打开竖起放置在桌面上（使BD，CD边与桌面接触）．

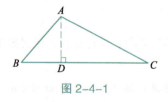

图2-4-1

教师：折痕AD与桌面一定垂直吗？

学生（齐答）：一定．

教师：很好．如何证明呢？

学生讨论后，教师引导学生用线面垂直的定义来证明．

以折痕AD为轴转动纸片来说明AD与桌面（记为平面α）内过D点的所有直线都垂直，平面α内不过D点的直线可以平移到D点．根据异面直线所成角的定义，说明它们与AD都垂直，于是符合直线与平面垂直的定义．

教师再用课件将上述过程进行演示（如图2-4-2），进一步引导学生对判定定理中的两个关键条件"双垂直"和"相交"进行理解和确认．

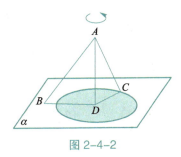

图 2-4-2

教师：定理的严谨证明难度较大，课上不做要求，有兴趣的同学可以在课下查阅相关资料，继续学习．

设计意图：通过折纸试验，学生自己动手验证猜想是否成立，同时通过理性的说理，提升学生逻辑推理的能力．

最后，教师引导学生从文字语言、符号语言、图形语言三个方面表示直线和平面垂直的判定定理．

文字语言：一条直线与一个平面内的两条相交直线都垂直，则该直线与平面垂直．

符号语言：$\left.\begin{array}{l} l \perp a, \\ l \perp b, \\ a \subset \alpha, \\ b \subset \alpha, \\ a \bigcap b = A \end{array}\right\} \Rightarrow l \perp \alpha.$

图形语言：见图 2-4-3.

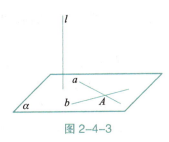

图 2-4-3

第四阶段：应用定理，加深理解

例 判断下列命题是否正确，并说明理由．

（1）正方体 $ABCD\text{-}A'B'C'D'$ 中，棱 BB' 和底面 $ABCD$ 垂直（图 2-4-4）；

（2）正四面体 $P\text{-}ABC$ 中，M 为棱 BC 的中点，则棱 BC 和平面 PAM 垂直（图 2-4-5）．

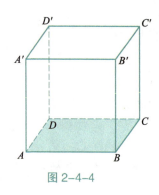

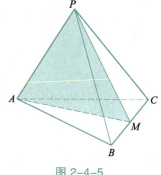

图 2-4-4   图 2-4-5

解　学生 E：第（1）问欲证棱 BB' 和底面 $ABCD$ 垂直，根据线面垂直的判定定理，只需在平面 $ABCD$ 内找两条相交直线与棱 BB' 都垂直. 因为这是一个正方体，每个侧面都是正方形，所以 $AB \perp BB'$，$BC \perp BB'$，且 AB 与 BC 相交于点 B，故得证.

学生 F：第（2）问欲证棱 BC 和平面 PAM 垂直，根据线面垂直的判定定理，只需在平面 PAM 内找两条相交直线与棱 BC 都垂直. 正四面体 P-ABC 中，各个面都是等边三角形，在 $\triangle ABC$ 中，M 为 BC 的中点，所以 $AM \perp BC$；在 $\triangle PBC$ 中，M 为 BC 的中点，所以 $PM \perp BC$，且 AM 与 PM 相交于点 M，故得证.

设计意图：例题两问都是对线面垂直判定定理的直接应用，第（1）问通过观察即可得到定理所需的条件，目的是进一步帮助学生强化记忆定理的条件以及定理在应用过程中的准确表述；第（2）问需要用平面几何的知识才能得到定理所需的条件.

第五阶段：归纳小结，提高认识

师生共同研究直线与平面垂直的问题，在探究判定定理的过程中，首先我们希望将线面垂直的问题转化为相对简单的线线垂直，同时希望判定定理在使用的时候尽可能简便，从最简单的"一条直线与平面内一条直线垂直"入手，但是没有成功，于是再增加一条直线. 这种探究的方式对于今后的学习探究也必将有积极的作用.

五、教学特点与反思

1. 明线暗线并行，精心设计

本节围绕"直线与平面垂直的定义与判定定理"这两个中心问题，精心设计了一明一暗两条主线. 明线是三个探究主题，即线面垂直的定义、判定定理的发现与判定定理的简单应用；暗线是本节所蕴含的思想方法——转化与化归，由线面垂直的定义过渡到线面垂直的判定定理，体现了无限到有限的转化，在定义和判定定理的应用中，体现了空间问题向平面问题的转化，同时揭示了线线垂直和线面垂直的内在联系与相互转化．

2. 教学紧紧围绕数学核心素养设计

在教学环节的设计上，本节遵循"直观感知、逻辑推理、操作确认、归纳总结"的认知过程，突出了直观想象和逻辑推理这两个核心素养的培养．

3. 相信学生的能力，给学生思考的空间

本节充分贯彻了学生为主体，教师为主导的原则，紧密联系学生生活实际设计教学内容，目标适度，重难点把握准确；引导学生合作、探究，充分调动了学生学习的积极性．学生参与度较高，敢于发表自己的见解，在合作与探究中，学生的数学思维方法和学习方法都得到了锻炼与提升．

§2.5
案例　两个平面的位置关系

一、教学背景分析

教学内容分析： 人教版高中数学教材中立体几何初步内容涉及的线面和面面平行与垂直都是通过判定定理推导出来的．国外教材讲解空间中的位置关系时基本是没有判定定理的，而是运用代数的方法，通过向量求出空间中的直线和平面方程，从而根据向量的位置关系判断空间直线和平面的位置关系．本节主要从代数的方法探究空间中两个平面的位置关系．为了判定两个平面的位置关系，学生需要掌握空间中平面方程的表示方法．在此之前，学生已经掌握利用空间向量表示直线方程和平面的法向量，计算三阶行列式以及空间向量的叉乘运算．类比平面直线方程，扩充到三维空间，学生需要具有较强的空间想象能力和推理能力．

教学重难点： 利用动点轨迹推导出平面方程，在推导的过程中深入理解两个平面的位置关系与向量之间的联系；掌握平面方程的标准式，判定两个平面的位置关系．

二、教学目标设置

1. 掌握求平面方程的标准式，并根据已知条件求平面方程和两个平面的夹角．
2. 类比平面直线，尝试建立三维平面方程，并利用方程研究空间中两个平面的位置关系．
3. 培养学生仔细观察，积极联想，认真分析的思维习惯．

三、教学方法使用

教学方法： 探究式.

四、教学过程设计

第一阶段：复习知识

教师：（1）已知向量 $v=(0, 1, 0)$ 和 $u=(-1, 1, 2)$，求 $v\cdot u$ 和 $v\times u$.

学生 A：$v\cdot u=1$，$v\times u=\begin{vmatrix} i & j & k \\ 0 & 1 & 0 \\ -1 & 1 & 2 \end{vmatrix}=(2, 0, 1)$.

教师：（2）已知一条直线经过一个点（1, -2, 4）并且平行于这条直线的向量为 $v=(2, 4, -4)$，求这条直线的方程式.

学生 B：$\dfrac{x-1}{2}=\dfrac{y+2}{4}=\dfrac{z-4}{-4}$.

设计意图：教师给出题目（1）的目的是让学生在运算的过程中回忆之前所学的向量点乘和叉乘运算，并且理解两个向量叉乘得出的是一个向量，这个向量的方向是垂直于这两个向量的，而两个向量的点乘是一个数；给出题目（2）是让学生回忆之前所学的空间中直线方程的表示方法，并且理解向量与直线之间的关系.

第二阶段：引入问题

我们在求平面上的直线方程时，运用一个动点到一个定点连线的斜率为定值推出了动点的轨迹方程. 设直线上任意点坐标为 $Q(x, y)$，定点坐标为 $P(x_1, y_1)$，两点连线的斜率为 k. 根据斜率公式可以得到 $k=\dfrac{y-y_1}{x-x_1}$，化简得 $y-y_1=k(x-x_1)$. 这就是平面上的直线方程. 那么已知平面 α 上的定点 $P(x_1, y_1, z_1)$ 和垂直于平面 α 的向量 $n=(a, b, c)$，尝试运用类似方式求平面上任意点的轨迹方程.

学生讨论后结论如下：

设平面上的任意动点坐标为 $Q(x, y, z)$，则 $\overrightarrow{PQ}=(x-x_1, y-y_1, z-z_1)$，因为向量 n 垂直于平面，所以向量 n 垂直于平面上的任意向量，故 $\overrightarrow{PQ}$ 与 n 垂直，即

$$\overrightarrow{PQ}\cdot n=0,$$
$$(a, b, c)\cdot(x-x_1, y-y_1, z-z_1)=0,$$
$$a(x-x_1)+b(y-y_1)+c(z-z_1)=0,$$

这就得到了空间中平面方程的标准式. 化简后可得平面方程的一般式：$ax+by+cz+d=0$ $(d=-ax_1-by_1-cz_1)$.

设计意图：通过回忆求平面上直线方程的方法，学生探究空间中平面上的点的轨迹方程．

第三阶段：知识升华

> 问题1：已知一个平面上的三个点 $A(2, 1, 1)$，$B(0, 4, 1)$ 和 $C(-2, 1, 4)$，求平面方程的一般式．

学生C：由已知可得 $\overrightarrow{AB} = (-2, 3, 0)$，$\overrightarrow{AC} = (-4, 0, 3)$．

$$\boldsymbol{n} = \overrightarrow{AB} \times \overrightarrow{AC} = \begin{vmatrix} \boldsymbol{i} & \boldsymbol{j} & \boldsymbol{k} \\ -2 & 3 & 0 \\ -4 & 0 & 3 \end{vmatrix} = (9, 6, 12).$$

在平面上取定点 $A(2, 1, 1)$，垂直于平面的向量为 $\boldsymbol{n} = (a, b, c) = (9, 6, 12)$．根据平面的标准式方程

$$a(x-x_1)+b(y-y_1)+c(z-z_1)=0,$$

得平面方程

$$9(x-2)+6(y-1)+12(z-1)=0,$$

化简得平面方程的一般式

$$3x+2y+4z-12=0.$$

设计意图：我们已经知道如果已知平面上的一个点和垂直于该平面的向量，就可以得到这个平面的方程．问题1中我们知道三个点，但是不知道垂直平面的向量．这就需要学生回忆所学知识求出垂直于平面的向量．本题突出了垂直平面的向量在求平面方程时的重要作用．

第四阶段：小组探究

根据上面的研究，我们得到了空间中的平面方程，并发现垂直于平面的向量在求平面方程时起着非常重要的作用．我们把垂直于平面的向量叫做法向量．反之，已知平面方程，我们就可以很快地求出平面的法向量．下面利用平面的法向量探究两个平面的位置关系．我们知道两个不同的平面位置关系是平行或相交，那么如何确定两个平面的位置关系呢？

问题2：已知两个平面方程 $\alpha : a_1(x-x_1)+b_1(y-y_1)+c_1(z-z_1)=0$，
$\beta : a_2(x-x_2)+b_2(y-y_2)+c_2(z-z_2)=0$，
讨论两个平面的位置关系．

学生：根据两个平面方程，我们得到两个平面对应的法向量 $n_1=(a_1, b_1, c_1)$ 和 $n_2=(a_2, b_2, c_2)$，两个法向量的夹角范围是 $[0, \pi]$，但是两个平面的夹角我们一般取锐角，范围是 $\left[0, \dfrac{\pi}{2}\right]$．根据图 2-5-1，我们知道两个法向量的夹角可能等于两个平面的夹角，同时因为法向量选择的方向可能不同，所以有时两个法向量夹角的补角才是两个平面的夹角．因此，两个平面的夹角 θ 的余弦值为

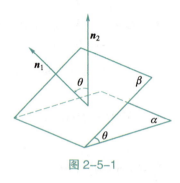

图 2-5-1

$$\cos\theta = \frac{|n_1 \cdot n_2|}{\|n_1\|\|n_2\|}.$$

（1）当 $\theta = 0$ 时，两个平面平行．

（2）当 $0 < \theta \leqslant \dfrac{\pi}{2}$ 时，两个平面相交，特别地，当 $\theta = \dfrac{\pi}{2}$ 时，两个平面垂直．

设计意图：通过两个平面的法向量，结合图像分类讨论，探究出不同情况下两个平面的位置关系．

例 已知两个平面方程 $x+z=0, y-z=0$，判断两个平面的位置关系．

解 学生 D：根据平面方程我们分别得到两个平面的法向量 $n_1=(1, 0, 1)$ 和 $n_2=(0, 1, -1)$，则

$$\cos\theta = \frac{|n_1 \cdot n_2|}{\|n_1\|\|n_2\|} = \frac{|-1|}{\sqrt{2}\sqrt{2}} = \frac{1}{2},$$

所以两个平面的夹角为 $\dfrac{\pi}{3}$．

学生 E：根据平面方程我们分别得到两个平面的法向量 $n_1=(1, 0, 1)$ 和 $n_2=(0, 1, -1)$，两个法向量夹角的余弦值为

$$\cos\theta = \frac{n_1 \cdot n_2}{\|n_1\|\|n_2\|} = \frac{-1}{\sqrt{2}\sqrt{2}} = -\frac{1}{2},$$

则两个法向量的夹角为 $\frac{2\pi}{3}$，所以两个平面的夹角为 $\frac{\pi}{3}$，此时平面夹角和法向量夹角互补.

设计意图：例题中的法向量夹角的余弦值刚好是一个负数，在这里，我们要注意到当两个法向量的夹角是钝角时，平面夹角与法向量夹角之间的关系是互补的. 两名学生的方法都是正确的.

五、教学特点与反思

1. 突出类比思想. 在平面解析几何的学习过程中，学生学习过求动点的轨迹方程. 现在我们将求动点的轨迹方程从二维空间扩展到三维空间，尝试去求平面的方程.

2. 在探究平面的位置关系时，我们首先建立平面方程，这样就将探讨两个平面的位置关系问题转化为了探究平面法向量的夹角问题，运用代数的方法解决空间中的问题.

§2.6
案例　圆柱的应用：最佳易拉罐设计

一、教学背景分析

教学内容分析： 作为立体几何中圆柱部分的应用，本节研究体积和表面积之间的关系. 体积一定，表面积最小的最优化问题原本应该用导数理论或不等式来解决，但我们在高一介绍基本几何体课程的初衷和重心是让学生体验数学建模的过程，即：发现问题，抽象问题，建立模型，辩证思考，修正模型. 这里并没有强调所用的函数工具，而是利用计算器的画图和求最值功能，直接求出最小值点，同时各类修正模型之间的关系也通过图像直观地反映. 从这个角度，计算器可以帮助我们克服知识掌握的不足和计算技巧的欠缺问题，让学生体会到计算器的强大功能，以及数字时代应该具备的技能和思维方法.

本节围绕立体几何的知识点和考查角度设置目标，重点在于基本几何体的概念介绍和体积、表面积公式的推导和掌握. 比较我国普通高中对点线面关系的深入讨论以及对知识的综合运用，这部分内容对学生知识难度的掌握要求较低.

作为中外融合课程，我们特别强调数学的实用性，培养学生发现问题、解决问题的能力，并且对于比较复杂的问题，鼓励学生进行合作探究．

学情分析：学生具有立体几何和函数的基本知识，需要掌握圆柱的体积和表面积公式，能够构建函数，并在已知条件下求解最值．在理论工具（导数）不具备的情况下，学生对于图形计算器的使用比较熟练．

教学重难点：模型提炼，借助图形计算器解决问题；模型的修正．

二、教学目标设置

1. 掌握圆柱的体积和表面积的计算公式，掌握利用图形计算器求最值的方法．
2. 通过小组合作，探究实际问题，体会和理解建立抽象函数模型的过程．
3. 培养学生数学建模的意识，提升学生的团队合作意识，感悟辩证思维．

三、教学方法使用

教学方法：小组合作，探究式．

四、教学过程设计

第一阶段：复习巩固，引出问题

教师：请写出圆柱的体积和表面积公式．

学生：回答问题，积极复习．

设计意图：知识回顾和热身．

教师：在超市里选取常见的易拉罐模型，如图2-6-1，当饮料体积一定时，厂家如何设计易拉罐的形状才能最省材料？（易拉罐体积均为245mL.）

图2-6-1

将学生分成 6 个小组，每组学生选取自认为是最优设计的一个易拉罐，记录高和半径，并利用表面积公式算出表面积进行比较．每个小组的桌上还有另外一个体积的易拉罐备用．（技术运用：Excel 表格记录和统计．）

设计意图：以一个比较活泼的形式提出这个有意思的问题，吸引和启发学生．

表 2-6-1　易拉罐模型数据

序号	A	B	C	D	E	F
直径 d/cm	8.550	6.800	6.000	5.000	4.250	3.300
半径 r/cm	4.275	3.400	3.000	2.500	2.125	1.650
高 h/cm	4.300	6.800	8.700	12.600	17.300	28.610
体积 V/cm³	246.883 2	246.954 9	245.987 3	247.401 0	245.422 8	244.701 5
表面积 S/cm²	230.330 3	217.901 4	220.540 3	237.190 8	259.358 7	313.713 9

注：表 2-6-1 中的数据均为学生的课堂实际测量值和计算值（上表中的体积和表面积中，π 使用 3.141 6 近似计算）．

教师：是否有表面积更小的易拉罐？如何找到最省材料的方案？

学生积极进行小组讨论，并派出学生代表上台板演．

设计意图：发挥学生主动性，教师只引导和规范整个研究过程．

问题：已知圆柱体体积 $V=245$mL，求 r,h 使得圆柱体表面积最小．

学生：$\pi r^2 h=245$，

$$h=\frac{245}{\pi r^2},$$

故

$$S=2\pi r^2+2\pi r\frac{245}{\pi r^2}$$

$$=2\pi r^2+2\frac{245}{r}.$$

第二阶段：问题初探，最值研究

学生活动 1：对于提炼出来的函数模型，教师请学生示范如何利用计算器画图求最值．

学生代表上台操作计算器．

（1）从【文档】→【新建】进入画图界面，找到【添加图形】菜单栏，如图 2-6-2.

图 2-6-2

（2）通过【tab】键输入函数.【ctrl】+【menu】调整自变量和因变量的取值范围，使得函数图像能完整呈现，如图 2-6-3.

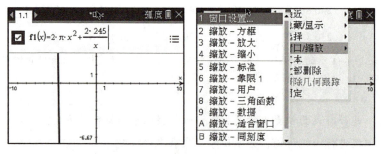

图 2-6-3

（3）自变量取值可以根据已知测量结果大概设置为 $[0, 10]$，因变量可以根据实际计算结果设置一个较大的正值区间 $[0, 600]$，如图 2-6-4.

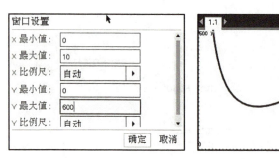

图 2-6-4

（4）通过菜单【menu】→【图像分析】→【最小值】对图形进行求最值运算，如图 2-6-5.

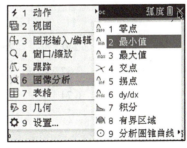

图 2-6-5

（5）根据图形最值出现的位置，设置自变量的取值上下界，如图 2-6-6.

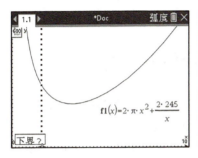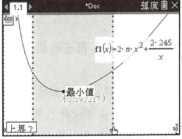

图 2-6-6

设计意图：学生教学生效果更好，同时教师也可以检验学生的掌握情况.

学生活动 2：每个小组对自己桌上另外体积的易拉罐计算最优结果（表面积最小），并把每组的函数模型、图像以及最优结果均呈现到旁边的步骤墙上（老师提前布置好步骤墙，如图 2-6-7，横行数据为易拉罐容积）.

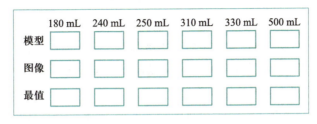

	180 mL	240 mL	250 mL	310 mL	330 mL	500 mL
模型						
图像						
最值						

图 2-6-7

设计意图：组织学生充分进行小组合作和分工，让学生体会并理解建立函数模型的关键步骤.

学生活动3：最后学生观察总结出最优设计结果 $h:r=2:1$（见表2-6-2）.

表2-6-2 易拉罐最优设计结果

序号	G	H	I	J	K	L
容积 V/mL	180	240	250	310	330	500
半径 r/cm	3.06	3.37	3.41	3.67	3.74	4.30
高 h/cm	6.12	6.74	6.82	7.34	7.48	8.60
h/r	2	2	2	2	2	2

设计意图：

1. 引导学生学会把规律一般化（虽然这是一个计算数值的过程，不是准确的理论推导，但是这种归纳总结也是一个重要的数学方法）.

2. 最优结论的呈现形式 $h:r=2:1$ 是通过多组数值观察得到的. 因为最优解不是通过导数算出，所以为了使结论更自然、更符合逻辑，教师有意设计了这个观察比较的环节.

第三阶段：深入研究，修正模型

教师：请对比刚刚总结出来的表面积最优值和实际拿在手里的易拉罐的设计是否一致. 为什么厂家会这样设计？难道不想用最省的材料进行生产么？

学生活动1：积极思考，探讨原因，畅所欲言.（当然我们期望的是学生经过仔细观察给出合理解释，在学生不能发现的时候，教师适当给予引导：检查底面和侧面的材料异同.）

学生活动2：提出一个重要的修正模型——价格最优模型.（由于侧面和底面的用料不一，所以对应的价格不一致.）

$$C=C_1 2\pi r^2 + C_2 2\pi rh,$$

其中 C 代表一个易拉罐的价格，C_1 代表底面材料单价，C_2 代表侧面材料单价.

设计意图：培养学生进行辩证思考的能力，严谨思维.

教师使用计算器，通过调节不同的价格参数，向学生展示不同的最优值结果，并总结出底面材料价格越贵会导致 $h:r$ 的值越大，从而使得日常生活中的易拉罐形状都比较瘦高. 有两种调节参数的方式：

（1）建立4个函数，对应 C_1 分别取 1, 2, 3, 4，固定 $C_2=1$，这只是对两个价格参数的粗略比较，即底面材料价格越贵，会导致图形发生什么样的变化. 如图2-6-8所示，求出每个对应函数图像的最小值点. 可以观察到，最优半径值随 C_1 的增大而减小，那么 $h=\dfrac{245}{\pi r^2}$ 必然会增大.

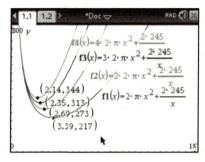

图 2-6-8

（2）也可通过建立游标 C_1 来讨论参数的变化. 在函数部分直接输入 C_1, 系统提示建立游标, 然后调节游标的参数, 通过拖拽游标来观察函数和其最值的变化（如图 2-6-9）. 当然也可以同时设定两个价格参数游标.

图 2-6-9

设计意图：这部分的设计主要考虑到了课堂容量和时间的限制, 故可以让学生课下自己去尝试和总结.

第四阶段：课堂总结

通过本实例, 我们再次体验了研究一般问题的方法和过程. 教师引导学生在生活中要善于观察, 善于思考, 善于提出问题, 建立数学模型并能够利用工具解决问题, 结合实际反思后修正模型. 严格的证明则需要我们学习更多的数学知识.

第五阶段：教学效果评价

1. 对各组学生在步骤墙上的探究结果进行评价.
2. 作业：参考课上的建模过程, 请学生站在消费者的角度讨论, 完成"表面积一定, 求最大体积"（圆柱形易拉罐）函数模型的建立和计算器求解.

五、教学特点与反思

1. 信息技术的恰当运用能使得课堂生动高效

最优模型一般出现在不等式或者导数的应用课程中，本节安排在不等式及导数内容之前，所以考查的知识点和研究方法均不一样，从这个层面可以说这是一次研究这类问题的创新尝试．

如果仅从立体几何问题来研究，只有函数而没有别的工具，那么没有图形计算器本就无法进行本研究，所以图形计算器的使用是必须的也是恰当的．

2. 最优结果的呈现一定要符合学生的认知水平

关于最优结果 $h:r=2:1$，我们反复论证了很久．因为传统方法一般都是导数或者不等式方法，得到的结果非常直接，就是 $h:r=2:1$．但是如果教师一开始就提出高和半径的比值，学生是比较难以理解的，因为该学段的学生只会计算 h 和 r，而不是它们的比值．所以教师可以尝试不主动提出比值，而是带领学生观察或得出结论之后才给出高和半径的关系，高和半径满足什么样的条件都有可能，不一定是按比值关系呈现的．

3. 课堂要有延展性

步骤墙和开放性作业设计既巩固了课堂效果，又拓展了课堂的外延．

基于本节的研究，学生在学习过不等式或者微积分之后，可以做一个非常有意义的关于批量生产易拉罐的最优化课题．从这个跨度来说，本节可以帮助学生成功地建立起数学建模思想．

§**3.1**

概述

一、中外概率统计课程的比较

1. 综述

我国高中的概率统计部分课程，从知识的系统性和教学要求的深度来说，相较于国外课程处于中低水平．我国的课程设置，在必修部分的概率与统计章节中，研究的对象是概率的定义和描述性统计；在选修部分中，包括了计数原理、概率计算以及统计的回归分析，总的来说难度较低．相较于国外的课程内容，我国的课程内容占国外的 50% 左右，只讲到线性回归和 2×2 列联表，而在国外的大部分课程中，这些都已涵盖在描述性统计里，并以此为基础，继续深入学习概率分布、样本分布以及统计推断，甚至包括区间估计和假设检验．不过，日本的概率统计课程内容和我国较相似．

另一方面，我国不管是在必修还是选修部分，概率和统计只分成两个单元学习，而且教学目标是能够解决数据统计相关的简单实际问题．概率作为统计的理论基础，与统计关系密切，在国外的课程中，我们发现，统计的知识结构更基于数据信息，中间穿插概率论作为理论支持，同时教学目标是学生能够完成较重大的统计分析．国外课程对统计的要求比国内高，学习的内容也更深．我国侧重概率的理论推导与计算能力，国外则更侧重发展统计推理能力．

2. 知识与能力要求的比较

高中概率统计课程的设置主要包括六个部分：描述性统计、抽样与实验、概率计算、组合问题、随机变量及其分布和统计推断．国外课程主要以 AP（advanced placement）统计为参考．见表 3–1–1．

表 3-1-1　国内外概率统计课程设置对比

	描述性统计	抽样与实验	概率计算	组合问题	随机变量及其分布	统计推断
国内	统计图表 相关统计量	抽样方法	计数原理 条件概率	排列 组合	随机变量 概率分布	
国外	统计图表 相关统计量	抽样方法 设计实验	计数原理 条件概率	排列 组合	随机变量 概率分布	区间估计 假设检验

描述性统计：

我国课程在必修内容中介绍统计图表、样本均值、方差、标准差等统计量的计算公式，并且要求学生能够用样本估计总体的集中趋势参数（平均数、中位数）或离散程度参数（标准差、方差）；根据数据分析的需求，要求学生能够选择适当的统计图表描述和表达数据，并从样本数据中提取需要的数字特征，估计总体的统计规律，解决相应的实际问题．

国外课程涵盖了我国课程的全部内容，并增加了分布的相关定义、箱形图等内容，目的是让学生能够利用信息技术和适当的图表描述与表征数据的集中和分散程度．

此部分中外教学差异不大，学生都是在一些典型案例的处理过程中学习数据分析的方法，理解数据分析的思路，利用计算机计算样本量较大的数据相关统计量，并学会正确运用统计结果解释实际问题．

抽样与实验：

国内在必修内容中介绍了简单随机抽样、分层抽样以及抽样方法的选择．教学目标是学生能够在简单的实际情境中，根据实际问题的特点，设计恰当的抽样方法解决问题．国外在抽样部分中加入实验设计内容，要求学生能够基于样本数据的不同来源给出不同方案．

概率计算：

国内课程帮助学生结合具体事例理解样本、有限样本空间和随机事件，要求学生了解并会计算古典概型中的简单随机事件的概率，以及独立事件、随机事件的条件概率．国外课程在内容上差异不大，在条件概率部分加入了使用树状图分析概率空间的内容，但在要求上比国内高，要求学生能够基于分析事件发生的概率，处理较实际的问题．

随机变量及其分布：

国内课程通过随机变量刻画随机现象，介绍伯努利实验、二项分布、超几何分布和正态分布，要求学生能基于随机变量及其分布解决简单的实际问题．国外课程中还加入了 t 分布、卡方分布和 F 分布等．

国内课程将随机变量及其分布放在概率章节，重点是理论推导．国外课程基于数据分布，介绍样本分布的不同类型．国内外课程的侧重点不同，国内重在计算，对离散型随机变量要求较高；国外课程中的概率分布是统计推断的基础，因此对连续型随机变量的正态分布要求较高，同时正态分布是假设检验的基础，但在国内教材不涉及假设检验，因此正态分布也只到简单计算（经验法则）部分．

统计推断：

国内在选修部分中介绍了样本相关系数、一元线性回归模型和 2×2 列联表，能够解决简单的实际问题．国外课程中统计推断部分是重点，这也是统计学习的现实意义．统计的目的是预测，因此在国外课程中包含了区间估计和假设检验，包括对单样本、双样本的样本均值和样本比例的区间估计和假设检验，线性回归模型的区间估计和假设检验．这部分内容难度较大，要求学生能够处理实际的统计问题．

二、融合的出发点和具体实践

鉴于上面的分析，从学生的专业发展角度考虑，我们从知识上增加了统计推断部分的内容，在统计的知识结构上，我们以数据为载体，从描述性统计开始直观地接触统计，基于随机变量及其分布开展学习，目的是为了培养学生搜集数据、总结分析以及进行相关统计预测所需要的能力．概率统计部分的融合涵盖了基本的统计术语及相关概念，内容包括数据搜集方法、统计图表方法、随机变量、样本分布、统计推论及假设检验，旨在培养学生对统计方法的理解能力，提高基于数据的分析和推断能力，根据统计推论得出的结果可以使研究更加具有可信度，进而帮助决策者提供更有价值的参考依据．

三、概率统计融合的教学案例

我们选择了四个案例：

1. 几何概型

从几何、代数的角度去求解事件发生的概率，本节内容实际上是二维连续型随机变量的概率求解问题，国外课程中不涉及相关内容，但国内教学舍去了相关统计量的介绍，重点关注了数学模型的建立，将概率问题转变成几何问题，充分体现了数学建模、逻辑推理的核心素养，展现了国内课程理论方面的优势．

2. 条件概率的应用——树状图

本节充分地展示了中外课程的融合，此部分是中外课程中概率部分的重难点，本节内容融合了国外课程的树状图来学习条件概率，在国内严格的理论推导中，加入了更加直观的空间结构，培养了学生逻辑推理的核心素养．

3. 随机变量的组合与变换

随机变量的组合与线性变换是研究随机变量的重难点，尤其是随机变量的组合涉及两个或多个变量，此部分内容不仅能简化问题、发现本质，是多元统计的基础，而且在生活中应用广泛．本节内容主要出现在国外的课程中，通过类比已学的数据变换得到随机变量变换的结论，从而能够应用结论解决实际问题，很好地培养了学生的应用意识．

4. 假设检验——以心灵凝视效应为案例

本节充分地体现了统计推断的现实意义，在国外课程中统计应用所占比例明显高于国内课程，同时这部分也是国内课程未涉及的内容，本节是基于学情实现的课程融合的典型案例．

§3.2

案例　几何概型

一、教学背景分析

教学内容分析：本节要求学习两种基本概率模型，几何概型是安排在古典概型之后，对古典概型的进一步拓展，主要是把概率问题与几何问题结合起来，用数形结合的思路解决概率问题，同时体现了数学建模的思想，是等可能事件的概念从有限向无限的延伸．学生通过学习，可以加深对随机现象的理解，消除日常生活中的一些认识误区，学会用科学的方法观察世界和认识世界．

本节内容包括几何概型的定义、概率公式及其应用．由于国外教材中涉及几何概型的内容非常少，结合我国高中课程对该部分的要求，本节难度设定较低．

学情分析：学生在已经学习了随机事件、概率的概念以及概率的统计定义的基础上，再去学习几何概型．其实学生在生活中已经有相当多的几何概型的直观体验，以及把古典概型和几何概型混淆的情景．这些都可以作为很好的切入点，引入几何概型概念．在古典概型向几何概型过渡时，以及进行"测度"概念抽象时教师需要给学生适当的引导，对比和类比尤为重要．

教学重难点：几何概型的概念、公式以及应用；把实际问题抽象为几何概型的思维过程．

二、教学目标设置

1. 理解几何概型的概念；掌握几何概型的概率公式，古典概型与几何概型的区别与联系．

2. 通过数学抽象，灵活运用数学知识解决几何概型实际问题．

3. 通过共同探究和学习几何概型的过程，学生养成勤学严谨的学习习惯．

三、教学方法使用

教学方法：讨论法．

四、教学过程设计

第一阶段：课题引入

问题 1：已知集合 $S=\{0, 1, 2\}$，求在集合 S 中取到 1 或者 2 的概率．

解
$$P(1 \text{ 或 } 2) = \frac{2}{3}.$$

问题 2：已知集合 $S=[0, 2]$，求在集合 S 中取到区间 $[1, 2]$ 中数的概率．

解
$$P([1, 2]) = \frac{1}{2}.$$

问题 3：如图 3-2-1 所示，求指针转到阴影区域 $\left(\frac{1}{4}\text{圆}\right)$ 的概率．

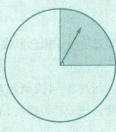

图 3-2-1

解
$$P(\text{阴影区域}) = \frac{1}{4}.$$

注：该问题特别容易被误认为古典概型．

问题4：如图3-2-2所示，求沙粒落在小球（小球半径$=\frac{1}{3}$大球半径）内的概率．

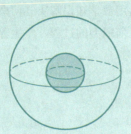

图 3-2-2

解

$$P(小球) = \frac{V_{小球}}{V_{大球}} = \frac{1}{27}.$$

学生活动：学生容易从已有的知识和方法直接迁移，新的问题所求的概率就是长度、面积和体积之比（球的体积只要求感知）．

设计意图：通过简单的问题，学生可以直观感受几何概型与古典概型的异同，对比古典概型的两个条件：有限性和等可能性，从而为后面引出测度和几何概型的概念做好铺垫．

问题1从熟悉的知识复习过渡；

问题2给出一个看似熟悉的情景，启发大家联想；

问题3、4有了上面的长度问题做铺垫，学生容易类比迁移到面积和体积问题．需要注意的是，学生并不知道如何求球体的体积．教师可以选择直接给出公式，然后再带学生求解．

第二阶段：概念形成

1. 引入新概念：对比分析，问题2—4是新问题，涉及长度、面积和体积．我们把这些可以被测量大小的几何量，统一称为测度(measure).

2. 抽象概率类型：问题2—4中的概率为几何测度的比值，即$\frac{长度}{长度}$，$\frac{面积}{面积}$，$\frac{体积}{体积}$．

定义：事件发生的概率只与构成该事件区域的测度（长度、面积或体积）成比例，与区域的位置无关．

$$P(E)=\frac{构成事件\,E\,的区域测度}{试验的全部结果构成的区域测度}.$$

我们把这种概率类型叫做几何概型. 目前我们能遇到的几何测度就是长度、面积和体积.

设计意图：渗透数学的统一、简洁和抽象美.

3. 通过比较，理解和分析几何概型的概念（如表 3-2-1）.

表 3-2-1　几何概型与古典概型的比较

概型	古典概型	几何概型
条件	有限性 等可能性	无限性 等可能性
公式	$P(E)=\dfrac{n(E)}{n(\Omega)}$	$P(E)=\dfrac{m(E)}{m(\Omega)}$

表 3-2-1 中 n 表示数量，m 表示测度，E 表示事件，Ω 表示基本事件空间.

教师活动：先使用 PPT 展示以上空表，然后引导学生讨论以下问题：

（1）使用古典概型的事件和基本事件空间所满足的计算公式以及适用条件；

（2）结合问题 2—4，对照引出几何概型的计算公式；

（3）对比引出两种概型的适用条件之一：有限性或无限性；

（4）最后引出关于等可能性的讨论，结合下述蚂蚁分布（如图 3-2-3），强调几何概型也是需要满足等可能性的.

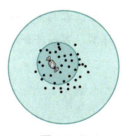

图 3-2-3

蚂蚁分布：如果蚂蚁均匀地分布在大圆盘里，那么深色部分分布蚂蚁的概率就是正常的测度与测度的比值. 若在深色区域里放一块糖，此时蚂蚁就会向中间靠拢，这时蚂蚁不再是均匀分布的，所以深色区域内分布蚂蚁的概率不再是 $\dfrac{深色区域面积}{大圆盘面积}$.

设计意图：对比学习，并且为下一步自然地引入条件讨论做铺垫；培养学生辩证思考问题的能力，同时提供实例辅助思考.

第三阶段：知识应用

例1 现有一根长为 10cm 的绳子，用剪刀剪一刀，求剪出两段绳子的长度均大于 3cm 的概率．

解 师生活动：教师借助图形引导学生直观想象剪绳子的情景，并留给学生思考的时间，然后提问并总结学生的思路．

不妨设

事件 Ω：剪刀在长为 10cm 的绳子上任意剪一刀得到的绳长．

事件 A：剪刀剪出的两段绳子的长度均大于 3cm．

显然 $m(\Omega)$ 即为绳子的长度，经过试验满足事件 A 的区域为如图 3-2-4 所示的绳子中间 4cm 的区域，所以 $m(A)=4$，于是

$$P(A) = \frac{m(A)}{m(\Omega)} = \frac{4}{10} = \frac{2}{5}.$$

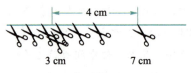

图 3-2-4

例2 李明准备在他的比萨店做一个赢取比萨的游戏．他设计了一个边长为 18cm 的正方形标靶，中心有三个半径分别为 1cm，2cm 和 3cm 的同心圆（如图 3-2-5）．如果投镖到最里面的圆内部，客人将会得到一个大号比萨；如果投镖到半径 1cm 和半径 2cm 的圆形成的圆环里，客人将会得到一个中号比萨；如果投镖到半径 2cm 和半径 3cm 的圆形成的圆环里，客人将会得到一个小号比萨；如果投到其他区域，将没有奖品．

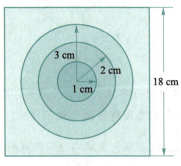

图 3-2-5

求以下事件发生的概率：

（1）得到大号比萨；（2）得到中号比萨；（3）得到小号比萨（假定客人投镖都

能投到正方形标靶内，并且投到不同位置的可能性相等）.

解 师生活动：教师在黑板上指定作答位置，并准备好比萨的模型（用于奖励给答对的同学），学生抢答并在黑板对应位置板书. 教师在这个过程中不需要干扰学生的作答，待学生书写完毕之后给予统一的格式和表达的规范即可.

不妨设

事件 Ω：镖落在标靶内；

事件 A：镖落在中心半径为 1cm 的圆内；

事件 B：镖落在半径 1cm 和半径 2cm 的圆形成的圆环里；

事件 C：镖落在半径 2cm 和半径 3cm 的圆形成的圆环里.

$$m(\Omega)=18\times18=324.$$

（1）$m(A)=\pi$，$P(A)=\dfrac{\pi}{324}$；

（2）$m(B)=4\pi-\pi=3\pi$，$P(B)=\dfrac{3\pi}{324}=\dfrac{\pi}{108}$；

（3）$m(C)=9\pi-4\pi=5\pi$，$P(C)=\dfrac{5\pi}{324}$.

答：得到大号比萨的概率为 $\dfrac{\pi}{324}$，得到中号比萨的概率为 $\dfrac{\pi}{108}$，得到小号比萨的概率为 $\dfrac{5\pi}{324}$.

例 3 想象一个细菌生活在一个装有 5L 水的瓶子里，求取瓶中任意 1L 水，里面有这个细菌的概率.

解 师生活动：学生可能会提出对该问题的各种疑问，所以教师需要有一些准备，比如

（1）细菌会不会动？

答：这不是捞金鱼，取水动作很快，在取水的瞬间可以假设细菌是静止的.

（2）水会不会流动？

答：水流动没关系，一旦选取了 1L 就固定了，几何概型的本质在于概率只与测度大小有关，与位置无关！

（3）细菌分布的位置一定是随机的么？

答：事实上，光和氧气的分布对细菌的生存和分布位置的确是有影响的，但是我们为了抽象出一个简单好处理的模型，可以假设分布的随机性.

这是一个非常好的问题，因为这涉及了等可能性，如果不随机，就不能满足几何概型的适用条件.

不妨设

事件 Ω：细菌可能分布在瓶中任意位置；

事件 A：细菌在任意取出的 1L 水中，

则 $m(\Omega)=5$，$m(A)=1$，$P(A)=\dfrac{1}{5}$.

设计意图：1. 还原概率的生活本质，这 3 个例题都是非常经典的几何概型问题，覆盖了几何概型涉及的三个维度；

2. PPT 模拟情景和充分的交流都是为了引导学生思考，活跃课堂气氛，积极鼓励学生作答；

3. 最后一个问题启发学生思考几何概型最本质的体现：只与事件的测度有关，与位置无关.

第四阶段：知识升华

例 4 快递员到小明家的时间为早上 6:30—7:30，小明离开家的时间为早上 7:00—8:00，求在小明离开家之前收到快递的概率.

解 师生活动：学生分小组讨论，并选学生代表上台交流.

教师：如果学生想到了二维处理，那么教师进行总结；如果学生没有想到，那么教师要做好"升维度"引导，再由学生完成例题，最后总结.

学生：上台后在时间轴上发现，快递员出现的某一个时间点，对于小明来说有一个时间区间都是满足要求的.如图 3-2-6 所示，很多线段累积在一起，就无法计算这些线段对应的几何测度.

教师此时可以比较自然地做升维度的引导，如图 3-2-7 画出对应的边界直线，由区域启发学生在平面或者坐标系里讨论问题.

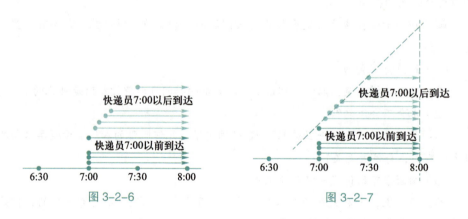

图 3-2-6   图 3-2-7

如图 3-2-8，以快递员到达的时间为变量 x，小明离开的时间为变量 y.在对应的直角坐标系下，先找到快递员到达时间的区域 $6.5<x<7.5$，小明离开时间的区域 $7<y<8$.所以

基本事件空间 Ω：$\{(x, y)|6.5<x<7.5$ 且 $7<y<8\}$.

事件 A："小明离开时间晚于快递员到达时间"即"$x<y$"对应的区域

$$\{(x, y)|x<y, 6.5<x<7.5 \text{ 且 } 7<y<8\}.$$

抽象成简单的几何图形（图 3-2-9），

$$m(\Omega)=1\times1=1,$$

$$m(A)=1-\frac{1}{2}\times\frac{1}{2}\times\frac{1}{2}=\frac{7}{8},$$

$$P(A)=\frac{m(A)}{m(\Omega)}=\frac{7}{8}.$$

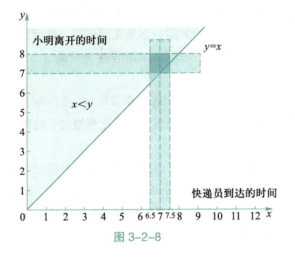

图 3-2-8

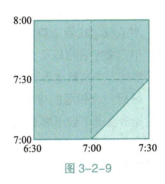

图 3-2-9

设计意图：

1. 这是非常典型的几何概型问题，学生的思维要有一个从一维到二维的巨大提升，教师可以给学生设置"够得着的"挑战.

2. 这只是单向碰面问题，一般的碰面问题是双向的，可以推导出来一个绝对值不等式. 这里降低了难度，重点在于让学生转换思维.

3. 本节内容对于学生来说并不困难，本例题可以让学有余力的学生在能力上有所提升，基础较弱的学生能够接受问题的解决方法即可.

第五阶段：课堂小结

教师引导学生用简短的话总结概括：

1. 几何概型的本质：测度之比.

2. 数学本源于生活，概率问题尤其需要大家密切联系实践，抽象数学模型，解决实际问题.

五、教学特点与反思

1. 如何准确把握概念课的重点

概念课对概念的剖析是第一位的，所以概念的引入并不需要多复杂，只要简单明了即可．因为前期设计的时候一直想用点、线、面、体这种递增维度的角度引入，基于简单明了的初衷，又想在每个引例之间建立起微妙的、容易发现的联系，所以最后确定了点集、区间、圆和球这些基本事件空间．

对离散的点过渡到线的时候，要留充分多的时间给学生讨论两者的区别和联系，让学生自己在比较中抽象出新的概念．从这个角度，在问题 1 和问题 2 的讨论中学生就已经完成了概念的过渡，而问题 3、问题 4 只是对已经产生的新概念的补充．教师在处理后面的例题时都需要带领学生分析所研究的问题是不是几何概型，然后再去找试验的全部结果和构成事件的区域，这同样需要留较多时间给学生分析概念．

2. 课堂细节的处理

本节概念比较绕口，所以对教师语言的准确度和精炼度要求较高．在国际部的教学中，文字表达以英文居多，但是为了学生更好地理解和准确把握概念，这部分内容增加了中文概念表达．

最后一个例题的难度需要结合课程的定位．对于只讲授概念的课，可能长时间的讨论放在课下会更加充分和有效．因为几何概型在国外课程中几乎没有出现，结合我国课程的要求以及对实际问题处理中数学思维的需求，我们在概率章节依旧保留了几何概型这一部分内容，所以本节内容就需要兼顾概念和习题的难度．

§3.3
案例　条件概率的应用——树状图

一、教学背景分析

教学内容分析：概率是高考考查的知识点，是数学中一个较独立的学科分支，与实际生活密切相关，对逻辑思维能力有较高的要求，条件概率在其中具有承上启下的作用，既可以巩固古典概型，又引入事件的相互独立性，在高考中占有一定的地位．同时条件概率这一部分是国外教学中要求掌握的内容，国外的考试更注重考查学生的阅读能力和分析问题的能力，将概率知识与实际问题相联系，需要学生借助数学方法解决实际问题．

人们在解决科学研究等各种社会活动中的问题时，经常需要获得较为复杂的事件的概率，如在已知某事件发生的条件下，求另一个与之关联的事件发生的概率，这就需要运用条件概率的知识来解决．本节在讲完条件概率定义和运算的基础上进一步探讨条件概率的应用，融合国内外数学教材中的条件概率知识点，结合学情帮助学生更好地理解实际应用题．

学情分析： 学生无论是在日常生活中，还是在小学、初中和高中的数学学习中都接触过概率问题，本节之前学生已经学习了古典概型、条件概率的定义和运算法则，具备一定的概率基础，在条件概率的讲解中，学生遇到的困难主要是对"条件"的理解，也就是对问题题意的理解，这也是大部分学生学习数学的困难。为了学生能更好地理解本节内容，教师通过创设情境，将学生带入轻松愉快的课堂环境中，继而提出问题，学生发现、分析、解决并归纳，最终完成教学任务。

教学重难点： 用树状图分析和解决条件概率问题。

二、教学目标设置

1. 理解和掌握条件概率的公式，会解决条件概率的实际问题。

2. 利用树状图分析条件概率问题，并解决有多个因素影响的条件概率问题。

3. 培养学生抽象思维和分析问题、解决问题的能力，规范学生的数学表达，体会数学的广泛应用，提高对数学的兴趣。

三、教学方法使用

在教师的引导下问题层层展开，采用提问、启发、演示和讲练结合的方法，将传授知识和培养能力融为一体。

四、教学过程设计

第一阶段：课前准备，引出问题

1. 复习学过的公式，让学生用语言表达条件概率公式，这样设计既巩固前面学的知识，又为本节的学习奠定基础。

条件概率公式：$P(B|A)=\dfrac{P(A\cap B)}{P(A)}$，$P(A|B)=\dfrac{P(A\cap B)}{P(B)}$。

乘法法则：$P(A\cap B)=P(A)P(B|A)=P(B)P(A|B)$。

互为独立事件的概率关系：$P(A|B)=P(A)$，$P(B|A)=P(B)$，$P(A\cap B)=P(A)P(B)$。

2. 问题的引入

> 问题1：（课前作业）抛掷一枚硬币三次：
>
> （1）让学生列举抛掷三次硬币，样本空间所有可能的结果；
>
> （2）研究第一次正面朝上的情况下，三次都正面朝上的概率；
>
> （3）研究前两次正面朝上的情况下，三次都正面朝上的概率。

设计意图：（1）让学生在学习了条件概率的定义和运算法则的基础上，进一步巩固掌握概率中的基本定义；

（2）问题由易到难，启发学生自己探索并解决问题，把发现新方法的机会留给学生，增强学生的自信和学习兴趣.

活动结果：

学生 A：列举法分析，从有序到无序地列举.列举的过程中会用字母表示出现的结果，如 H 表示正面朝上，T 表示反面朝上，用字母简化问题，培养抽象思维能力.

样本空间 S={HHH, HHT, HTH, THH, HTT, THT, TTH, TTT}.

事件 A：第一次正面朝上的情况下，三次都正面朝上.

事件 B：前两次正面朝上的情况下，三次都正面朝上.

第一次正面朝上的样本空间为 {HHH, HHT, HTH, HTT}，其中满足条件的只有 HHH，故概率为 $P(A)=\dfrac{1}{4}$.

前两次正面朝上，样本空间缩小为 {HHH, HHT}，满足条件的只有 HHH，故概率为 $P(B)=\dfrac{1}{2}$.

大部分学生都是用列举法解决问题.

学生 B：列表法（同列举法）.

学生 C：维恩图.样本空间可以用维恩图表示，但是我们发现很难用维恩图表示事件 A 和事件 B，因此需要思考有没有更简单直观的方法.

学生 D：树状图.当一次实验要涉及三个或更多的因素时，用列举法和列表法就不方便了，为了不重不漏地列出所有可能的结果，通常采用树状图法求概率，如图 3-3-1.

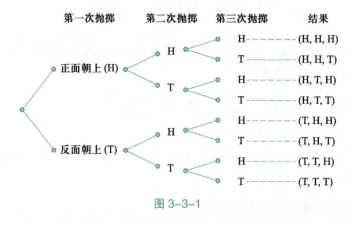

图 3-3-1

条件概率的第一节课中涉及的问题相对比较直观，我们可用列举（列表）和维恩图的方法表示条件概率问题实验中发生的所有可能结果，但是当一次实验要涉及三个或更多的因素时，如抛掷三枚甚至四枚硬币，对比学生提出的解决问题的方法，

我们发现树状图能更直观地展示思维的过程. 学生互学, 感受思维的条理性, 并总结用树状图分析条件概率的方法:

（1）明确一次实验有几个步骤;

（2）根据实验步骤的顺序画出所有可能的结果, 即树状图.

第二阶段: 主动探索, 解决问题

> 问题2:（播放一段网球视频）网球选手罗杰·费德勒在2011年首发成功的概率是63%（即发球局首次发球成功的概率）. 在他首发成功的情况下, 得分率为78%; 在首发失败的情况下, 得分率是57%.
>
> （1）78%和57%这两个百分数的实际意义是什么;
>
> （2）求首发成功且得分的概率;
>
> （3）求得分的概率;
>
> （4）求已知得分的情况下首发失败的概率.

设计意图: 教师播放一段网球视频, 可以激发学生的学习兴趣, 并帮助学生理解网球比赛的规则. 好的情境是授课成功的一半, 在更好地推进课程进度的同时, 激发学生探究问题的兴趣.

题目涉及两个事件的概率:

事件 A: 首发成功; 事件 B: 得分.

（1）解释两个百分数的实际意义, 是希望学生能够通过题意描述出两个百分数分别代表的是两个条件概率, 样本空间已经缩小, 要区别于得分的概率, 避免在后面计算概率中出错. 从运动员首发来看, 有首发成功（63%）和首发失败（37%）两种结果, 相当于树状图第一个分支的两种结果, 78%代表首发成功的前提下得分的概率, 57%代表首发失败的前提下得分的概率, 这两个概率相当于树状图第二个分支的两种结果（如图3-3-2）.

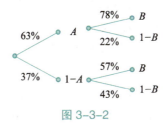

图 3-3-2

（2）有的学生回答首发成功且得分的概率是78%, 这是错误的. 这是因为对两个百分数的含义理解不清楚, 没有理解题中"且"的含义. "且"代表的是首发成功和得分两个事件同时发生的概率, 即（如图3-3-3）

$$0.63 \times 0.78 = 0.491\ 4.$$

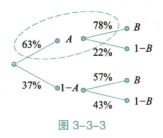

图 3-3-3

或者用条件概率公式

$$P(B \mid A) = \frac{P(A \cap B)}{P(A)}$$

$$\Rightarrow P(A \cap B) = P(A)P(B \mid A) = 0.63 \times 0.78 = 0.491\ 4.$$

两种方法得到的结果是一样的，用树状图结果简单明了，用公式就相对复杂，且容易出错（后文均使用小数进行计算）.

（3）单从题意文字的描述分析，"得分"这个事件的发生，有的学生会只考虑题目中描述的首发成功时得分的概率 0.78，或者将两个条件概率 0.78 和 0.57 直接相加，这都是不对的. 教师引导学生用树状图画出所有可能的结果，分别为图 3-3-4 的两个得分点处.

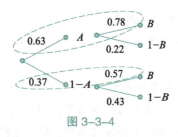

图 3-3-4

通过树状图分析，学生能更直观地看到得分的所有情况，即得分分别来自首发成功和首发失败，是树状图的两个分支. 因为得分是有前提的，所以结果不是将条件概率直接相加，而是将树状图的两支概率相加，即得分的概率是 $0.63 \times 0.78 + 0.37 \times 0.57 = 0.702\ 3$，通过树状图分析要比直接求 $P(B)$ 简单得多.

用公式我们得到得分的概率为

$$P(B) = P(A)P(B \mid A) + P(1-A)P(B \mid 1-A)$$

$$= 0.63 \times 0.78 + 0.37 \times 0.57 = 0.702\ 3.$$

（4）求已知得分的情况下首发失败的概率，是在通过结论来推测条件发生与不发生的概率（基于某件事情的发生讨论未知事件发生的可能性），这是条件概率公式的应用. 本题中得分是条件，其概率已在上一问求出，概率是 $P(B) = 0.63 \times 0.78 + 0.37 \times 0.57 = 0.702\ 3$.

如图 3-3-5，首发失败事件表示为 1−A.

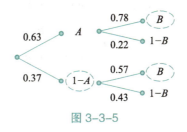

图 3-3-5

通过公式也可以得到：

$$P(\text{得分的情况下首发失败的概率}) = P(1-A \mid B) = \frac{P(1-A \cap B)}{P(B)}$$

$$= \frac{0.37 \times 0.57}{0.63 \times 0.78 + 0.37 \times 0.57}$$

$$\approx 0.300\,3.$$

第三阶段：巩固新知，及时反馈

> 问题 3：T 网站上的视频在互联网上非常受欢迎. 经调查 18 岁及以上的成年网民，我们发现：
>
> 27% 的成年网民年龄在 18 至 29 岁，其中 70% 访问过 T 网站；
>
> 45% 的成年网民年龄在 30 至 49 岁，其中 51% 访问过 T 网站；
>
> 28% 的成年网民年龄在 50 岁以上，其中 26% 访问过 T 网站.
>
> （1）画出树状图表示调查结果；
>
> （2）求出访问 T 网站的概率；
>
> （3）求出某人在访问过 T 网站的条件下，他的年龄在 18 至 29 岁的概率.

设计意图：由问题 2 的第一步骤首发成功和失败两种结果，到本题树状图第一步骤有三个结果（三种不同的年龄段），问题进一步复杂. 基于对问题 2 的分析，学生按照前文总结的方法自己分析，进一步认识使用树状图分析条件概率的方法并巩固条件概率的运算公式.

活动结果：定义事件 A：成年网民的年龄，事件 B：成年网民访问过 T 网站，其中事件 A 还可分为事件 A_1：成年网民年龄为 18 至 29 岁，事件 A_2：成年网民年龄为 30 至 49 岁，事件 A_3：成年网民年龄在 50 岁以上.

（1）调查结果如图 3-3-6（百分数均以小数表示）：

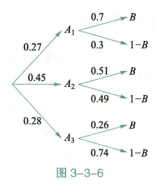

图 3-3-6

（2）通过观察树状图我们发现，访问过 T 网站（事件 B）有三个分支，分别包含在每一个年龄段，故同样可利用概率加法法则和两个事件同时发生的概率公式，得到概率

$$0.27×0.7+0.45×0.51+0.28×0.26=0.491\,3.$$

（3）通过结论指向条件，如图 3-3-7：

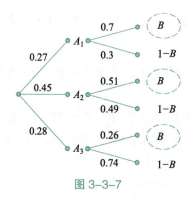

图 3-3-7

条件概率公式应用：

$$P(B) = 0.491\,3,$$

$$P(A_1|B) = \frac{0.27×0.7}{0.491\,3} ≈ 0.384\,7.$$

通过树状图和条件概率公式得到的结果是一样的，树状图使得分析问题不重不漏，更清晰也更简洁．

第四阶段：课堂小结，反思提高

设置 4 个问题：

（1）有哪几种方法可以求出所有可能的结果？

（2）树状图适用于哪些求条件概率的问题？

（3）总结树状图求概率的方法．

（4）画树状图如何体现数形结合思想（如何体现数学的符号化语言）.

教师提出问题，学生回顾思考，师生共同总结，进而明确本节的内容，强化本节的重点，把实际问题抽象为数学问题，在有序的过程中培养学生的抽象思维和条理性.

第五阶段：布置作业

进一步巩固和练习使用树状图解决条件概率问题，及时反馈教学信息，注重知识反馈，让学生掌握并理解此方法，进一步感受日常生活中的概率问题.另外训练学生的数学阅读理解能力，能将文字语言转化为数学语言.

五、教学特点与反思

1. 提前布置教学任务，学生自主探究

本节前学生已经学习了列举法，本节引入"树状图"这种新的列举方法，以生活实际为背景提出问题，在自主探究解决问题的过程中，学生学习树状图这种新的有条理的列举方法，可以培养思维的条理性，把思考过程直观、简洁地展现出来.

本节前教师安排学习任务并指导学生复习学过的知识，是教学中的一个重要环节，也是培养学生自主探究和解决问题能力的一个重要途径.学生在完成任务的同时，复习已学内容并体会其与新知识间的内在联系，然后带着问题听课.在教学过程中教师通过讲解准确的定义和逻辑的演绎，将学生从学习任务中的数学术语及符号中解脱出来，运用已有的知识达到对所学知识的正确理解.

2. 培养学生的数学阅读理解能力

对于数学应用题，我们要求学生能够把文字语言和数学符号进行相互转化，与自己阅读得来的信息进行对照、比较，从而能够掌握所学的知识.数学阅读理解是一个特殊的认识过程，绝不是"授""受"之间就能交割完的事，而要取决于学生思维的展开程度和学生自主求知的程度.数学知识必须经过学生的认知加工和思维消化，通过学生自身的再创造活动才能被学生接受并纳入其认知结构中.有的学生上课听得津津有味，下课做题一塌糊涂，就是少了知识自身再创造的过程，缺少了自己主动阅读建构知识的环节，从而影响了对知识技能的掌握.因此，学会阅读并养成自觉阅读的良好习惯，对于学生学好数学具有重要的意义和作用.

3. 中外课程融合，优化教学方法

本节结合中外教材，融合了中外课程中的案例，其中问题1就是选自我国教材.我国课程的案例多以计算为主，题意相对简洁.国外课程的问题文字描述较多，需要学生不仅有一定的数学逻辑推理能力，也要有一定的阅读理解能力.从题目的设计中就可以看出，问题环环相扣，逐层递进，不仅强化学生对基本定义的理解，更

是对认知思维的训练.本节的融合更多采用的是案例的融合,并采用国外经常考查的树状图的方法,帮助学生理解题意.通过数形结合,问题变得更简洁易懂.在以后的教学中,对于中外课程的融合教师还需要进行更细致的对比研究,比如从提升语言能力到逐步实现多元融合,再到课程跨学科融合.

§3.4
案例　随机变量的组合与变换

一、教学背景分析

教学内容分析:本节的目标是让学生通过案例分析,得到随机变量线性变换以及组合后的分布,并讨论所得新变量的均值和标准差与原变量之间的关系.学生已经学习了随机变量,了解均值与标准差对于随机变量来说是非常重要的统计量.例如,转盘游戏中商家规定顾客每次转盘需要花费 1 元,这是因为商家经过很长时间的经验发现该游戏商家平均损失 0.5 元(即均值为 –0.5 元).但是如果考虑游戏次数较少时,实际获利可能高于或低于期望值.商家还有一种转盘,顾客每次转盘需要花费 2 元,商家平均损失 1 元(即均值为 –1 元).那么在相同条件下,商家提供两种玩法选择:玩一次 2 元的转盘或玩两次 1 元的转盘.

为了帮助顾客解决这类问题,我们需要比较一次花费 2 元能获得的收益与花费两次 1 元能获得的总收益.考虑到以上两种情况实际是在讨论两个随机变量的概率分布,希望得到的是在多次试验后,哪一个随机变量有更高的期望值与更小的分散度,本节正计划解决此类问题.同时随机变量的组合与变换在国外考试中也是考查的难点,国内课程不涉及此类知识点,本节目标是能够让学生了解随机变量组合与变换的规律,并能够运用相关结论解决实际问题.

学情分析:学生已经学过描述性统计,能够用图表描述不同类型的数据,用相关统计量定量表达数据分布的属性,对于数据变换能够进行数形分析,对数据和分布有较直观的感知和基本数据分析能力.同时,也学习了随机变量的相关定义,掌握随机变量均值与标准差的计算公式.

教学重难点:能够通过实际案例提取统计模型,并用随机变量的关系解决问题.

二、教学目标设置

1. 了解随机变量线性变换的对应分布的变化,包括均值与方差的改变;推导两个变量的和变量与差变量的概率分布；并会计算其均值与方差.

2．利用知识迁移和数学抽象，研究随机变量的线性变换对于分布的影响，并推出均值与方差的变化；当面对两个或多个变量组合时，能够根据最基本的概率分布得到新变量的分布，从而计算其均值与方差.

3．培养学生科学的态度和探究精神，并且利用所学知识解决实际问题.

三、教学方法使用

教学方法： 讨论法.

四、教学过程设计

第一阶段：复习巩固

图 3-4-1 为班级学生身高，表 3-4-1 为身高相关统计量，单位是厘米（cm）.

图 3-4-1

表 3-4-1　班级学生身高统计量

统计量	$\bar{x}$	s_x	Min	Q_1	Med	Q_3	Max
单位 /cm	167	4.29	160	163	166	170	175

（1）如果班级学生都站在 40cm 的椅子上，测量学生头顶距离地面的高度，此时新的分布与原身高分布相比，形状、中心和分散度如何变化？

（2）假如我们将高度单位从厘米改为英寸 (1 cm =0.394 in)，试着描述一下此时分布的形状、中心和分散度.

设计意图：复习已学过的数据变化对分布的影响，类比到变量经过线性变换后对概率分布的影响. 这部分较容易推出，也相对容易理解，在复习的同时需要对线性变换后概率分布的变化进行总结.

学生讨论回答：

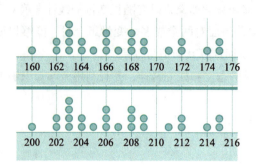

图 3-4-2

总结：（1）形状不变，中心改变，分散度不变．相当于把所有数据都加一个常数后分布的变化（如图 3-4-2）．

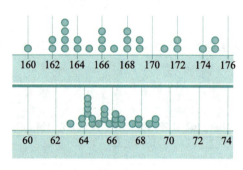

图 3-4-3

（2）形状不变，中心改变，分散度改变．相当于把所有数据都乘一个常数后分布的变化（如图 3-4-3）．

问题 1：根据我们已经学过的统计量，思考哪些统计量可以表示中心，哪些可以表示分散度？

考虑随机变量的概率分布是否受到变量值变化的影响，如果有影响，会是什么影响．

猜想（如表 3-4-2）：

表 3-4-2　形状、中心和分散度的变化

	$Y=a+X$	$Y=bX$
形状	X 和 Y 有相同形状的概率分布	X 和 Y 有相同形状的概率分布
中心	$u_Y=a+u_X$	$u_Y=\|b\|u_X$
分散度	$\sigma_Y=\sigma_X$	$\sigma_Y=\|b\|\sigma_X$

例 1　小皮在一个旅游景区提供租车服务，每次至少载客 2 人，最多 4 人，每次乘客人数为随机变量 X，下面是其概率分布（表 3-4-3）：

表 3-4-3　每次乘客人数及其概率

乘客人数 X	2	3	4
概率	0.2	0.3	0.5

均值 $u_X = 3.3$，方差 $\mathrm{Var}(X) = 0.61$.

让学生回答出均值与方差的公式，为了节省时间，直接给出学生以上分布的均值与方差.

（1）如果每位乘客收费 10 元，随机变量 C 为小皮每次收取的总金额（收益），求随机变量 C 的概率分布；

（2）若每次需要提供景区 5 元服务费，则利润 V 等于收取的总金额减去服务费，求随机变量 V 的概率分布.

解　（1）

表 3-4-4　每次收益及其概率

每次收益	20	30	40
概率	0.2	0.3	0.5

如表 3-4-4，均值 $u_C = 33$，方差 $\mathrm{Var}(C) = 61$.

（2）

表 3-4-5　每次利润及其概率

每次利润	15	25	35
概率	0.2	0.3	0.5

如表 3-4-5，均值 $u_V = 28$，方差 $\mathrm{Var}(V) = 61$.

因此对变量进行线性变换后，可以得到如下概率分布.

> 如果随机变量 $Y = a + bX$，则
> · Y 分布的形状与 X 分布的形状相同；
> · 均值：$\mu_Y = a + b\mu_X$；
> · 标准差：$\sigma_Y = |b| \sigma_X$.

注意：

对随机变量进行线性变换后，其分布的中心或位置（中位数、四分位数或百分位数）以及分散度（值域、四分位距）都受到相似的影响.

无论是数据还是随机变量，线性变换的影响是相同的.

以上结论适用于离散型和连续型随机变量.

第二阶段：讲解新知

截止到现在，我们研究的都是单变量的分布，生活中我们关心更多的是两个或者多个变量之间的关系以及它们整合后的概率分布.

例2 小皮的数据同例1，小皮的朋友小飞也在另一个景区提供租车服务，但是他的车最多只能坐下3人，以下是小飞每次乘客人数的概率分布（表3-4-6）：

表3-4-6　每次乘客人数及其概率

乘客人数 Y	2	3
概率	0.4	0.6

均值 $u_Y = 2.6$，方差 $\text{Var}(Y) = 0.24$.

求：（1）小皮和小飞平均每次一共载客数；

（2）小皮和小飞每次载客总人数的方差.

设计意图：考虑两个变量和与差的概率分布，引导学生自己推导完成并总结.

解 首先分析题意，设 X 表示小皮的每次载客人数，设 Y 表示小飞的每次载客人数，（1）实际上要求 $T=X+Y$ 的期望；（2）求解 $T=X+Y$ 的方差.

（1）和的期望等于期望的和：$E(T) = E(X)+E(Y)$，这部分学生可根据常识说出答案，再引入统计量的符号说明，进而容易得到结果.

（2）和的方差不好算，怎么办？回归到方差的定义：需要写出和的分布.

当 $T=4$ 时，表示两个人一共有4位乘客，根据两人乘客人数的分布，可知只有一种情况满足：即小皮有2位乘客，同时小飞有2位乘客，即 $X=2$，$Y=2$；又因为 $P(X=2)=0.2$，$P(Y=2)=0.4$. 根据题意两人在不同景区，所以两个事件独立，可以直接相乘表示事件同时发生的概率. 因此，

$$P(T=4)=P(X=2 \text{ 且 } Y=2)=P(X=2)P(Y=2)=0.2×0.4=0.08.$$

根据相同的计算方法，分别得到 $P(T=5)=0.24$，$P(T=6)=0.38$，$P(T=7)=0.3$，如表3-4-7.

表3-4-7　载客总人数及其概率

总人数	4	5	6	7
概率	0.08	0.24	0.38	0.3

问题2：补全表3-4-7后，我们得到 T 的概率分布，并能够根据公式计算出 T 的均值与方差．计算均值是为了更好地证明（1）中结论的正确性；根据方差定义 $\sigma_T^2 = 0.85$，结合条件可知，$\mathrm{Var}(X) = 0.61$，$\mathrm{Var}(Y) = 0.24$，存在 $\mathrm{Var}(X) + \mathrm{Var}(Y) = 0.85 = \sigma_T^2$．

两个独立随机变量和的均值与方差：

随机变量 $T = X + Y$，X 和 Y 相互独立；

均值：$E(T) = E(X) + E(Y)$；

方差：$\mathrm{Var}(T) = \sigma_T^2 = \sigma_X^2 + \sigma_Y^2$．

问题3：平均每次小皮比小飞多载几位乘客？方差是多少？同时思考能得到什么结论．

推导与结论由学生完成，类比于问题1和问题2．

解 $E(X-Y) = E(X) - E(Y) = 3.3 - 2.6 = 0.7$；$\mathrm{Var}(X-Y) = 0.85$．

两个独立随机变量差的均值与方差：

随机变量 $T = X - Y$，X 和 Y 相互独立；

均值：$E(T) = E(X) - E(Y)$；

方差：$\mathrm{Var}(T) = \sigma_T^2 = \sigma_X^2 + \sigma_Y^2$．

第三阶段：实际应用

当我们面对一个实际问题时，该如何利用本节所学的内容解决问题呢？

例3 某学校400m游泳接力，四位运动员各自完成100m的时间近似服从正态分布，表3-4-8是每位运动员完成100m所需时间的均值和标准差（单位：s）．假设每位运动员相互独立，互不影响．求完成400m接力时间少于220s的概率是多少？

表3-4-8 每位运动员完成100m所需时间的均值和标准差　　　　单位：s

运动员	均值	标准差
A	55.2	2.8
B	58.0	3.0
C	56.3	2.6
D	54.7	2.7

设计意图：考虑多个正态分布随机变量和或差的概率分布，需要学生独立完成

解题过程.

解 设 T = 完成 400m 接力的总时间（单位：s）. $E(T)$=55.2+58.0+56.3+54.7= 224.2，σ_T^2 = 2.8²+3.0²+2.6²+2.7²=30.89. $\sigma_T = \sqrt{30.89}$ = 5.56. 所以，T 满足均值为 224.2，标准差为 5.56 的正态分布 N(224.2, 5.56).

下面求 $P(T < 220)$.

因为 $z = \dfrac{220 - 224.2}{5.56} = -0.76$，$p(z<-0.76)$=0.223 6. 所以完成 400m 接力时间少于 220s 的概率是 0.223 6.

第四阶段：课堂小结

引导学生总结本节所学知识点：

1. 对随机变量进行线性变换后，均值也发生线性变化，标准差只受斜率影响.

2. 对随机变量进行和与差变换后，其均值为原变量的和与差，其方差为原变量的方差之和.

五、教学特点与反思

1. 从数据变换到随机变量变换，从特殊到一般

从已知到未知，让学生从数据变换后的分布特征，总结出随机变量变换后分布的变化，能够结合所学，得到均值与标准差相对应的改变. 例 1 的作用，一方面复习数据的线性变换，另一方面能够让学生直观感受分布的变化，进而找到对应统计量去描述.

对于随机变量的组合，学生先进行猜想，后通过案例进行验证，如果时间允许，教师可以将学生多分几组，每组完成一个不同分布组合的案例，再将各组答案汇总，总结得到一般的结论. 随机变量组合的分布，理论证明需要结合微积分，我们对此过程不做要求，对学生的要求是了解结论并会应用. 因此在总结出结论后，我们进行了例 3 的练习.

2. 体会统计的实际应用

用不同案例，将学生带入不同的生活场景，体会用统计解决实际问题的过程，引起学生的学习兴趣和深入思考的动力. 同时，学生学完相关知识能获得较大成就感和学科自信，教师可以鼓励学生继续用所学的数据分析方法和统计相关理论解决生活中类似的问题.

§3.5

案例　假设检验——以心灵凝视效应为案例

一、教学背景分析

教学内容分析：本节的教学目标是让学生通过实验收集数据，分析并验证心灵凝视效应．心灵凝视效应是一种人们总会感觉背后被注视的现象．我们的活动旨在让学生更好地了解以二维表格数据为基础的卡方检验，以及通过小组讨论得到二项检验的结论，应用自己所学过的知识去解决生活中的实际问题，体会数学与生活的密切联系，产生学习数学的兴趣．

假设检验是在国外课程中的内容，主要内容是基于样本数据计算相关统计量，再根据样本分布等知识做出统计推断．统计推断主要包括两部分：区间估计和假设检验，本节内容的设计主要是基于案例对实际问题做出假设检验．

学情分析：学生已经学过二维结构性变量，会利用卡方分布进行变量独立性检验．了解一般统计推断的过程，会利用样本统计量估计总体参数．本节案例中的现象是实际生活中比较常见的现象，可以引起学生的好奇心，同时调动学习的积极性．

教学重难点：建立卡方检验的过程，探究二项检验的一般过程．

二、教学目标设置

1．熟练掌握卡方检验；了解设计实验模拟过程，掌握随机抽样的方法，能够利用所学知识和工具对实际问题进行统计分析．

2．通过小组合作共同探究，体会统计分析的一般过程；提高学生分析问题、解决问题的能力；提高学生的数学实践能力．

3．培养学生科学的态度和质疑精神，养成勤学严谨的学习习惯．

三、教学方法使用

教学方法：实验法．

四、教学过程设计

第一阶段：开门见山，引出问题

（1）背景介绍

大家是否都有过这样的感受，总觉得背后有人在盯着你看，实际上，95% 以上的人都有过这样的感受，心理学上称它为"心灵凝视效应"．在 20 世纪末，第一次有人对这个现象做出解释，心理学家 Edward（爱德华）认为这只是人们的幻觉，并没有科学理论依据，但是在 2003 年 Sheldrake（谢德瑞克）出版了一本书，上面论证了很多这样的真实案例，同时里面也记载了他在实验室做的一项实验，得出大约有 60% 的人能正确判断出正有人在背后盯着自己看，并把这个现象归因为形态共振．

活动目标：课程开始告知学生本节的两个目标．第一个目标是重现 Sheldrake 实验室中设计的实验；第二个目标是利用我们得到的实验数据，对 Sheldrake 的结论进行验证．

（2）复习回顾

问题：统计推断的一般步骤．

活动目标：本节的案例中，学生需要验证的结论为 Sheldrake 的心灵凝视效应成立，即验证的实验结论是 60% 的人能够做出正确判断．样本是我们进行实验得到的数据，统计量是基于实验样本得到的比例，最后基于样本比例的分布进行统计推断．

第二阶段：小组实验，收集数据

活动 1：分小组完成实验

1. 将班级 20 名同学分为 10 组，两人一组，分别为观测者和被试者，被试者闭上眼睛背对着观测者．

2. 每组观测者随机地进行 20 次实验，根据随机结果，决定看或不看被试者．这里随机情况可通过计算器 RandInt (0,1,20) 得到 20 个结果，其中，0 表示观测者不看被试者，1 表示观测者看被试者．

3. 每次实验被试者需要在 10 秒内说出是否被看．

4. 最后由观测者记录结果．

活动目标：

学生分组进行实验．这部分需要注意的是教师要将实验步骤具体化、明确化．学生根据实验步骤，可以重现实验过程．

活动 2：汇总各小组数据（见表 3-5-1）

表 3-5-1　各小组数据汇总

观测者	被试者		
	看	没看	行总数
看	65	39	104
没看	46	50	96
列总数	111	89	200

活动目标：对原始实验数据进行处理，分别计算四种不同情况的频数，统计到二维表格中，作为班级的实验样本数据.

第三阶段：基于数据，假设检验

> 问题：用班级的样本数据来验证被试者回答看或者没看与观测者状态是否有关系.

活动目标：完成基于实验的假设检验.

第一步：根据题目，建立原假设和备择假设.

H_0：被试者回答与观测者状态无关，即没有心灵凝视效应；

H_1：被试者回答与观测者状态有关，即存在心灵凝视效应.

第二步：检验条件.

因为假设检验基于样本分布，所以需要先检查是否可以把样本分布近似看作正态分布.

（1）需要满足样本的随机性，实验中为了保证随机性，观测者状态由计算机产生的随机数决定；

（2）需要样本中个体彼此独立，也就是每组实验都是独立的，与其他实验组不相互影响；

（3）需要满足大数定律，因为如果统计中样本个数过少，容易产生较大偏差，因此需要一定的样本数量，即每个预测值必须大于 5，在卡方假设检验中，预测值是基于原假设成立，即两个变量独立的情况下，该样本在每个情况下发生的次数，等于 $\dfrac{\text{该值所在行总数} \times \text{该值所在列总数}}{\text{总数}}$（如表 3-5-2）.

表 3-5-2　样本预测值

观测者	被试者		
	看	没看	行总数
看	57.72	46.28	104
没看	53.28	42.72	96
列总数	111	89	200

在以上三个条件都满足的情况下，可以继续进行下一步的卡方检验.

第三步：计算统计量.

$$x^2=\sum \frac{(观测值-预测值)^2}{预测值}$$

$$=\frac{(65-57.72)^2}{57.72}+\frac{(39-46.28)^2}{46.28}+\frac{(46-53.28)^2}{53.28}+\frac{(50-42.72)^2}{42.72}$$

$$=4.298\,7,$$

自由度 $df=(n_1-1)(n_2-1)=1$，n_1 表示行变量的个数，n_2 表示列变量的个数.

第四步：假设检验结论

根据卡方分布表或者计算器，计算出 p 值为 0.038，因为小于显著性水平 $\alpha=0.05$，所以拒绝原假设，以班级实验数据为样本可以说明存在心灵凝视效应.

活动目标：

因为学生已经了解如何进行卡方检验，所以这部分内容教师可以让学生独立完成，然后选部分学生的作业进行分享. 一方面是检查学生知识点的掌握情况，另一方面强调作答的规范性，让学生养成科学严谨的学习习惯.

第四阶段：设计探究，总结反思

问题 1：探究的心灵凝视效应实验是否符合二项分布？能否基于班级数据建立二项检验？

问题 2：班级的样本量不算很大，虽然满足正态分布，但能否求解出更精确的二项分布概率值？同时思考假设检验中最重要的是什么？

问题 3：基于二项分布，计算一下实验样本发生的可能性（即 p 值）？

活动目标：通过类比，让学生基于二项分布进行假设检验.

学生活动：

以班级样本数据为例，一共进行 $n=200$ 次实验，成功的次数 $x=65+50=115$，判断成功包括两种情况，一种是被试者认为有人看他，而此时观测者正看着被试者；另一种是被试者认为没有人看他，而此时观测者确实没有看被试者，所以成功的概

率为 $\hat{p} = \dfrac{115}{200} = 0.575$. 然后计算二项分布的 p 值，即在原假设成立的前提下，也就是说如果不存在心灵凝视效应，我们假设成功的概率为 0.5，此时实验样本发生的可能性称为 p 值，根据二项分布可以得到

$$P(x \geqslant 115) = C_{200}^{115} \times 0.5^{115} \times 0.5^{85} + C_{200}^{116} \times 0.5^{116} \times 0.5^{84} + C_{200}^{117} \times 0.5^{117} \times 0.5^{83} + \cdots + C_{200}^{200} \times 0.5^{200} \times 0.5^{0} \approx 0.02,$$

p 值为 $0.02 < \alpha = 0.05$，α 是显著性水平，说明我们的实验样本在小概率情况下发生，因此拒绝原假设，即存在心灵凝视效应．

五、教学特点与反思

1. 体验完整统计过程，建立学科信心

本节的不同之处在于，以前做案例分析时，教师大多直接给出数据进行分析．本节是学生自己做实验，在实验过程中，学生不仅了解了设计实验需要很严谨，同时需要保证数据的科学准确性，而且从数据收集到数据分析，选择统计推断方法，再到最后得到结论，学生需要充分利用自己所学的统计学知识解决实际问题．通过本节的案例实验，学生可以建立学科信心，敢于尝试，学以致用，不仅有质疑精神，更有充分的能力去独立思考、分析问题，并作出自己的判断．

2. 知识迁移与重组的探究过程

二项检验虽然对于学生是一个新概念，但是二项分布和假设检验这两个知识点学生都是学过的，学生需要对已学知识进行迁移和重组．以前学习的假设检验都是基于正态分布的，而当样本数量较大时，二项分布也可以近似看作正态分布，但是两者的本质区别在于，二项分布属于离散型，而正态分布为连续型，所以当我们面对本节的案例时，之前进行的统计推断都是将 200 次实验看作大量数据进行的假设检验，但实际上，我们的样本数据并不是很大，也具有一定的随机性，因此建议用二项检验，可以提高实验结论的精确性．实际上，虽然大家都按假设检验去做，想利用二项分布，但大多数也是根据二项分布近似看作正态分布去做的，产生这个问题的本质是在于学生并没有真正理解 p 值的含义，这个案例给出了二项检验的原假设和备择假设，H_0：$p = 0.5$；H_1：$p > 0.5$，p 为被试者能正确判断出背后是否被注视的概率，备择假设 $p > 0.5$ 表示能正确判断的概率大于 0.5，说明这不是随机现象，即存在心灵凝视效应．

3. 注重统计过程的完整与严谨

在做假设检验时，检查是否满足样本服从正态分布的条件，学生通常省略具体证明过程，直接回答满足条件，这是需要注意的部分．完整的过程比结果更重要，因为过程是我们解决问题思维的体现，如果在过程中有不确定、不能证明的部分，说明接下来所有的论证都缺乏理论依据，只有写清楚过程，才可以证明逻辑思维的完整性．

第**4**章
微积分课程的融合

§4.1
概述

一、中外微积分课程的比较

1. 综述

总体来说，目前我国的微积分课程在深度和广度上都要低于世界很多国家的微积分课程．在高中阶段我们对微积分的重视程度并不够，课堂上留给微积分的时间也很少．

微积分是数学学科的精华，无论在数学领域本身还是在其他领域都有重要的应用．学生高中阶段学到的其他课程，如物理就有很多概念都需要微积分才能真正讲清楚．例如学生在高一物理第一章就会学到瞬时速度的概念，而完全理解该概念所需要的极限和导数知识要学生以后才能在数学课上学到．这种情况也间接影响了学生对其他学科的深入理解．如果学生更早接触到微积分，这将是一个将数学与其他学科融合的极好的案例，可以让学生尽可能多地看到数学在其他学科中举足轻重的地位，也能更好地激发学生学习数学的热情．

另外，微积分是在极限基础上建立起来的学科，它使研究静态现象的数学变成了研究动态现象的数学，这一思维方式的转变对学生理解数学和发展数学思维能力有极其重要的影响．因此，我们应该让学生尽可能早地接触到微积分．

微积分是一个逻辑上非常连贯的整体，但由于在教学中分配的时间过少，国内高中只讲授了一些最基本的知识，很多重要的部分都完全没有涉及，学生只能学到微积分的一点皮毛．国内课程将过多的时间放在了技巧性的训练上，导致留给微积分的时间过少，这个情况需要一些改变．

综上所述，我们认为高中生应该花时间系统地学习微积分．通过在三十五中国际部几年的实践，高中生要系统学习完非数学专业大学一年级微积分的内容（从极限到无穷级数）是完全没有问题的．

2. 知识与能力要求的比较

微分学：

国内高中数学课程完全没有涉及极限及其性质．极限的概念是从初等数学过渡到高等数学最关键的一步，对极限理解的好坏会直接影响到对接下来一系列重要的概念和定理的理解，例如连续性、可导性、微分等．多数国外课程都是将极限作为微积分的第一个章节．虽然绝大多数国家并不要求学生掌握极限的 $\varepsilon\text{-}\delta$ 定义，但是往往会借助技术手段来帮助学生体会极限的含义．另外，与极限相关的运算法则和定理的学习也是必不可少的．在国内教材中，极限只是作为引入导数概念的一个符号出现．

国内课程涉及了基本初等函数的求导，导数的加减乘除运算法则，以及简单的复合函数求导的链式法则．国外课程中往往还会包括参数方程求导，反函数求导，隐函数求导以及相关变化率．隐函数求导可以系统解决一大类重要曲线求切线的问题，涉及的内容也不难理解，所以不宜省略．参数方程求导和相关变化率在其他学科都有非常重要的直接应用，例如物理中的圆周运动和各类应用问题（高中物理竞赛中就有相关变化率的直接应用）．

在导数的应用方面，国内课程涉及一阶导数与增减性的关系，极值和最值，生活中的最优化问题．由于缺少连续性定理、罗尔定理和微分学中值定理的支撑，学生只能通过观察归纳来理解本节内容，无法完成比较严格的证明，这种情况对接下来的学习也是不利的．另外，国内课程完全没有涉及二阶导数、函数的凹凸性与拐点．凹凸性是函数的一个重要性质，对于精确绘制函数图像是不可或缺的．另外，在其他学科的应用中，函数的凹凸性也是很重要的．例如高中物理的核心概念之一，加速度，本质上就是位置的二阶导数，理解位置—时间图像的凹凸性和拐点对把握物体的运动状态至关重要．

积分学：

国内课程涉及定积分的几何意义和概念，微积分基本定理及其在几何和物理中的简单应用．除了上述内容，国外课程往往还包括不定积分，换元法和分部积分法求不定积分，简单的微分方程，以及求弧长、旋转体体积和表面积等应用．

通过对比我们就能发现，国内课程在积分学这一部分涉及的知识点是比较浅的，学生能做的就是一些非常简单的积分和应用．很多国外课程在这一部分涵盖的内容要深入得多．

无穷级数：

无穷级数在微积分的发展中非常重要，在其他学科中有着非常丰富的应用，其核心泰勒级数更是对数学的很多领域都有重要影响．而国内课程完全没有涉及无穷级数，这样的微积分课程是不完备的．国外多数课程对无穷级数的要求也不高，涉及的内容比较少．

二、融合的出发点和具体实践

鉴于以上分析，我们看到国内的微积分课程还是较浅显和不系统的．但由于目前课时的限制和普通高中数学课程标准的要求，也很难再往里面加入更多内容了．在三十五中国际部，学生有高二一整年的时间去系统地学习微积分，所以从学生数学能力发展考虑，结合国外标准化考试的要求，我们增加了前述中缺乏的知识点，将微积分作为一门系统的课程呈现给学生．在系统地学习微积分之后，学生的数学抽象和逻辑能力有了很大的提高．更重要的是，他们对现代数学的理解上升了一个层次，明显要强于没有接受过系统微积分学习的学生．

三、微积分融合的教学案例

我们选择了六个案例：

1. 幂函数求导

本节通过特殊例子猜想、定义法和数学归纳法等不同的途径引导学生进行了幂函数求导公式的探究．在这个过程中淡化最终公式的机械记忆，突出了学生探究公式得出与证明的过程，启发学生用已学知识去发现未知的知识，从合情推理得到猜想去探寻未知．

2. 判断级数敛散性

级数的敛散性判断是级数理论的基本问题．本节中，教师从具体问题入手，借助正例和反例突破难点，以之前学过的有限数列求和知识作为引入，将数列有限项的和延展到无限项，在该过程中给予学生犯错的机会，在纠正错误的过程中理解新的概念．

3. 微积分基本定理

微积分基本定理是整个微积分的核心，本节的目标是探寻定积分和不定积分这两个重要概念的内在联系．教师首先通过相关的数学史知识将学生带入牛顿和莱布尼茨的时代，让学生充当探索者的角色，将本节的基调定为自主探究．教师借助学生已经在物理课上学到的知识帮助学生理解抽象的数学定理，体现了学科之间的融合以及数学的广泛应用价值．

4. 微分方程不同解法之欧拉方法

微分方程在实际生活中应用广泛，但是多数微分方程很难得到精确解．本节教师通过设置合理的、层层递进的提问，引导学生通过自主探究和小组讨论来学习欧拉法．在这个过程中，学生通过 Excel 和 MATLAB 等软件的帮助，感受将方程的解不断细分时欧拉解与真实值误差缩小的过程，从而对欧拉法的原理和适用范围有了更加深切的体会．

5. 弧长和旋转体表面积公式

本节从学生非常熟悉的规则图形的周长和面积概念出发,通过自主探究的方法让学生应用在微积分中学习到的"分割—求和—取极限"方法,自己得出不规则图形的周长和面积计算方法.在这个过程中,教师通过 GeoGebra 等数学软件把无限分割求和的过程可视化,帮助学生更深切地理解和体会这个方法.

6. 逻辑斯谛模型

本节从生活情境和历史两个角度引入逻辑斯谛模型,使学生感受到知识形成的长期过程以及逻辑斯谛模型的广泛应用.教师通过 PBL(问题驱动教学法)主题探究式学习,带领学生从理想型的指数模型入手进行逆向推导,最终得出对应微分方程的解.在这个过程中,结合当下热门话题,教师鼓励学生在网络中收集研究数据,并利用 MATLAB 等数学软件进行相关研究.

§4.2
案例 幂函数求导

一、教学背景分析

教学内容分析:人教版高中数学教材中涉及导数的计算,但教材从特例的证明归纳出幂函数的求导公式.严格来讲这不是完整的证明过程.国外教材则试图让学生尝试严格地证明幂函数求导公式.本节探究幂函数求导公式的证明过程.

教学重难点:了解幂函数的求导公式;理解幂函数求导公式的证明过程.

二、教学目标设置

1. 理解幂函数求导公式的证明过程,掌握幂函数的求导公式.

2. 通过归纳、猜想、证明,研究幂函数求导公式,并尝试探究不同的化简思路得到求导公式.

3. 培养学生仔细观察、认真思考的习惯,严谨的态度和探究精神.

三、教学方法使用

教学方法:探究式.

四、教学过程设计

第一阶段：复习知识

教师：判断下列函数哪些是幂函数？

$$y = x^2 \qquad y = 2x^3 \qquad y = x^2+1$$

$$y = x \qquad y = 2^x \qquad y = x^3$$

设计意图：教师给出具体题目让学生在以往所学的函数中找到幂函数，回顾幂函数的定义，即形如 $y = x^r(r \in \mathbf{R})$ 的函数为幂函数，上题中 $y = x, y = x^2, y = x^3$ 为幂函数，其他都不是幂函数．

教师：利用导函数的定义求下列幂函数的导函数：

$$y = x, y = x^2, y = x^3.$$

学生 A：$f(x) = x$，

$$\begin{aligned}
f'(x) &= \lim_{h \to 0} \frac{f(x+h) - f(x)}{h} \\
&= \lim_{h \to 0} \frac{(x+h) - x}{h} \\
&= \lim_{h \to 0} 1 \\
&= 1.
\end{aligned}$$

学生 B：$f(x) = x^2$，

$$\begin{aligned}
f'(x) &= \lim_{h \to 0} \frac{f(x+h) - f(x)}{h} \\
&= \lim_{h \to 0} \frac{(x+h)^2 - x^2}{h} \\
&= \lim_{h \to 0} \frac{x^2 + 2xh + h^2 - x^2}{h} \\
&= \lim_{h \to 0} \frac{2xh + h^2}{h} \\
&= \lim_{h \to 0} (2x + h) \\
&= 2x.
\end{aligned}$$

学生 C：$f(x) = x^3$，

$$\begin{aligned}
f'(x) &= \lim_{h \to 0} \frac{f(x+h) - f(x)}{h} \\
&= \lim_{h \to 0} \frac{(x+h)^3 - x^3}{h} \\
&= \lim_{h \to 0} \frac{(x+h-x)[(x+h)^2 + (x+h)x + x^2]}{h} \\
&= \lim_{h \to 0} [(x+h)^2 + (x+h)x + x^2]
\end{aligned}$$

$$= \lim_{h \to 0}(x^2 + x^2 + x^2)$$

$$= 3x^2.$$

设计意图：让学生回顾导函数的定义 $f'(x) = \lim\limits_{h \to 0} \dfrac{f(x+h)-f(x)}{h}$，并利用定义来求幂函数的导函数．教师把学生分成 A，B，C 三组，每组学生利用定义求一个幂函数的导函数．

第二阶段：引入问题

教师：我们利用定义求导得出 $(x)' = x^0 = 1, (x^2)' = 2x, (x^3)' = 3x^2$，猜测幂函数 $y = x^r (r \in \mathbf{R})$ 的求导公式是什么？

学生：$(x^r)' = rx^{r-1}, \ r \in \mathbf{R}$．

设计意图：让学生根据自己所写的求导公式来猜测幂函数的求导公式．

第三阶段：小组探究

教师：请学生分小组讨论，如何证明公式 $(x^r)' = rx^{r-1} (r \in \mathbf{R})$ 成立．

（1）学生 A 证明过程：

根据导函数的定义 $f'(x) = \lim\limits_{h \to 0} \dfrac{f(x+h)-f(x)}{h}$ 来证明幂函数的求导公式．

$$\begin{aligned}(x^r)' &= \lim_{h \to 0}\frac{(x+h)^r - x^r}{h}\\ &= \lim_{h \to 0}\frac{(x+h-x)\left[(x+h)^{r-1}x^0 + (x+h)^{r-2}x^1 + \cdots + (x+h)^0 x^{r-1}\right]}{h}\\ &= \lim_{h \to 0}\left[(x+h)^{r-1}x^0 + (x+h)^{r-2}x^1 + \cdots + (x+h)^0 x^{r-1}\right]\\ &= x^{r-1} + x^{r-1} + \cdots + x^{r-1}\\ &= rx^{r-1}.\end{aligned}$$

教师：学生 A 的证明方法用到了多项式的因式分解，其适用条件是 r 为正整数，所以这个证明方式证明了在 r 为正整数时，公式 $(x^r)' = rx^{r-1}$ 成立．

（2）学生 B 证明过程：

根据数学归纳法证明 $(x^r)' = rx^{r-1}$ 成立．

（Ⅰ）当 $r = 1$ 时，

$$\begin{aligned}(x)' &= \lim_{h \to 0}\frac{(x+h)-x}{h}\\ &= \lim_{h \to 0}\frac{h}{h}\end{aligned}$$

$$= \lim_{h \to 0} 1$$
$$= 1,$$
$$\left(x^1\right)' = 1 \cdot x^{1-1} = x^0 = 1,$$

所以当 $r = 1$ 时，$\left(x^r\right)' = rx^{r-1}$ 成立.

（Ⅱ）假设当 $r = k$ 时，即 $\left(x^k\right)' = kx^{k-1}$ 成立，则当 $r = k+1$ 时，

$$\left(x^{k+1}\right)' = \left(x^k \cdot x\right)'$$
$$= \left(x^k\right)'x + x^k(x)'$$
$$= kx^{k-1}x + x^k$$
$$= (k+1)x^k.$$

所以当 $r = k+1$ 时，$\left(x^r\right)' = rx^{r-1}$ 成立.

根据（Ⅰ）、（Ⅱ）可知：$\left(x^r\right)' = rx^{r-1}$ 对任意正整数成立.

教师：学生 B 的证明运用到了数学归纳法，学生需要注意数学归纳法的应用条件，此方法证明了 r 为正整数时等式 $\left(x^r\right)' = rx^{r-1}$ 成立.

（3）学生 C 证明过程：

根据导函数的定义以及二项式定理来证明幂函数的求导公式.

$$(x^r)' = \lim_{h \to 0} \frac{(x+h)^r - x^r}{h}$$
$$= \lim_{h \to 0} \frac{x^r + C_r^1 x^{r-1}h + C_r^2 x^{r-2}h^2 + \cdots + h^r - x^r}{h}$$
$$= \lim_{h \to 0} (C_r^1 x^{r-1} + C_r^2 x^{r-2}h + \cdots + h^{r-1})$$
$$= C_r^1 x^{r-1} = rx^{r-1}.$$

教师：学生 C 的证明方法用到了二项式定理：

$$(x+y)^n = C_n^0 x^n + C_n^1 x^{n-1}y + C_n^2 x^{n-2}y^2 + \cdots + C_n^n y^n.$$

在高中我们学的二项式定理适用范围是 n 为正整数，所以根据这个定理我们只能证明出 r 为正整数时，公式 $\left(x^r\right)' = rx^{r-1}$ 成立，而不能证明 r 为任意实数时幂函数的求导公式成立. 教师在这个时候可以继续追问学生二项式定理是否可以推广到 n 为任意实数次幂的时候成立.

设想如果我们所学的二项式定理可以推广到广义二项式定理，那么这个证明过程就是成功的. 事实上，1654 年法国的帕斯卡最早建立了一般正整数次幂的二项式定理，1665 年英国的牛顿将二项式定理推广到了有理数的二项式定理. 18 世纪，瑞士的欧拉和意大利的卡斯蒂永同时证明了任意实数次幂的二项式展开. 二项式定理的发展史可以由学生自主查资料进行探究. 目前，高中生只需要注意到我们使用二项式定理是有局限性的. 当学生探究后了解到广义二项式定理的存在，那么这个证明过程完全可以证明幂函数的求导公式对任意实数都成立.

（4）学生 D 证明过程：在自学了复合函数求导的法则后，可以证明对于任意的实数，幂函数求导公式成立.

设 $f(x) = x^r$，方程两边取对数

$$\ln f(x) = \ln x^r,$$

化简得

$$\ln f(x) = r \ln x,$$

两边求导得

$$(\ln f(x))' = (r \ln x)',$$

化简得

$$\frac{1}{f(x)} f'(x) = \frac{r}{x},$$

所以

$$f'(x) = \frac{r}{x} f(x) = \frac{r}{x} x^r = r x^{r-1}.$$

教师：学生 D 的证明过程中用到了对数函数，这里要注意如果对方程两边求对数，那么首先需要保证对数函数的定义域为（$0, +\infty$），这个证明方式证明了当 $x>0$，r 为任意实数时，公式 $\left(x^r\right)' = r x^{r-1}$ 成立.

设计意图：以上 A，B，C，D 四位同学在探究的过程中运用了不同的方式去证明等式 $\left(x^r\right)' = r x^{r-1}$ 成立.独立思考公式证明的过程锻炼了学生的发散式思维和逻辑推理能力.教师不仅要强调已知公式的使用条件，同时也要善于发现学生正确的证明思路从而加以引导.探究公式的证明过程，知道公式的来历方便我们深入学习公式的使用条件和使用方法.在探究的过程中我们发现问题并解决问题，这就是深度学习的过程.

五、教学特点与反思

1. 突出学生探究公式证明的过程.学生在探究公式的过程中，经常会忽略公式的应用条件，这就需要教师去强调.解决核心问题的关键是需要把握定理和公式的应用条件，在什么情况下可以用什么定理，在什么情况下可以用什么公式，不同的定理和公式都有其具体的应用条件，在探究公式证明的过程中，我们需要具备发散式思维，但也要注意证明的逻辑性和严密性.

2. 启发学生利用已学知识去发现未知的知识，从合情推理得到的猜想去探寻未知的知识.教师带领学生探究幂函数的求导公式，鼓励学生大胆猜想，再引导学生去完善证明过程.教师需要给学生提供这样探究的机会，帮助学生更加深刻地理解幂函数的求导公式，也可以从科学家的角度去理解数学公式的证明.

§4.3
案例 判断级数敛散性

一、教学背景分析

教学内容分析：人教版高中数学教材的数列内容中涉及了有限的前 n 项数列求和，但并没有涉及无限项之和．国外的教材则引入了无限项之和的概念，即级数．级数能表示许多常用的非初等函数，微分方程的解也常用级数表示，当我们将非初等函数表示为级数之后，可以借助级数研究函数．例如我们可以借助幂级数来研究非初等函数，还可以进行近似计算．对于级数敛散性的研究是级数理论的基本问题．

学情分析：本节在学生掌握了等差数列求和与等比数列求和的基础上学习级数的敛散性．

教学重难点：了解级数的概念以及级数的敛散性．理解判断级数敛散性的方法，并会灵活应用该方法去判断级数的敛散性．

二、教学目标设置

1．理解级数的收敛性和发散性，能够对具体级数的敛散性进行判断．

2．通过对敛散性的基本定义，等比数列求和公式，以及收敛的必要条件进行收敛性的探究，总结出一些实用的判别法．

3．体会数学概念的严谨性和科学性．

三、教学方法使用

教学方法：探究式．

四、教学过程设计

第一阶段：复习知识

教师：求下列数列的前 n 项和：

（1）$1+2+3+\cdots+n$；

（2）$1+\dfrac{1}{2}+\dfrac{1}{4}+\dfrac{1}{8}+\cdots+\dfrac{1}{2^n}$．

学生：

（1）原式 $= \dfrac{n(n+1)}{2}$；

（2）原式 $= 2 - \dfrac{1}{2^n}$.

设计意图：教师给出具体题目让学生在运算的过程中回忆之前所学数列及其前 n 项和公式，（1）是等差数列的前 n 项和，（2）是等比数列的前 n 项和.

教师：求下列极限：

（1）$\displaystyle\lim_{n\to\infty}\sum_{n=1}^{\infty}(2n+1)$；（2）$\displaystyle\lim_{n\to\infty}\sum_{n=1}^{\infty}\left(\dfrac{1}{2}\right)^n$；（3）$\displaystyle\lim_{n\to\infty}\left(1+\dfrac{1}{2}+\dfrac{1}{4}+\dfrac{1}{8}+\cdots+\dfrac{1}{2^n}\right)$.

学生：（1）极限不存在；（2）极限为 0；（3）极限为 2.

设计意图：教师给出具体题目，学生回忆极限的运算方法以及如何判断极限存在与否.

第二阶段：引入问题

在小学阶段我们学过分数 $\dfrac{1}{3}$ 可以写成无限循环小数 $0.\dot{3}$ 的形式，能否利用极限思想证明为什么 $0.333\cdots = \dfrac{1}{3}$？

学生答案：

$$
\begin{aligned}
0.333\cdots &= 0.3 + 0.03 + 0.003 + \cdots \\
&= \lim_{n\to\infty}\frac{0.3\left(1-\left(\dfrac{1}{10}\right)^n\right)}{1-\dfrac{1}{10}} \\
&= \lim_{n\to\infty}\frac{1}{3}\left(1-\left(\dfrac{1}{10}\right)^n\right) \\
&= \frac{1}{3}.
\end{aligned}
$$

设计意图：事实上我们最开始接触极限是在小学学循环小数的时候，从一个浅显的问题引入，学生会更加容易理解级数的概念. 从旧知识出发，让新的知识点不突兀地出现在学生面前，学生会更容易接受. 学生在深入思考探究的过程中，培养整合新旧知识的能力，从而证明出 $0.\dot{3} = \dfrac{1}{3}$.

通过学生对 $0.\dot{3}=\dfrac{1}{3}$ 的证明，进而引入级数定义：如果一个数列是无穷数列，那么无穷数列的所有项之和被称为无穷级数，简称为级数，表示为 $\sum\limits_{n=1}^{\infty}a_n=a_1+a_2+a_3+\cdots+a_n+\cdots$，那么之前我们学过的数列 $\{a_n\}$ 的前 n 项和 S_n 也称为无穷级数 $\sum\limits_{n=1}^{\infty}a_n$ 的部分和. 如果 $\lim\limits_{n\to\infty}S_n=S$（$S$ 是一个常数），则称级数 $\sum\limits_{n=1}^{\infty}a_n$ 收敛且值为 S；否则若 $\lim\limits_{n\to\infty}S_n$ 不存在，则称级数 $\sum\limits_{n=1}^{\infty}a_n$ 发散.

例 1 请判断以下数学符号和表达式，哪些是级数，哪些是数列，哪些是数列的前 n 项和？

$$\lim_{n\to\infty}S_n;\quad S_n;\quad \{a_n\};\quad \lim_{n\to\infty}a_n;\quad \sum_{n=1}^{\infty}a_n;\quad a_1+a_2+a_3+\cdots+a_n+\cdots;\quad a_1,a_2,a_3,\cdots,a_n,\cdots.$$

设计意图：虽然从小学我们就遇到过级数，但是级数定义中出现了很多新的数学符号，尤其要注意数列和级数符号之间的区别和联系. 设计例 1 是为了让学生区分不同的数学符号的意义并理解它们之间的联系.

解 因为 $\sum\limits_{n=1}^{\infty}a_n=\lim\limits_{n\to\infty}S_n=a_1+a_2+a_3+\cdots+a_n+\cdots$，可以知道 $\sum\limits_{n=1}^{\infty}a_n$，$\lim\limits_{n\to\infty}S_n$，$a_1+a_2+a_3+\cdots+a_n+\cdots$ 是级数；$\{a_n\}$，$a_1,a_2,a_3,\cdots,a_n,\cdots$ 是数列；S_n 是数列的前 n 项和.

例 2 判断下列级数的敛散性，如果收敛，求出其值.

（1）$\sum\limits_{n=1}^{\infty}\dfrac{1}{2^n}$；（2）$\sum\limits_{n=1}^{\infty}1$.

解 （1）学生 A 答案：

$$\sum_{n=1}^{\infty}\frac{1}{2^n}=\frac{1}{2}+\frac{1}{4}+\frac{1}{8}+\cdots,$$

当 $n=1$ 时，$S_1=\dfrac{1}{2}$，

当 $n=2$ 时，$S_2=\dfrac{1}{2}+\dfrac{1}{4}=\dfrac{3}{4}$，

当 $n=3$ 时，$S_3=\dfrac{1}{2}+\dfrac{1}{4}+\dfrac{1}{8}=\dfrac{7}{8}$，

$\cdots$

当 $n=n$ 时，$S_n=\dfrac{1}{2}+\dfrac{1}{4}+\dfrac{1}{8}+\cdots+\dfrac{1}{2^n}=\dfrac{2^n-1}{2^n}$，

因为 $\lim\limits_{n\to\infty}S_n=\lim\limits_{n\to\infty}\dfrac{2^n-1}{2^n}=1$，所以级数 $\sum\limits_{n=1}^{\infty}\dfrac{1}{2^n}$ 收敛，且值为 1.

学生 B 答案：

$$\sum_{n=1}^{\infty}\frac{1}{2^n}=\lim_{n\to\infty}S_n=\frac{1}{2}+\frac{1}{4}+\frac{1}{8}+\cdots,$$ 分别求出 $S_1, S_2, S_3, \cdots, S_{15}$ 的值，然后通过计算器描点画图，如图 4-3-1.

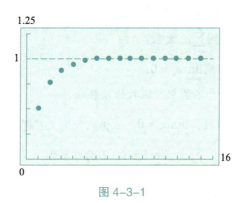

图 4-3-1

故级数 $\sum_{n=1}^{\infty}\frac{1}{2^n}$ 收敛，且值为 1.

（2）学生 C 答案：

因为 $\lim\limits_{n\to\infty}\frac{1}{2^n}=0$ 存在，所以级数 $\sum\limits_{n=1}^{\infty}\frac{1}{2^n}$ 收敛. 因为 $\lim\limits_{n\to\infty}1=1$ 存在，所以级数 $\sum\limits_{n=1}^{\infty}1$ 收敛.

学生 D 答案：

$\sum\limits_{n=1}^{\infty}1=1+1+1+\cdots=\lim\limits_{n\to\infty}n=\infty$，因为 $\lim\limits_{n\to\infty}n$ 不存在，所以级数 $\sum\limits_{n=1}^{\infty}1$ 发散.

设计意图：设计此题的目的是让学生根据级数敛散性定义做出判断，从而探究如何判断级数的敛散性.

学生 A，D 利用"$\lim\limits_{n\to\infty}S_n$ 存在，则级数收敛；$\lim\limits_{n\to\infty}S_n$ 不存在，则级数发散"判断级数的敛散性. 学生 B 通过计算器画图从而直观看出级数是否收敛. 学生 C 认为若 $\lim\limits_{n\to\infty}a_n$ 存在，则级数收敛.

学生 A 和 D 利用定义来判断级数的敛散性是正确的. 学生 B 通过直观图像去观测级数是否收敛，只求 15 个数作为参照，并不清楚后面的数如何，不能草率地判定级数的敛散性，只能得出一个猜想.

学生 C 的判定结论是级数 $\sum\limits_{n=1}^{\infty}\frac{1}{2^n}$ 收敛，判定级数 $\sum\limits_{n=1}^{\infty}1$ 也收敛. 事实上，$\sum\limits_{n=1}^{\infty}\frac{1}{2^n}$ 确实收敛，但是 $\sum\limits_{n=1}^{\infty}1$ 发散. $\lim\limits_{n\to\infty}a_n=0$，则 $\sum\limits_{n=1}^{\infty}a_n$ 有可能收敛，也有可能发散. 学生 C 的方法不能判断级数的敛散性. 设计例 2 的目的就是为了说明不能由 $\lim\limits_{n\to\infty}a_n=0$ 去判断 $\sum\limits_{n=1}^{\infty}a_n$ 的敛散性.

根据例 2，引出判断级数敛散性的新方法：

（1）如果 $\lim\limits_{n\to\infty}a_n\neq 0$，则 $\sum\limits_{n=1}^{\infty}a_n$ 发散；

（2）如果 $\sum\limits_{n=1}^{\infty}a_n$ 收敛，则 $\lim\limits_{n\to\infty}a_n=0$；

（3）如果 $\lim\limits_{n\to\infty}a_n=0$，并不能判断级数的敛散性．

证 （1）假设 $\sum\limits_{n=1}^{\infty}a_n$ 收敛，$\lim\limits_{n\to\infty}a_n=0$，依据收敛定义可得

$$\sum_{n=1}^{\infty}a_n=\lim_{n\to\infty}S_n=L（L\text{ 为常数}）.$$

因为 $S_n=S_{n-1}+a_n$，则 $\lim\limits_{n\to\infty}S_n=\lim\limits_{n\to\infty}S_{n-1}=L$，

$$\begin{aligned}L&=\lim_{n\to\infty}S_n\\&=\lim_{n\to\infty}\left(S_{n-1}+a_n\right)\\&=\lim_{n\to\infty}S_{n-1}+\lim_{n\to\infty}a_n\\&=L+\lim_{n\to\infty}a_n,\end{aligned}$$

所以 $\lim\limits_{n\to\infty}a_n=0$，与题设"$\lim\limits_{n\to\infty}a_n\neq 0$"矛盾，故假设不成立，命题得证．

（1）、（2）互为逆否命题，所以证明了（1）是真命题，则（2）也是真命题．
（3）在例 2 中就已经得到验证．

例 3 判断下列级数的敛散性：

（1）$\sum\limits_{n=1}^{\infty}2^n$；（2）$\sum\limits_{n=1}^{\infty}\dfrac{n!}{2n!+1}$；（3）$\sum\limits_{n=1}^{\infty}\dfrac{1}{n}$．

解 （1）因为 $\lim\limits_{n\to\infty}2^n\neq 0$，所以级数 $\sum\limits_{n=1}^{\infty}2^n$ 发散．这是根据方法（1）得出的结论．
（2）因为

$$\begin{aligned}\lim_{n\to\infty}\frac{n!}{2n!+1}&=\lim_{n\to\infty}\frac{1}{2}\left(\frac{n!}{n!+\dfrac{1}{2}}\right)\\&=\lim_{n\to\infty}\frac{1}{2}\left(\frac{n!+\dfrac{1}{2}-\dfrac{1}{2}}{n!+\dfrac{1}{2}}\right)\\&=\lim_{n\to\infty}\frac{1}{2}\left(1-\frac{\dfrac{1}{2}}{n!+\dfrac{1}{2}}\right)\end{aligned}$$

$$= \lim_{n \to \infty} \frac{1}{2} - \frac{1}{2} \lim_{n \to \infty} \frac{\frac{1}{2}}{n! + \frac{1}{2}}$$

$$= \frac{1}{2} \neq 0,$$

所以级数 $\sum\limits_{n=1}^{\infty} \dfrac{n!}{2n!+1}$ 发散. 这是根据方法（1）得出的结论.

（3）因为 $\lim\limits_{n \to \infty} \dfrac{1}{n} = 0$, 所以不能判断级数 $\sum\limits_{n=1}^{\infty} \dfrac{1}{n}$ 的敛散性. 这是根据方法（3）得出的结论. 级数 $\sum\limits_{n=1}^{\infty} \dfrac{1}{n}$ 是我们之前所学的调和级数, 调和级数是发散的级数.

设计意图: 以上级数通过定义方法（如果 $\lim\limits_{n \to \infty} S_n$ 存在, 则级数 $\sum\limits_{n=1}^{\infty} a_n$ 收敛; 如果 $\lim\limits_{n \to \infty} S_n$ 不存在, 则级数 $\sum\limits_{n=1}^{\infty} a_n$ 发散）是很难判断的. 反而通过方法（1）和方法（2）才容易判断级数的敛散性. 设计例 3 的目的是为了让学生熟练掌握以上判断方法来判断级数的敛散性.

五、教学特点与反思

1. 突出数学概念教学. 在学习一个新概念的时候, 学生容易出现畏难或者无法接受的情况, 其中有阅读的困惑, 也有对于新的名词以及相关的逻辑关系难以理顺的问题. 本节通过以往数列求和知识的引入, 将数列有限项的和延展到无限项, 使得新的知识建立在原有认知的基础上, 让学生克服畏难情绪, 知道新概念并不可怕.

2. 借助正例和反例突破难点. 本节从具体问题入手突破难点. 在做题的过程中给学生思考和犯错的机会, 往往学生易出错的地方就是知识的重难点. 学生在学习定义之后, 由于对定义的理解没有到位, 会误认为: 如果 $\lim\limits_{n \to \infty} a_n$ 为一个常数, 则 $\sum\limits_{n=1}^{\infty} a_n$ 收敛. 为了解决学生的困惑, 教师从学生探究的思路引出新的判定方法, 正是因为学生出错的过程, 才有机会让学生从多个角度加深对级数敛散性的理解.

§4.4

案例　微积分基本定理

一、教学背景分析

教学内容分析: 学生已经学习了黎曼和与定积分的概念和计算方法, 与此同时也看到了通过黎曼和的极限来求定积分的局限性. 在求黎曼和的时候, 需要能够写出前 n 项和的表达式, 然后才能求极限. 对于大多数函数, 分割后的前 n 项和的表达式都非常难求, 这使得 "分割 — 求和 — 取极限" 这一方法变得缺乏实用价值. 因此, 为了使微积分能够真正地进行应用, 寻找另一种更高效的求定积分的方法变得迫在眉睫. 这个新的方法就是微积分基本定理.

本节教师带领学生一起走进牛顿和莱布尼茨的时代, 去探索微积分的基石——微积分基本定理. 微积分基本定理毫无疑问是数学界乃至人类文明最伟大的成就之一. 该定理将原本似乎没有任何联系的定积分和原函数联系在一起, 将非常难求的黎曼和的极限转化成求原函数的问题, 使得求定积分的难度大大降低. 可以说, 在该定理诞生后, 微积分才真正有了实用价值.

学生之前已经通过各种例子深切地感受到了通过黎曼和极限求定积分的复杂与低效. 在学完微积分基本定理后, 求定积分的过程就完全转化成了求不定积分, 学生可以轻松求出之前用黎曼和极限方法无法求出的定积分. 本节的目的就是要通过合理的设计让学生体会到这种难易程度的强烈对比, 从而让学生对数学中不同概念之间存在的深层联系有一个直观感受. 这种不同概念之间隐藏的深层联系正是数学美的一种体现. 只有让学生切身感到这种联系, 感受到这种数学之美的震撼, 学生才能真正爱上数学.

国内高中教材并没有详细地讲授微积分基本定理的来源和证明, 所以我们将国外教材对此的处理融入国内教材, 从而使学生对该定理有一个更全面的认识.

教学重难点: 微积分基本定理的应用及证明.

二、教学目标设置

1. 掌握物理和数学两种方法证明微积分基本定理; 掌握微积分基本定理并应用定理解决问题.

2. 通过自主探究, 感悟研究数学的过程与方法; 通过对比分析, 体会微积分基本定理在计算定积分时的便捷.

3. 在定理证明过程中培养学生严谨的科学观; 将数学史融入数学教学, 使学生感受到数学的生动有趣.

三、教学方法使用

教学方法: 探究法.

四、教学过程设计

学生活动 1：在区间 $[0, 1]$ 上，求 $f(x) = \sqrt{x}$ 与 x 轴所围图形的面积.

活动目的：回顾黎曼和极限求定积分的方法.

活动过程：之前我们采用的都是均匀分割法. 但这个问题需要不均匀分割才能解决. 多数学生自己不太容易想到如何进行不均匀分割，所以需要教师进行适当地提示，如图 4-4-1.

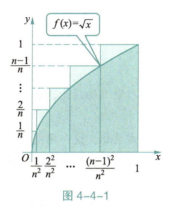

图 4-4-1

$$\lim_{n \to \infty} \sum_{i=1}^{n} f(c_i) \Delta x_i = \lim_{n \to \infty} \sum_{i=1}^{n} \sqrt{\frac{i^2}{n^2}} \left(\frac{2i-1}{n^2} \right)$$

$$= \lim_{n \to \infty} \frac{1}{n^3} \sum_{i=1}^{n} (2i^2 - i)$$

$$= \lim_{n \to \infty} \frac{1}{n^3} \left[2 \left(\frac{n(n+1)(2n+1)}{6} \right) - \frac{n(n+1)}{2} \right]$$

$$= \lim_{n \to \infty} \frac{4n^3 + 3n^2 - n}{6n^3}$$

$$= \frac{2}{3},$$

其中 c_i 表示第 i 个区间右端点的横坐标.

活动结果：在教师的提示下，多数同学最终得到了正确结果. 但是在计算过程中，学生也遇到了很多大大小小的问题，例如如何确定任意一个子区间的长度. 在这个过程中，学生已经开始感觉到黎曼和求极限方法的局限性. 学生的思维已经开始有意识地被导向寻找更高效的方法.

学生活动 2：在区间 $[0, \pi]$ 上，求 $f(x) = \sin x$ 与 x 轴所围图形的面积，如图 4-4-2.

活动目的：让学生看到黎曼和求极限方法失效的例子.

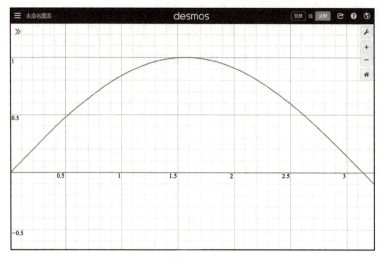

图 4-4-2

活动过程：学生就此问题进行激烈的讨论，尝试各种分割方法，但最后都无法继续计算下去．

活动结果：最终，学生们达成共识，这个问题无法用黎曼和极限方法求解，而且能用该方法求解的函数数量十分有限，所以该方法虽然理论意义大，但在实际计算时实用性不强．

那么，有没有什么更加高效实用的方法可以计算定积分呢？

第二阶段：转变思路，深入探究

学生活动 1：利用物理课上学到的速度—时间图像相关知识，探索定积分与原函数之间的关系．

活动过程：在物理课上，同学们已经学到过一个物体运动的速度—时间图像与时间轴围成的面积就是该物体的位移．例如：在匀速直线运动中，假设速度 v 为常数 c，该物体从时刻 a 运动到时刻 b，那么它的位移就为 $s = c(b-a)$，该表达式恰好等于它的速度—时间图像与时间轴围成的面积 A（如图 4-4-3）．

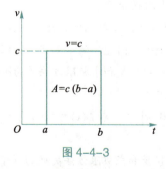

图 4-4-3

另外，在加速度为 a 的匀变速直线运动中，该物体在 T 时间内运动的位移为 $s = \dfrac{1}{2} aT^2$，恰好也等于速度——时间图像与时间轴围成的面积（如图 4-4-4）.

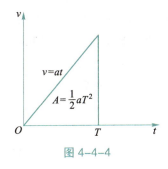

图 4-4-4

由此，在物理课上我们把该结论进行推广．接下来我们通过速度和位移的关系，并利用面积就是定积分这一事实来探求定积分和原函数的关系．

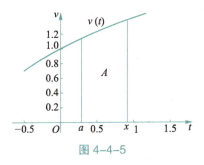

图 4-4-5

从时刻 a 到时刻 x，该物体运动的位移记做 $s(x)$，恰好等于曲线与 t 轴围成的面积 $A(x)$（如图 4-4-5）：

$$s(x) = A(x) = \int_a^x v(t)\, \mathrm{d}t.$$

由于速度定义为位移的导数，我们得到

$$v(x) = s'(x) = A'(x) = \left(\int_a^x v(t)\, \mathrm{d}t\right)'.$$

将 $v(x)$ 换成一般的连续函数 $f(x)$，我们得到

$$f(x) = \left(\int_a^x f(t)\, \mathrm{d}t\right)'.$$

所以，假设 $F(x)$ 是 $f(x)$ 的一个原函数，那么

$$\int_a^x f(t)\, \mathrm{d}t = F(x) + c.$$

令 $x = a$，

$$0 = \int_a^a f(t)\, \mathrm{d}t = F(a) + c,$$

$$c = -F(a),$$

所以，$\displaystyle\int_a^x f(t)\, \mathrm{d}t = F(x) - F(a)$.

最终，令 $x = b$，我们就得到了微积分基本定理

$$\int_a^b f(t)\, \mathrm{d}t = F(b) - F(a).$$

活动结果：在教师的提示引导下，学生最终利用物理课上学到的知识得到了微积分基本定理．尽管这并非一个严格的推导过程，但这个形象的例子非常有助于学生把握微积分基本定理的本质，为接下来的严格证明做好了铺垫．与此同时，学生又一次看到了数学和物理学的紧密联系：数学不仅可以成为物理学的工具，物理学也可以为数学的发展提供思路．这种学科间相互促进、相互启发的例子在学生今后的学习研究中会更加频繁地出现．

学生活动2：微积分基本定理的严格证明

活动过程：通过活动1，我们得到了微积分基本定理：如果函数 $f(x)$ 在闭区间 $[a, b]$ 上连续，在开区间 (a, b) 内可导，那么 $\int_a^b f(t)\, \mathrm{d}t = F(b) - F(a)$.

要严格证明这个定理，显然要将等式左边用定积分的定义（也就是黎曼和极限）写出，从而等式右边也需要进行相应的改写．

首先，对区间 $[a, b]$ 进行任意分割：$a = x_0 < x_1 < \cdots < x_{n-1} < x_n = b$.

等式右边可改写为

$$F(b) - F(a) = F(x_n) - F(x_{n-1}) + F(x_{n-1}) - \cdots - F(x_1) + F(x_1) - F(x_0)$$

$$= \sum_{i=1}^{n} [F(x_i) - F(x_{i-1})].$$

由中值定理可得，在每个子区间都存在一个数 c_i，使得

$$F'(c_i) = \frac{F(x_i) - F(x_{i-1})}{x_i - x_{i-1}}.$$

由于 $F(x)$ 是 $f(x)$ 的原函数，$F'(c_i) = f(c_i)$，所以 $F(b) - F(a) = \sum_{i=1}^{n} f(c_i)\, \Delta x_i$.

最后，令区间长度趋于 0，等式两边求极限，我们就得到

$$\int_a^b f(t)\, \mathrm{d}t = F(b) - F(a).$$

第三阶段：应用定理，对比反思

学生活动1：应用微积分基本定理求解在区间 $[0, 1]$ 上，$f(x) = \sqrt{x}$ 与 x 轴所围图形的面积，并进行对比．

活动目的：通过具体例子练习微积分基本定理的使用，通过对比体会该定理的实用性．

活动结果：所有学生都能非常轻松地算出：$\int_0^1 \sqrt{x}\, \mathrm{d}x = \left[\dfrac{x^{1+\frac{1}{2}}}{1 + \frac{1}{2}} \right]_0^1 = \dfrac{2}{3}$. 可以看到，

和之前用黎曼和极限求定积分的方法相比，微积分基本定理用起来非常简洁高效. 只要能够求出不定积分，那么定积分也就求出来了.

有学生也提出了非常好的问题：如果无法求出原函数，那微积分基本定理还怎么用呢？

学生活动 2：求出之前无法求出的定积分：$\int_0^\pi \sin x \, \mathrm{d}x$.

活动目的：通过具体例子体会微积分基本定理应用的广泛性.

活动结果：学生都能正确地求出结果 $\int_0^\pi \sin x \, \mathrm{d}x = -\cos \pi - (-\cos 0) = 2$.

学生发现，自己能求的定积分的范围大大扩展了. 之前，学生每求一个定积分，都需要思考如何进行分割求和，这需要非常大的思考量，并且过程很容易出错. 但是，现在应用微积分基本定理就可以轻松算出很多函数的定积分了.

学生活动 3：证明圆的面积公式.

活动目的：圆的面积公式是学生接触的非常早的一个重要的数学公式. 但对于这个公式的来源学生并不清楚. 在微积分的第一节课上，老师就向学生预告过，积分学能够完美地证明这个古老而又漂亮的公式. 因此，让学生自己证明该公式，不仅是要让他们练习使用微积分基本定理，更重要的是让学生亲自解决自己多年的疑问，由此激发学生学习数学的兴趣.

活动过程：多数学生都能自己建立坐标系，并且利用圆的对称性简化计算.

$$A = 4 \int_0^R \sqrt{R^2 - x^2} \, \mathrm{d}x$$

$$= 2R^2 \left[\arcsin \frac{x}{R} + \frac{x}{R^2} \sqrt{R^2 - x^2} \right]_0^R = \pi R^2.$$

活动结果：多数学生凭借自己的能力，推导出来圆的面积这一个他们从小学就知道的公式，学生的满足感和成就感都溢于言表.

五、教学特点与反思

1. 慎重选择教学顺序

在历史上先有微积分基本定理，后来才由黎曼等数学家给予微积分严格的数学定义. 很多教材也是按照这个历史顺序来编写的. 但我们在教学时，是先从严格的黎曼和极限开始的. 选择按照这样的顺序来学习定积分首先是为了逻辑上的一致性，因为学生之前刚刚学习了把图形无限分割求和的思想，但是并未付诸实践. 另外，这两种求定积分的方法在难易程度上的巨大反差能让学生更深刻地体会到微积分基本定理在整个微积分学中的重要性. 如果学生先学了微积分基本定理，那么很多学生可能缺乏去学习黎曼和极限以及定积分严格定义的动力，从而也失去了一次非常难得的自主探索机会. 如果学生能直接看到最终结果，也就无法对微积分基本定理的精妙之处产生深刻的印象. 从这个例子可以看出，学习的顺序对学习的效果有至关重要的影响.

2. 学科融合，相互启发

本节在严格证明微积分基本定理之前，借助物理课上学到的匀变速直线运动图像的相关知识，成功地"推导"出了微积分基本定理. 尽管这个"推导"在数学上并不严格，但是却能给学生很大的启发. 学生对速度、加速度和位移都有非常形象的认识，借助这些具体的物理量，学生能够更清楚地看到抽象的定积分和原函数的关系. 然后，在有了微积分基本定理后，我们就可以借助它计算出之前在物理课上无法精确计算的位移，从而也帮助学生更好地理解了物理现象.

在数学教学中，我们希望更多地和其他学科融合起来，借助其他学科的模型使数学概念不再那么抽象，同时让学生看到数学广泛的应用价值，这样才能使学生有更大的动力去努力学好数学.

§4.5
案例　微分方程不同解法之欧拉方法

一、教学背景分析

教学内容分析：微分方程在实际生活中应用广泛，可以用于研究物质运动和其变化规律之间的关系，如：积雪融化问题，火箭发射问题等. 在本节之前，学生已经能从两个角度对微分方程进行求解. 一方面是代数解，主要方法是分离变量法；另一方面是图形解，主要涉及斜率场的绘制和判断. 以上两种方法均用于求解特定初值条件的特解问题. 由于现有的分析方法只适用于一些特定的定解问题，仍有很多微分方程的解不能用初等函数来表示，所以更多的现实问题目前仍旧无法解决. 其实在电脑处理微分方程的过程中，本质上用的是数值方法. 因此本节从数值解的角度针对一些复杂的、无法应用之前计算方法的方程进行分析，在规定的求解区间内，从已知初值条件出发，近似逼近真实值.

学生已经掌握求解微分方程的方法，会利用导数求解切线方程，而数值计算中最基础的方法就是欧拉方法，此方法的扩充为学生解决实际微分方程问题提供了一条有效途径. 它是微分方程知识点的重要组成部分. 本节起初给学生建立不同维度分析问题的框架，引入欧拉方法，带领学生感受欧拉方法中的折线近似的思想，结合二阶导数知识对欧拉方法进行误差分析，最后在 Excel 软件上进行应用，用图形的方式加深理解. 实际上，欧拉方法只是数值计算方法中的冰山一角，所以在课堂上，教师不仅需要跟学生一同推导欧拉方法，还需将欧拉方法进行改进，优化模型，帮助学生建立数值计算方法的基本思路.如果时间充足,本知识点可做成主题研究活动,学生在不断改进欧拉方法的过程中慢慢体会模型优化对最终数值的影响.因人教版教材中不涉及微分方程的内容,本节内容以国外教材为主.微分方程建立了导数与积分的联系,是一个搭建知识框架必备的桥梁.本节内容通过二阶导数让学生感受模型的误差分析过程,完成理论与应用的结合.

课程结束但知识的延伸探索并不能结束.本节末可为学生提供相关阅读材料,比如:另一经典的数值计算方法——龙格—库塔方法或者欧拉方法对应的 MATLAB 程序等.数学基础较好的学生可继续在 Excel 和 MATLAB 上完成对龙格—库塔计算方法的探索,完善整个知识体系.

教学重难点:欧拉方法推导,欧拉方法误差判断.

二、教学目标设置

1. 掌握欧拉方法公式,会用欧拉方法求解初值问题,并结合函数的各阶导数对欧拉方法得到的近似结果进行分析.

2. 利用小组讨论不同的解法和欧拉方法的不同步长,全面透彻理解求解微分方程的问题.

3. 培养从不同维度分析数学问题的能力以及对数学方法深度思考和改进的能力.

三、教学方法使用

教学方法:探究法.

四、教学过程设计

第一阶段:复习旧知,知古探今

教师:到目前为止我们已经接触了两类微分方程的解决思路,一类是代数方向的主要方法:分离变量;一类是图形方法:斜率场.下面请同学们回顾以上两种方法分别适用于什么类型的微分方程问题?

学生:分离变量方法适合的方程形如:$\dfrac{dy}{dx} = p(y)q(x)$,大致判断积分曲线以及研究个别点的导数问题可以利用斜率场方法.

教师:分离变量的好处是可以得到精确结果,但是缺点在于过于局限;斜率场的优势在于直观,满足方程的通解一目了然,但劣势也在于此,针对一个初值条件的特解应是唯一的，只通过眼睛观察并沿着已有斜率进行绘制，大大降低了准确率（见表 4-5-1）. 那么还有什么其他解题方法吗？

表 4-5-1　两种方法的比较

方法	优势	劣势
分离变量	准确	适用范围小
斜率场	直观	精确度低

设计意图：快速复习旧知识，可以带领学生进入课堂状态. 从两个维度对之前的知识进行整理，有利于学生在脑中建立思维导图，对于接下来引出的第三类数值方法的知识定位非常清晰，有利于课程的顺利进行. 最后斜率场的复习有助于学生理解欧拉公式的推导.

教师：下面我们开始介绍一类新的数值计算方法——欧拉方法. 欧拉是瑞士数学家，18 世纪数学界最杰出的人物之一，也是数学史上最多产的数学家，在力学、分析学、几何学、变分法、建筑学、弹道学和航海学等方面均有建树. 欧拉 13 岁进入巴塞尔大学，得到数学家伯努利的指导，这在当时也是一个奇迹，曾轰动了数学界. 欧拉是当时整个大学校园里年龄最小的学生.

设计意图：经过上面的热身环节，引出下面的新知识环节. 知古探今，从数学家的角度开始介绍，不仅能调动学生兴趣，还能让学生感受数学家们坚持科研的精神并了解数学和各学科融合的故事.

第二阶段：提出问题，循序渐进

下面我们开始研究欧拉在微分方程中提出的一个重要方法. 对于给定的初始问题：

$$\frac{\mathrm{d}y}{\mathrm{d}x} = F(x, y), y(x_0) = y_0,$$

求当 $x=b$ 时，$y(b)$ 的值.

教师：利用目前的已知条件，你能得出哪些结果？

学生：可得到点 (x_0, y_0) 的斜率值，但其他点的斜率并不知道.

教师：回想以前的知识，如何用点 (x_0, y_0)，(x_0, y_0) 的斜率值 $F(x_0, y_0)$ 以及 x_1 求出 $y(x_1)$ 呢？如不能求出准确值，那么能否进行估计呢？

学生：可以利用直线方程，将 $x=b$ 代入 $y-y_0=F(x_0, y_0)(x-x_0)$，进而得到 $y(b)$ 的近似结果 $y(b) \approx y_1 = F(x_0, y_0)(b-x_0)+y_0$.

设计意图：到目前为止的提问和回答很自然，学生在导数应用章节已经接触过线性估计，教师带领学生深挖已知条件，逐步得出通过简单的已知信息可以推导出来的结果，再次帮助学生将已有的知识框架与新知识连接.

教师：我们已经通过折线估计得到一个近似结果，从初始点出发，跟目标点之间建立线性函数. 那么根据导数应用章节的"分割"知识, 我们可以加细分割, 进而得到分两步, 或分更多步的逼近结果. 如果将已知区间分两段, 如何得到最后结果呢?

学生: 将区间二等分, 求出 $[x_0, b]$ 的中点 $x = x_1$ 时的估计值 y_1, 即 $y(x_1) \approx y_1 = F(x_0, y_0)(x_1-x_0)+y_0$. 再利用点 (x_1, y_1) 和该点的斜率值, 重复上一步过程, 得出 $y(b) \approx y_2 = F(x_1, y_1)(b-x_1)+y_1$.

设计意图: 结合之前的分割知识进行小组讨论, 给学生一个缓冲思考时间, 可以组内进行相互交流, 及时跟上课堂节奏.

那么下面我们通过一个例题来验证是不是分割越细越接近真实值? 对于复杂图形, 在较少分割的情况下有例外情况, 教师需选择匹配的题目.

例1 $y'+2y = 0$, $y(\ln 5)=3$, 求 $y(\ln 6)$ 的值.

解 利用上面的两个方法 (分一步和分两步) 计算此微分方程, 并用分离变量法得到准确值, 进行比较.

学生整体分为三个大组, 分别用三种方法进行计算. 第一组学生完成分离变量法, 第二组学生完成分一步计算, 第三组学生完成分两步计算.

学生:

第一组: 分离变量法.

$$y'+2y = 0,$$
$$y' = -2y,$$

分离变量, 两边同时积分

$$\frac{\mathrm{d}y}{y} = -2\mathrm{d}x,$$
$$\ln|y| = -2x+C_1,$$
$$y = C\,\mathrm{e}^{-2x},$$

代入初始条件, 得出 C 的值,

$$y=75\,\mathrm{e}^{-2x},$$

代入

$$x=\ln 6,$$
$$y(\ln 6) \approx 2.08.$$

第二组: 分一步计算.

初始点 $(\ln 5, 3)$ 的斜率为 -6, 代入 $x_1=\ln 6$ 之后, $y_1=-6(\ln 6-\ln 5)+3 \approx 1.91$.

第三组: 分两步计算.

初始点 $(\ln 5, 3)$ 的斜率为 -6, 代入 $x_1=\dfrac{\ln 6+\ln 5}{2}=\dfrac{\ln 30}{2}$ 之后, $y_1=-6(\dfrac{\ln 30}{2}-\ln 5)+3 \approx 2.45$;

点 $(\dfrac{\ln 30}{2}, 2.45)$ 的斜率为 -4.9, 代入 $x_2=\ln 6$ 之后, $y_2=-4.9(\ln 6-\dfrac{\ln 30}{2})+2.45 \approx 2.003$.

教师：根据结果大家可以看出，切割越细，结果越靠近真实值．这样用折线近似的方法我们称之为欧拉方法．（此处若课堂时间允许可以利用 Excel 软件进行更大程度的加细，对比切割 10 份、50 份和 100 份的结果；若课堂时间不允许，可以作为课下的任务，学生进行自主探究．）

下面我们回到最开始给出的微分方程问题，一起推导欧拉公式．已知

$$\frac{\mathrm{d}y}{\mathrm{d}x}=F(x, y), y(x_0)=y_0,$$

求 $y(b)$．

将区间 $[x_0, x_1]$ 分为 n 段，步长为 h，我们将得到如下的割点：$x_0, x_1=x_0+h$，$x_2=x_0+2h, x_3=x_0+3h, \cdots$，由前一个点的坐标以及前一个点的斜率得到这个点的函数值，故

$$y_1=y_0+hF(x_0, y_0),$$

$$y_2=y_1+hF(x_1, y_1),$$

$$\cdots$$

$$y_{k+1}=y_k+hF(x_k, y_k),$$

$$\cdots$$

例 2 采用欧拉方法，若 $h=0.2$，$y'=y-x^2$，$y(0)=3$，计算 $y(0.8)$ 的值，如果步长 h 为 0.1 呢？

解 按照步长和区间长，一共分为 4 步．

$y_1=y_0+hF(x_0, y_0) = 3+0.2(3-0^2)=3.60$，

$y_2=y_1+hF(x_1, y_1) = 3.60+0.2(3.60-0.2^2) \approx 4.31$，

$y_3=y_2+hF(x_2, y_2) = 4.31+0.2(4.31-0.4^2) \approx 5.14$，

$y_4=y_3+hF(x_3, y_3) = 5.14+0.2(5.14-0.6^2) \approx 6.10$，

所以 $y(0.8) \approx 6.10$．（由于计算过程中保留数位的差异，导致上面数据与图 4-5-1 略有差异．）

对于步长为 0.1 的情况，教师可以在 Excel 上进行展示，图 4-5-1 为数据和相关图像，其中实线表示步长为 0.2，虚线表示步长为 0.1.

dy/dx=y-x^2						
h	0.2			h	0.1	
x	y	dy/dx		x	y	dy/dx
0	3	3		0	3	3
0.2	3.6	3.56		0.1	3.3	3.29
0.4	4.32	4.16		0.2	3.629	3.589
0.6	5.184	4.824		0.3	3.9879	3.8979
0.8	6.2208	5.5808		0.4	4.37769	4.21769
1	7.46496	6.46496		0.5	4.799459	4.549459
1.2	8.957952	7.517952		0.6	5.254405	4.894405
1.4	10.74954	8.789542		0.7	5.743845	5.253845
				0.8	6.26923	5.62923
				0.9	6.832153	6.022153
				1	7.434368	6.434368
				1.1	8.077805	6.867805
				1.2	8.764586	7.324586
				1.3	9.497044	7.807044
				1.4	10.27775	8.317749

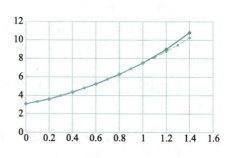

图 4-5-1

第三阶段：循序渐进，完善模型

到此为止，我们可以通过加细分割得到估计值，但对于无法求出初等函数解的方程而言，我们无从比较估计值和真实值的误差大小．这是数值解的常见问题，但我们可以将问题简化一些，先探究这个结果偏大还是偏小．

教师：如果方程的解是一条直线，那么欧拉方法是否准确？

学生：欧拉方法始终正确，可以从图像分析，初始点的斜率跟整条直线上各个点的斜率一致．

教师：但如果解不是直线呢？如果是一条曲线呢？我们已经利用一阶导数的几何性质推导出欧拉方法，那么二阶导数的性质与欧拉方法的最终结果之间是否有关？可以利用前面的两道例题进行小组讨论，研究二阶导数对欧拉方法的影响．

学生：例1中，欧拉方法估计的值比真实值小．因为 $y'+2y=0$，所以 $y''=4y$，故对于初始点而言，$y''(\ln 5)=12>0$，函数曲线凹向上，所以折线近似的图像在原函数下方，故近似值偏小．这与例2中情况类似．

教师：根据初始点二阶导数的正负性，可以分析初始点附近的欧拉解是过大估计还是过小估计．若 $y''(x_0,y_0)\geqslant 0$，那么在初始点附近欧拉解过低，若 $y''(x_0,y_0)\leqslant 0$，那么在初始点附近欧拉解过高．但如果函数的凸凹性变化过多，就无法分析欧拉解是偏大还是偏小．

设计意图：此环节体现了数形结合的思想，用微分方程本身来得到解的相关信息，而不是直接进行求解．教师可以指导学生对问题的本质进行研究．

欧拉方法是一类很经典的数值计算方法，但是就像刚刚分析过程中显示的那样，由于函数的凸凹性变化，可能由最开始的初始值进行的折线估计与最终结果相差甚远，当然我们可以采用加细分割方法来尽可能缩小差距，但是步长取多少才能把误差降低呢？因此，在数值计算方法中还有另一类方法，即放弃不断加细步长的思路，而是在折线估计时，改变斜率的选择，使折线与真实曲线更为接近．感兴趣的同学可以课后查阅相关资料，对数值解法进行探究，感受数学知识的无穷魅力．

本节课知识点：

1. 针对初值问题 $\dfrac{\mathrm{d}y}{\mathrm{d}x}=F(x,y),\ y(x_0)=y_0$ 的欧拉方法：$x_{n+1}=x_n+h,\ y_{n+1}=y_n+hF(x_n,y_n)$，其中 h 为步长；

2. 步长的大小跟欧拉解的误差相关，加细分割，减小步长，可适当减小误差；

3. 可以通过初始点二阶导数值的正负性判断初始点附近的欧拉解是偏大还是偏小估计．

五、教学特点与反思

1. 主题式教学

这一节知识定位清晰，目标明确。学生可以利用已有知识对本节内容进行研究探索，教师只需设置合理的提问。本节内容属于学生可以通过自主探究和小组讨论够得着的知识内容，而且在本节的学习过程中，反复加深了数形结合的思想，不仅有助于学生将新知识与之前抽象的各阶导数知识进行连接，更重要的是让学生体会到数值计算方法从无到有的过程。

从本节初始对代数解和图形解的优劣势分析开始，培养学生对不同方法的优化意识。在数值解分析的过程中，学生通过手动计算或者是 Excel 软件的帮助，感受不断加细分割时欧拉解与真实值的误差缩小的过程。在此环节也遇到难题，比如，方程无法求解时，如何判断误差情况？如何不求解，用各阶导数先对微分方程进行初步研究？通过整个思考研究过程，培养学生探究本质、解决问题的能力以及不怕困难的精神。

2. 延续性强

通过本节对欧拉方法的分析，学生可以用同样的探究方法研究其他类型的数值解问题，对欧拉方法进行改进和提升。鼓励学生将各类软件进行融合应用，利用 MATLAB 作图并进行相关分析，为后续数学建模奠定基础。

§4.6
案例　弧长和旋转体表面积公式

一、教学背景分析

教学内容分析：数学是一门循序渐进的探究式学科。在代数中，从单项式到多项式；在几何中，从特殊图形到一般图形，我们都经历和体验着对数学美学的不断拓展和迭代更新。本节内容将小学开始接触的规则图形的周长概念与 AP 微积分（大学先修课程微积分）中的黎曼和两个知识点结合起来，推广至研究不规则图形的弧长公式。人教版教材中对此节内容设计较少，故本节结合国外教材，给学生进行补充。本节作为积分学的延伸和应用，教师将抽象问题具象化，可以帮助学生更好地理解黎曼和的提出过程。在这一过程中学生体会弧长最本质的计算方法，进一步感受黎曼和中"分割—求和—取极限"的过程。AP 微积分将弧长公式与旋转体表面积公式融合在一节中，学生通过对弧长公式的探索，举一反三，模仿此类方法展开对表面积公式的探索.

在本节之前,学生已接触定积分基本运算,掌握黎曼和求定积分的定义法以及微积分第一基本定理的公式法.对于实际问题,已了解求解旋转体体积的三种不同方法,初步感受了积分微元的魅力.本节前一部分从学生熟悉的三角函数入手,针对曲线研究如何求解弧长;后一部分从现实生活中的高脚杯等教具入手,进行表面积公式的研究.通过这样的引入,学生可以直观地体会到知识的灵活性,感受数学来自生活并应用于生活.

在对表面积的探究中,如何选择无限小微元保证最后的误差在可接受范围内?对于此问题,课上不进行过多探索,可作为进阶思考留在课下,结合教师提供的阅读材料进行探索.

教学重难点:弧长公式和表面积公式的发现过程、证明和应用.

二、教学目标设置

1. 通过分析弧长微元,掌握弧长公式,并利用弧长微元得到旋转体表面积公式.

2. 通过小组合作,利用积分微元的方法尝试构造弧长微元和表面积微元,并探索积分公式.

3. 感受从特殊到一般的数学研究过程,体会抽象公式与现实问题的结合,树立科学的数学研究观念.

三、教学方法使用

教学方法:讨论法.

四、教学过程设计

第一阶段:前情回顾,复习准备

教师:目前我们学了几种研究旋转体体积的方法?还记得每种方法的公式吗?

学生:圆盘模型、桶模型、圆柱壳模型,并回答每个方法的公式.

设计意图:在这一阶段,有两个目的:

1. 通过对已学知识点的回顾,帮助学生快速进入课堂状态,不会因为一开始没有跟上而影响学习情绪;

2. 在回顾旋转体体积的三个公式的过程中,学生再次感受每个公式的积分微元,为本节的学习奠定基础.

第二阶段：提出问题，自主探究

教师：在定积分的应用中，还有两类问题等待我们的研究——弧长和旋转体表面积，下面我们先解决弧长问题．对于标准的正弦函数图形，如何计算在一个固定周期内曲线的弧长？

学生 A：可以像圆一样，用绳子缠一圈，然后量一下绳子的长．

教师：肯定学生回答，增加只有直尺的条件．

学生 B：可以用直线去近似替代．

教师：肯定学生回答，指出面临的下一个问题，测量结果误差较大．

在学生思考之后，教师利用 GeoGebra 在白板上展示无限分割时，小线段的长度和会无限接近曲线长度（如图 4-6-1）．

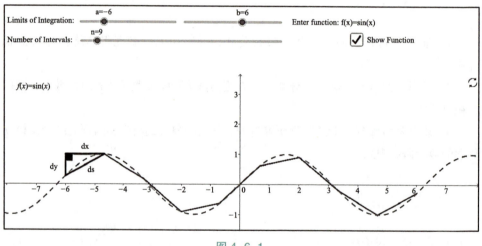

图 4-6-1

教师：那么对于一个分割 P 来说，如何表示这些小线段的长度和？有了长度和之后又如何得出弧长的准确值呢？

（给学生留出时间进行小组探究，学生上台讲解，展示小组分析的过程．）

学生 C：给定一个分割 P：$a=x_0<x_1<x_2<\cdots<x_n=b$，对应的线段长度和为 $\sum\limits_{k=1}^{n}\sqrt{\Delta x_k^2+\Delta y_k^2}$，已经完成了分割，求和，接下来就是最后一步取极限：

$$\lim_{n\to\infty}\sum_{k=1}^{n}\sqrt{\Delta x_k^2+\Delta y_k^2}=\int_a^b\sqrt{dx^2+dy^2}=\int_a^b\sqrt{1+[f'(x)]^2}\ dx\,(y=f(x)).$$

设计意图：首先给定学生本节的主要内容——弧长和旋转体表面积，让学生在头脑中建立知识框架；给出学生时间思考如何解决弧长问题而不是直接给出分割求和的方法，从基本方法入手，分析每种方法的优劣势，最后进行定积分的引入；小组合作可以给出学生时间思考并和同伴进行沟通，解决个人遗留问题并迸发小组思维火花．

第三阶段：例题应用，牛刀小试

例 曲线 $y=x^4$ 的图像上从 $x=1$ 到 $x=5$ 之间的弧长可以用下列哪个式子表示：

A. $\int_1^5 \sqrt{1+4x^3}\,dx$；

B. $\int_1^5 \sqrt{1+x^4}\,dx$；

C. $\int_1^5 \sqrt{1+4x^6}\,dx$；

D. $\int_1^5 \sqrt{1+16x^6}\,dx$．

第四阶段：举一反三，思维迁移

教师：高脚杯的表面积应如何计算？

学生 D：用布条包裹住杯子，然后测量图形的面积．

教师：高脚杯是非规则图形．

学生 E：把抹布剪成小条，缠一圈，然后当作圆柱的表面积计算．

教师在白板上利用 GeoGebra 展示学生 E 方法的可操作性，随着布条越来越细，测量结果也就越来越准确（如图 4-6-2）．进而，教师与学生得出圆柱微元法的公式为 $2\pi \int_a^b f(x)\,dx$．

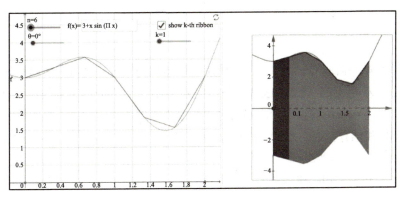

图 4-6-2

学生 F：将高脚杯按照一个个小圆台来计算，圆台的表面积之和作为该旋转体（高脚杯）的表面积，即得出圆台微元法的表面积公式为 $2\pi \int_a^b f(x)\,ds$．

教师：用圆柱微元公式计算 $x+y-1=0$，$x \in [0, 1]$，绕 x 轴旋转一周之后的图形表面积.

学生 G：代入公式计算结果为 π.

教师：用这个公式计算之后发现得出的表面积与真实的圆锥表面积 $(\sqrt{2}\,\pi)$ 差距较大，在此向学生指出在近似替代的时候要找到在误差范围内的近似替代.

教师：那么用圆台微元公式计算呢？

学生 H：dx 变为弧长的微元 ds，进而得出表面积公式就是

$$2\pi \int_a^b f(x) \sqrt{1+[f'(x)]^2}\,dx,$$

最终结果是 $\sqrt{2}\,\pi$，与真实结果一致.

教师：所以 $f(x)$，$x \in [a, b]$ 绕 x 轴旋转一周的旋转体表面积公式是

$$2\pi \int_a^b f(x) \sqrt{1+[f'(x)]^2}\,dx.$$

设计意图：本阶段设置阶梯层次，数学基础较弱的学生需要理解如何将公式应用到具体题目中；数学思维较好的同学需理解"分割—求和—取极限"中的微元并不是随意选取的，而是需要最后进行误差的估计和反复修改试错.

第五阶段：总结回顾

回顾本节的两个重点公式，强调积分微元的探究方法.

弧长公式：$\int_a^b \sqrt{1+[f'(x)]^2}\,dx$；

旋转体表面积公式：$2\pi \int_a^b f(x) \sqrt{1+[f'(x)]^2}\,dx$.

五、教学特点与反思

1. 利用抽象理念解决实际问题

本节在第一阶段知识回顾环节，将旋转体体积公式进行复习，强调积分微元的探究方法，为学习弧长公式和表面积公式奠定基础. 三次重点强调寻找积分微元的方法有助于学生在解决真正实际问题的时候快速联想到切割的方法，将抽象的黎曼和与现实问题相结合，感受数学应用于生活的理念.

2. 给学生充分留白

求弧长和表面积构成本节的两大主题，每一环节从学生可以思考到的简单解决办法入手，分析优缺点，引入 GeoGebra 教学工具，展示无限切割的过程，之后将课堂还给学生. 在小组讨论的过程中，学生可以及时解决自己在课上的遗留问题，并将自己的想法快速与同伴进行沟通，碰撞出新的思维火花. 在第四阶段表面积的探究中，对于积分微元的选择，虽然学生的处理方式不同，有一种选取方式是有错误的，

但这个过程有一定的必要性. 在此教师提出对于微元的选择并非随意, 而是需要有方法、有目的地进行选择, 结合课上关于圆锥表面积的练习以及课后习题, 留给学生时间再次进行思考.

§4.7

案例　逻辑斯谛模型

一、教学背景分析

人口数会按照指数趋势不断增长下去吗? 新产品的销售业绩背后的数学模型是线性增长的吗? 这些问题的答案都是否定的. 数学来源于生活. 自然界中存在着一种事物的发展规律: 在初期, 数量增长速率加快, 当形成一定规模时, 增长速率降低, 最终达到一个稳定的状态. 数学又应用于生活. 有效的数学模型 (如: 逻辑斯谛模型) 可以帮助我们分析增长速率、探究图形拐点、计算最终的稳定值. 逻辑斯谛模型是微分方程的重要应用. S 型增长曲线可作为分析一阶、二阶导数的经典案例, 其求解模型的过程也应用了微分方程的另一类重要的求解方法——部分分式法. 鉴于本节内容的较强应用性, 学生不仅需要理解从指数模型到逻辑斯谛模型的优化过程, 还需将此模型与 MATLAB 结合进行具体应用. 在教授过程中, 如果只涉及公式推导而忽略具体应用, 不仅学生参与感降低也会让逻辑斯谛模型的魅力大打折扣. 逻辑斯谛模型是 AP 微积分考试中的重要知识点, 虽在人教版教材中没有体现, 但连接了数学和生物两大学科. 在学习过程中, 学生逐步感受 PBL (问题驱动教学法) 的学科融合项目式探究, 以实际生活中的问题为情景, 为之后建立数学建模的思想奠定基础.

学情分析: 学生已经掌握二阶导数的定义和应用, 能够求解微分方程, 同时基于 MATLAB 实现简单的编程, 体验利用数学理论解决实际问题的过程.

教学重难点: 逻辑斯谛模型的推导和应用.

二、教学目标设置 (两课时)

1. 理解逻辑斯谛模型的背景, 会推导并掌握逻辑斯谛模型解的基本形式.

2. 会利用基本的微分方程解法求解逻辑斯谛模型; 借助 MATLAB, 利用逻辑斯谛模型解决实际问题.

3. 帮助学生建立数学模型和数学的抽象思维, 培养学生对数学的兴趣.

三、教学方法使用

教学方法：讨论法，探究法．

四、教学过程设计

以下为第一节课内容．

第一阶段：提出问题，探究古今

从实际问题入手，可以迅速抓住学生眼球，吸引学生注意力．在具有当代特色的、被媒体平台热议的事情中挖掘数学知识，可以调动学生自主探索的积极性．因此，教师要注意课堂案例的不断迭代更新，与时俱进．本节从在生物课中学生熟悉的人口模型开始，不断进行模型的改进，最终得出逻辑斯谛模型．

教师：人口数会按照指数趋势不断增长下去吗？

学生：不会，在起初环境足够大，食物足够多的情况下人口会快速增长，之后随着空间和食物的减少，人口进入到缓慢增长阶段，最终达到稳定．

教师：那么结合之前学到的导数性质，我们如何画出人口数 (Y) 与时间 (t) 的关系图像呢？请学生分小组进行讨论后上台展示成果并说明理由．

学生：第一阶段，人口增长速率变大，故人口函数二阶导数大于零，即 $\dfrac{d^2Y}{dt^2}>0$，原函数图像上凹；第二阶段，人口增长速率降低，故 $\dfrac{d^2Y}{dt^2}<0$，原函数图像下凹，所以函数图像有一个拐点，呈 S 型（如图 4-7-1）．

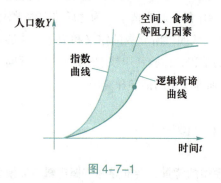

图 4-7-1

设计意图：将实际问题与已经学过的数学知识结合，降低问题的难度，帮助学生克服心理障碍．这一过程也再一次强化导数在实际问题中的应用性．将图像与各阶导数的性质结合起来，是学生前一阶段的主要学习内容，教师可在本节开始之前预留相关阅读任务，巩固前一阶段知识，使得课堂有较好的节奏．

教师：逻辑斯谛函数源于 19 世纪对人口数量增长情况的研究．早期的美国，可以考虑为一个理想的模型，假设人类没有天敌并免于疾病，那么人口增长率一定随着人口的增多而增大，即 $\dfrac{\mathrm{d}Y}{\mathrm{d}t}=kY$，其中 $k>0$．当时伟大的数学家、天文学家、社会学家凯特勒提出："因为地球资源是有限的，地球上的人口不可能按照指数级增长下去．"于是他的学生赫斯特开始研究这个问题，在上面的模型中增加了阻力项，最终提出具有 S 型曲线的逻辑斯谛函数．赫斯特在三十岁左右开始研究该问题，从发现问题到最终模型的提出经历了大约 8 年的时间．那么接下来，我们就来体会这个模型的提出和求解过程．

设计意图：在小组讨论之后，由学生从函数性质的角度提出 S 型曲线．接下来教师从历史的角度介绍逻辑斯谛函数提出的过程，不仅让学生了解函数的提出背景，还能让学生体会数学研究的循序渐进，学会发现问题，并有勇气一步一步解决问题．

第二阶段：循序渐进，深入探究

教师：如果不考虑阻力因素，人口模型将是 $\dfrac{\mathrm{d}Y}{\mathrm{d}t}=kY$，其中 k 为内禀增长率，即在环境优越的情况下，种群呈指数型增长时的净增长率．请从微分方程的角度求解 $Y(t)$．

学生：利用分离变量的方法进行求解：

$$\frac{\mathrm{d}Y}{Y}=k\mathrm{d}t,\qquad\qquad\qquad\text{（第一步进行分离变量）}$$

$$\int\frac{\mathrm{d}Y}{Y}=\int k\mathrm{d}t,\qquad\qquad\text{（两边同时积分）}$$

$$\ln|Y|=kt+C_1,\qquad\qquad\text{（}C_1\text{ 可根据初值条件进行计算）}$$

$$Y=Ce^{kt}.$$

教师：这样的模型为指数模型．那么接下来，我们站在巨人的肩膀上，简单地探究 S 型曲线的微分方程．在 S 型曲线中，当 Y 没有超出环境最大承载量 A 时，$\dfrac{\mathrm{d}Y}{\mathrm{d}t}>0$ 并且先增大后减小，当 Y 超出 A 时，$\dfrac{\mathrm{d}Y}{\mathrm{d}t}<0$，那么请学生分小组探究，上面的模型如何改变可以得出 S 型曲线的微分方程？

学生：$\dfrac{\mathrm{d}Y}{\mathrm{d}t}=kY(A-Y)$，满足当 $Y<A$ 时，$\dfrac{\mathrm{d}Y}{\mathrm{d}t}>0$；当 $Y>A$ 时，$\dfrac{\mathrm{d}Y}{\mathrm{d}t}<0$．

学生在这一环节可能得不出最终结论，教师可以慢慢进行引导．首先结合学生的回答解释错误原因，因为 k 为内禀增长率，所以在起初人口数极少的情况下，这个模型中的增长率近似为 kA，与 k 的定义矛盾，所以如何调整这一因式使得其满足以下三个条件呢？

（1）当 Y 远小于 A 时，$Y(t)$ 呈现理想的指数增长，即基本保持内禀增长率；

（2）当 Y 接近 A 时，增长速率几乎降为 0；

（3）当 Y 超过 A 时，$\dfrac{\mathrm{d}Y}{\mathrm{d}t}<0$.

在这样分析的情况下，对上述模型进行调整，将因式 $(A-Y)$ 调整为 $\left(1-\dfrac{Y}{A}\right)$，故改进之后的微分方程为 $\dfrac{\mathrm{d}Y}{\mathrm{d}t}=kY\left(1-\dfrac{Y}{A}\right)$，$k$ 为内禀增长率，A 为环境最大承载量.

设计意图：对比于直接给出逻辑斯谛模型公式，这里采用分析图形性质反推函数的方式进行研究，能帮助学生记忆并理解公式.

教师：接下来我们继续观察图像，一阶导数的性质我们已经全部研究清楚了，那么能求出来拐点的具体数值吗？

学生：可以考虑二阶导数何时变号. 因为 $\dfrac{\mathrm{d}^2Y}{\mathrm{d}t^2}=k\left(1-\dfrac{Y}{A}\right)-\dfrac{k}{A}Y=k-\dfrac{2k}{A}Y$，所以当 $Y=\dfrac{A}{2}$ 时，二阶导数由正变负.

（留给学生时间自主思考，最终得出结论，到达拐点时 $Y=\dfrac{A}{2}$.）

第三阶段：牛刀小试，解决问题

例1 如果 $y(x)$ 是方程 $\dfrac{\mathrm{d}y}{\mathrm{d}x}=2y(5-y)$，$y(0)=3$ 的解，那么当 $x\to\infty$ 时，$y(x)$ 如何变化？

（A）$y(x)$ 逐渐增大到正无穷；

（B）$y(x)$ 逐渐增大到 5；

（C）$y(x)$ 逐渐减小到 5；

（D）$y(x)$ 逐渐减小到 2；

（E）$y(x)$ 逐渐减小到 0.

解 这是一个逻辑斯谛方程，最大承载量 $A=5$，初始值小于 A，所以函数值逐渐增大，最终趋于 5，故答案为 (B).

例2 如果 $y(x)$ 是方程 $\dfrac{\mathrm{d}y}{\mathrm{d}x}=3y(6-y)$，$y(0)=10$ 的解，那么当 $x\to\infty$ 时，$y(x)$ 如何变化？

（A）$y(x)$ 逐渐增大到正无穷；

（B）$y(x)$ 逐渐增大到 6；

（C）$y(x)$ 逐渐减小到 6；

（D）$y(x)$ 逐渐减小到 3；

（E）$y(x)$ 逐渐减小到 0.

解 这是一个逻辑斯谛方程，最大承载量 $A=6$，初始值大于 A，所以函数值逐渐减小，最终趋于 6，故答案为 (C)．

设计意图：这两个题目难度不大，重点在于给出不同的初值条件时学生是否可以根据方程或者图像简单分析函数变化趋势．

第四阶段：得出公式，总结提升

教师：之前我们反复将微分方程和逻辑斯谛曲线对比分析，接下来，我们针对此微分方程进行求解，得出 $Y(t)$．

学生：

$$\frac{dY}{Y(1-\frac{Y}{A})}=kdt, \qquad \text{（第一步进行分离变量）}$$

$$\int(\frac{1}{Y}-\frac{1}{Y-A})dY=\int kdt, \qquad \text{（裂项，两边同时积分）}$$

$$\ln\left|\frac{Y}{Y-A}\right|=kt+C_1, \qquad \text{（} C_1 \text{可根据初值条件进行计算）}$$

$$Y=\frac{A}{1+Ce^{-kt}}.$$

设计意图：学生在学习积分的过程中已经接触了部分分式的积分方法，故为了这一部分的顺利开展，也可以在课前预习材料中给出这种积分方法．学生亲身感受逻辑斯谛方程的求解，体会不同的积分方法与微分方程的结合应用，可以感受数学知识的连贯性．

例 3 求解 $\frac{dy}{dx}=0.3y(4-y), y(0)=1$．

解 因为 $k=1.2, A=4$，所以 $y=\frac{4}{1+Ce^{-1.2t}}$．根据初值条件 $y(0)=1$ 可以求出 $C=3$，故最终解为 $y=\frac{4}{1+3e^{-1.2t}}$．

最后教师对第一节课内容进行总结，布置相关作业．

以下为第二节课内容．

第一阶段：背景铺垫，提出问题

在第一节课，我们已经体验了从指数模型到逻辑斯谛模型的改进过程并计算出了逻辑斯谛曲线对应的函数解．那么第二节课我们将进入到应用环节．逻辑斯谛曲线和生物、化学等学科密切相连，可应用于一系列实际问题，如：种群数量研究、农作物种植、产品销售、癌细胞扩散等 . 那么第二节课，我们将 MATLAB 和逻辑斯谛模型结合起来，解决具体问题 .

教师：结合表 4-7-1 的数据，试研究某类农作物的质量函数 $W(t)$ 是否满足逻辑斯谛模型 . 若满足，写出相应的微分方程并求解；若不满足，说明理由 .

表 4-7-1　某类农作物的质量

时间 / 天	1	1.8	2.6	3.4	4.1	4.8	5.4	6.1	6.8	7.4	8.1
质量 /kg	0.3	0.5	0.9	1.4	2.5	3.2	4.3	7.6	10.1	14.4	18.5
时间 / 天	8.8	9.4	10.1	10.8	11.7	12.4	13.1	14.4	15.1	15.7	
质量 /kg	23.0	25.2	30.4	33.7	38.8	41.7	43.7	44.8	45.5	45.3	

设计意图：教师给学生充分的讨论时间进行小组合作研究，最后学生展示小组探究成果 . 教师在这一阶段可针对每一小组进行个性化指导和帮助 . 本节课前资料中应涉及需要用到的 MATLAB 命令 .

第二阶段：小组展示，解决问题

学生：作时间与质量关系散点图，如图 4-7-2 所示，质量函数符合逻辑斯谛模型，其中内禀增长率 $k=0.53$，最大承载量 $A=48.4$，对应的微分方程为 $\dfrac{\mathrm{d}W}{\mathrm{d}t}=0.53W(1-\dfrac{W}{48.4})$，$W(1)=0.3$. 解为 $W=\dfrac{48.4}{1+\mathrm{e}^{-0.53t}/0.0037}$.

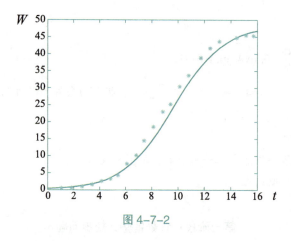

图 4-7-2

MATLAB 程序如图 4-7-3：

```
t=[1 1.8 2.6 3.4 4.1 4.8 5.4 6.1 6.8 7.4 8.1 8.8 9.4 10.1 10.8 11.7 12.4 13.1 14.4 15.1 15.7];
y=[0.3 0.5 0.9 1.4 2.5 3.2 4.3 7.6 10.1 14.4 18.5 23.0 25.2 30.4 33.7 38.8 41.7 43.7 44.8 45.5 45.3];
a=size(y,2)%求矩阵的列数
dy=y(2:r)-y(1:r-1);
dt=t(2:r)-t(1:r-1);
dydty=(dy./dt)./y(2:a);%建立y与dydty之间的线形关系
p=polyfit(y(2:a),dydty,1);%一次多项式拟合，其中p(1)为一次项系数，p(2)为常数项
k=p(2)%k为内禀增长率
A=k/(-p(1))%A为环境最大承载量
x=0:0.2:16;%以0.2为步长进行取值
C=y(1)/(y(1)-A)%结合初始条件求C
y1=A./(1-exp(-k.*x)./C);%logistic模型对应的解
plot(t,y,'*',x,y1);
title('The relationship between weight and time')
```

图 4-7-3

第三阶段：举一反三，总结提升

教师进行总结，指出 MATLAB 在解决问题中的优势．

作业布置：学生选择感兴趣的主题进行研究，在网上搜索相关数据，进行逻辑斯谛模型拟合和求解．

五、教学特点与反思

1. 站在历史的角度看数学

教师在介绍逻辑斯谛模型时，从生活情景和历史两个角度引入，一方面使学生感受到逻辑斯谛模型的广泛应用；另一方面让学生感受到知识形成的过程并非一朝一夕，而是需要长期大量的尝试和积累，培养学生科学的研究态度．

2. 学以致用，分析数学模型

教师可以将逻辑斯谛模型这一内容做 PBL 主题探究式学习．在第一部分，教师并没有直接给出学生最终公式，而是带领学生从理想的指数模型入手，分析优缺点，结合 S 型曲线的图形特征，进行逆向推导，最终得出对应微分方程的解．此外，教师还可结合当下热门话题，鼓励学生在网络中收集研究数据，利用 MATLAB 和相关数学模型进行拟合探究．在这一过程中学生感受数学应用于生活的特点，学以致用，增加学习的积极性．教师授之以渔，使知识具有延续性．从发现问题、改进模型到解决问题，本节充分反映了数学的研究过程，学生可举一反三，在其他项目的研究中仍可进行类似的探究．

3. 充分备课，做好课前材料的铺垫

为把握课堂，保证知识的顺利生成，教师可以在课前提供学生相关阅读材料以及 MATLAB 的有关命令．教师在课前将新旧知识有效连接起来，可以避免出现课堂节奏过快，学生跟不上的情况．

下篇

数学能力的培养

第 **5** 章

数学探究能力的培养

§5.1

概述

　　数学探究能力是衡量学生数学能力的一项重要指标. 中国是数学大国, 在各项国际竞赛中都能够取得世界顶尖的成绩. 但是到了数学研究阶段, 却鲜有世界级的科研成果, 离成为数学强国还有比较长的路要走. 因此, 我们有必要从中学阶段就开始有意识地培养学生的数学探究能力. 对于将来要从事数学研究的学生来说, 这项能力自然必不可少. 对于将来不打算从事数学研究的学生, 在学习数学的过程当中所培养的探究能力也可以在工作生活的各个方面给他们带来很大的益处.

　　数学探究能力的培养, 可以通过问题解决的方式进行. 例如: 课堂上教师提出问题, 学生可以依据已有的数学知识和方法给出猜想. 在辅助角公式一节, 教师没有直接给出辅助角公式, 而是抛出一个问题 "函数 $y = \frac{1}{2}\sin x + \frac{\sqrt{3}}{2}\cos x$ 的图像是什么样的? " 这是一个既陌生又熟悉的问题, 说陌生是因为课堂上教师从来没有讲授过这种函数图像的画法; 说熟悉是指这个函数解析式是学生熟悉的, 学生在学习两角和的正弦公式时经常见到. 在此教师提出的问题就是如何运用已有的知识解决我们遇到的问题. 问题的解决过程就是探究未知的过程, 探究的活动培养了学生化归的数学思想.

　　数学探究能力的培养, 可以通过技术手段辅助探索的方式进行. 在 "麦克劳林展开式初探" 一节, 教师指导学生用 Desmos 软件的泰勒工具包, 让学生体验到展开项越多, 公式越接近原函数的过程. 在这个直观感受的基础上, 学生通过观察和分析得到正确的结论, 然后才是回过头去证明该结论. 类似地, 在 "黎曼和与定积分" 一节中, 学生如果完全手动计算分割求和, 效率就会比较低, 所以在进行完几个必要的手动计算后, 剩下的就可以交给数学软件来处理. 由于软件的高效性, 学生会很快地看到自己的计算方法完全适用于更多分割的情况, 从而对这个方法的正确性产生强烈的自信, 并产生想要继续去深入探究的冲动. 这种技术手段的最大优势在于直观

第 5 章　数学探究能力的培养

和高效，让学生能在短时间内就清晰地看到正确结论产生的过程，从而使他们能够在课堂上极其有限的时间内深入地展开探究活动．这种高效性也是能在课堂上有限的时间内培养学生探究能力的一个不可或缺的条件．

数学探究能力的培养，可以通过研究实际应用案例进行．在"相关变化率"这一节，教师通过给气球充气这一实际问题引发学生对变化率之间关系的思考，然后引导学生对该问题背后的数学原理进行深入探索，从而理解相关变化率的含义以及解决办法．同样，在"指数分布的无记忆性"这一节，教师选择了生活中很多人都会遇到的类似情境引出了该节要探索的问题，然后带着学生一起去探索合理的解决方案．通过实际应用案例出发进行的探究活动能更大程度地调动学生的探究热情，从而挖掘和激发学生的探究潜质，因为学生更容易对看得见摸得着的实际问题产生兴趣．

通过探究的方式来学习数学，这本身就是一种能够快速并深刻地理解新概念的高效的学习方法．数学的很多概念都是抽象的，并且在早期很难看到其应用．通过在教师引导下的自主探究，学生有可能凭借自己的力量重现概念的出现过程，从而全方位理解新概念，将这块知识"学到骨子里"．这种"沉浸式"的学习模式将会是未来的趋势．

在这一部分中，我们选择了六个具有代表性的案例，从不同的出发点、不同的数学领域、不同的方向和方法等方面，探索了如何在课堂中培养学生的数学探究能力．

1. 辅助角公式

本节教师结合生活实际设计微探究课题，不仅提高了探究问题的趣味性，也能激发学生的探究兴趣．本节从信号处理开始，通过预习作业和拓展阅读，引入正弦波叠加问题，从而给该节赋予了实际应用价值，也让学生有了更强的学习动力．

2. 相关变化率

相关变化率是微积分中非常重要的一个问题．由于在很多学科中都有研究不同变量的变化率关系的需求，所以本节的知识具有很强的应用性．本节教师从生活中常见的实例出发，引导学生探究变量之间的关系，建立数学模型，并利用之前课上学习过的复合函数求导和隐函数求导的知识探究相关变化率．

3. 黎曼和与定积分

定积分是微积分的核心内容之一，如何引入定积分的概念是一个难点．本节教师先通过分割求和的思想引入黎曼和的概念，然后取极限，就得到了定积分的严格定义．在这个过程中，教师从最初等的例子出发，引导学生进行自主探究，将分割求和思想应用到曲边图形，并通过计算机软件，让学生清楚地看到无限分割逼近的过程．

4. 麦克劳林展开式初探

本节最初的设计是直接让学生思考如何用多项式去近似超越函数，但效果不理想．最终，本节的设计变成了观察—猜想—探究—证明这一过程，把原本找不到方向的生硬推导变成了已知结论的证明，通过求导，求展开式中系数的思路也就自然产生了．在整个探究实验的过程中，学生参与度很高．

5. 复数的三角形式

在之前的课程中学生学习了复数的代数形式，从解方程的角度理解了将数域从实数域扩展到复数域的必要性，并且初步了解了代数基本定理在数学中的重大意义．本节教师以问题为驱动，让学生在解决问题的过程中自己发现复数三角形式的必要性．学生在教师的引导下进行探究式学习，初步体会了数学研究的模式．

6. 指数分布的无记忆性

本节教师给了学生充分的探究空间，从复习指数函数，到实例探究引出指数分布的无记忆性，再到一般性结论的提出和推导证明，最后再回归到实际问题中，利用指数分布的无记忆性解决生活中常见的概率问题，环环相扣，逻辑清晰．本节多数环节均由学生独立或小组讨论完成，充分把课堂还给学生．

§ 5.2

案例　辅助角公式

一、教学背景分析

"人们喜欢数学，是因为它用空间形式和数量关系刻画了自然界和人类社会的内在规律，用简洁、优美的公式与定理揭示了世界的本质，用严谨的语言和逻辑梳理了人们的思维．"2019 年新版数学必修教材呈现了三角函数、向量的数量积与三角恒等变换的内容．通过学习两角和与差的正弦公式、倍角公式及其应用，学生能够初步感受到三角恒等变换在研究三角函数性质中的重要性，而在教材的最后一节"三角恒等变换的应用"中不仅涵盖了半角公式、还包括了和差化积与积化和差两类公式．虽然教材中的三角函数部分到此为止，但在实际问题中，包括习题类型中还有一个需要在教学中补充给同学们的知识点：辅助角公式．

在教材最后一节的拓展阅读中介绍了"正弦型函数与信号处理"，涉及了"两个周期相同的正弦型函数相加，利用三角恒等变换，一定可以把结果化为同一个周期的正弦型函数"．仔细阅读，发现教材实际上已经帮我们指出可以通过三角恒等变换推导出辅助角公式．因此想到，能否利用信号处理这种实际问题引出正弦型函数，同时得到辅助角公式呢？

在了解信号处理的相关理论过程中，发现其中有一类信号为确定信号，实际上就是我们所学的正弦型函数，而生活中常见的波大都是多种确定波的叠加形成的，那么在数学中，以最简单的形式为例，两个正弦型函数叠加后，结果会是怎样的呢？又会有什么样的图像？

学情分析：学生已经学习过了两角和与差的正弦公式、倍角公式及其应用，对三角函数变换的重要性有了初步了解．

教学重难点：辅助角公式的发现过程、证明与应用．

二、教学目标设置

1. 掌握辅助角公式的推导过程，会利用辅助角公式解决一些三角问题．

2. 通过两角和与差的正弦公式或者软件辅助探究，深刻理解辅助角公式的生成过程，并初步掌握利用辅助角解决问题的途径．

3. 培养"归纳—猜想—论证"的数学思维方式，鼓励学生大胆猜想，小心求证．

三、教学方法使用

教学方法：讨论法．

四、教学过程设计

第一阶段：联系实际，提出问题

从联系实际入手，不仅能够提高探究问题的趣味性，也能激发学生的探究兴趣，结合物理学科，实现跨学科融合．通过引入物理中较常见的波叠加现象，基于正弦型函数的图像与性质，研究波的叠加．

例1 $y = \dfrac{1}{2}\sin x + \dfrac{\sqrt{3}}{2}\cos x$的图像是什么样的？

设计意图：回忆前期学过的两角和的正弦公式，进行推导．这里如果学生回答不出来，可以借助软件观察图像，能够得出两个函数图像叠加后是一个类似正弦型函数图像的结论即可．教师可以引导学生往单一正弦函数表达式上思考．教师给出学生充分时间思考，同时做出学生回答的预设（如图5-2-1）．

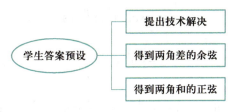

图 5-2-1

解 第一种情况：通过画图软件得到 $y=\dfrac{1}{2}\sin x+\dfrac{\sqrt{3}}{2}\cos x$ 的图像（如图 5-2-2）．

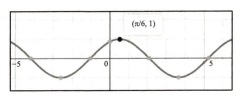

图 5-2-2

通过图 5-2-2 能够看到，$y=\dfrac{1}{2}\sin x+\dfrac{\sqrt{3}}{2}\cos x$ 的函数图像很像一个正弦型函数图像，但无法证明．另外学生在考试中也不能使用画图软件，进而教师鼓励学生继续思考，能否在不借助软件的条件下得到函数图像．

第二种情况：把 $\dfrac{1}{2}=\sin\dfrac{\pi}{6}$，$\dfrac{\sqrt{3}}{2}=\cos\dfrac{\pi}{6}$ 代入，发现

$$y=\dfrac{1}{2}\sin x+\dfrac{\sqrt{3}}{2}\cos x$$

$$=\sin\dfrac{\pi}{6}\sin x+\cos\dfrac{\pi}{6}\cos x \qquad （特殊三角函数值）$$

$$=\cos\left(\dfrac{\pi}{6}-x\right) \qquad （两角差的余弦公式逆用）$$

$$=\cos\left(x-\dfrac{\pi}{6}\right)． \qquad （诱导公式）$$

因此可以通过将 $y=\cos x$ 向右平移 $\dfrac{\pi}{6}$ 得到 $y=\dfrac{1}{2}\sin x+\dfrac{\sqrt{3}}{2}\cos x$ 的图像．

第三种情况：把 $\dfrac{1}{2}=\cos\dfrac{\pi}{3}$，$\dfrac{\sqrt{3}}{2}=\sin\dfrac{\pi}{3}$ 代入，发现

$$y=\dfrac{1}{2}\sin x+\dfrac{\sqrt{3}}{2}\cos x$$

$$=\cos\frac{\pi}{3}\sin x+\sin\frac{\pi}{3}\cos x \qquad \text{（特殊三角函数值）}$$

$$=\sin\left(x+\frac{\pi}{3}\right). \qquad \text{（两角和的正弦公式逆用）}$$

因此可以通过将 $y=\sin x$ 向左平移 $\frac{\pi}{3}$ 得到 $y=\frac{1}{2}\sin x+\frac{\sqrt{3}}{2}\cos x$ 的图像．

根据诱导公式可知，$\cos\left(x-\frac{\pi}{6}\right)=\sin\left(x+\frac{\pi}{3}\right)$，所以两种不同的方法可以得到相同的函数图像．

实践过程：

学生 A：直接用 Desmos 软件画出函数图像，但是无法完成理论证明．

学生 B：试图将 $y=y_1+y_2$，$y_1=\frac{1}{2}\sin x$，$y_2=\frac{\sqrt{3}}{2}\cos x$ 的图像叠加，理论上可以通过描点法得到函数图像，但是实际操作起来有较大困难（如图 5-2-3）．

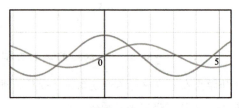

图 5-2-3

学生 C 提出了能够计算出来的方法，也就是上述的第二种情况和第三种情况．教师同时引导学生，讲授解题思路，从而带动其他学生学习例 1 的解答过程．

总结：鼓励学生多角度、使用不同方法解决问题，一方面善于借助数学软件为解题提供思路，另一方面学会将未知划归到已学的知识体系中，从而实现问题的解决．

练习 1 $y=\frac{\sqrt{2}}{2}\sin x+\frac{\sqrt{2}}{2}\cos x$ 的图像是什么样的？

设计意图：让学生巩固加深例 1 的三种解题方法．通过模仿，学生能够利用三种方法获得函数图像．

解 方法 1：利用画图软件得到 $y=\frac{\sqrt{2}}{2}\sin x+\frac{\sqrt{2}}{2}\cos x$ 的图像（如图 5-2-4）．

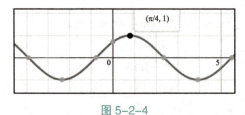

图 5-2-4

方法 2：把 $\dfrac{\sqrt{2}}{2}=\sin\dfrac{\pi}{4}$，$\dfrac{\sqrt{2}}{2}=\cos\dfrac{\pi}{4}$ 代入，得到

$$y = \dfrac{\sqrt{2}}{2}\sin x + \dfrac{\sqrt{2}}{2}\cos x$$

$$= \sin\dfrac{\pi}{4}\sin x + \cos\dfrac{\pi}{4}\cos x$$

$$= \cos\left(x - \dfrac{\pi}{4}\right).$$

因此可以通过将 $y=\cos x$ 向右平移 $\dfrac{\pi}{4}$ 得到 $y=\dfrac{\sqrt{2}}{2}\sin x + \dfrac{\sqrt{2}}{2}\cos x$ 的图像.

方法 3：把 $\dfrac{\sqrt{2}}{2}=\cos\dfrac{\pi}{4}$，$\dfrac{\sqrt{2}}{2}=\sin\dfrac{\pi}{4}$ 代入，得到

$$y = \dfrac{\sqrt{2}}{2}\sin x + \dfrac{\sqrt{2}}{2}\cos x$$

$$= \cos\dfrac{\pi}{4}\sin x + \sin\dfrac{\pi}{4}\cos x$$

$$= \sin\left(x + \dfrac{\pi}{4}\right).$$

因此可以通过将 $y=\sin x$ 向左平移 $\dfrac{\pi}{4}$ 得到 $y=\dfrac{\sqrt{2}}{2}\sin x + \dfrac{\sqrt{2}}{2}\cos x$ 的图像.

第二阶段：提升难度，深入探究

例 2 画出下列函数的图像：

（1）$y = \sin x + \sqrt{3}\cos x$；

（2）$y = \sin x + \cos x$；

（3）$y = 3\sin x + 3\cos x$.

设计意图：例 2 中的题不能简单模仿例 1 直接化简得到，而是需要提出相关系数后才能得到相应的特殊三角函数值，从而进行化简.

解 （1）$y = \sin x + \sqrt{3}\cos x$

$$= 2\left(\dfrac{1}{2}\sin x + \dfrac{\sqrt{3}}{2}\cos x\right)$$

$$= 2\sin\left(x + \dfrac{\pi}{3}\right).$$

因此可以通过将 $y=2\sin x$ 向左平移 $\dfrac{\pi}{3}$ 得到 $y=\sin x + \sqrt{3}\cos x$ 的图像.

（2）$y = \sin x + \cos x$

$$= \sqrt{2}\left(\frac{\sqrt{2}}{2}\sin x + \frac{\sqrt{2}}{2}\cos x\right)$$

$$= \sqrt{2}\sin\left(x + \frac{\pi}{4}\right).$$

因此可以通过将 $y = \sqrt{2}\sin x$ 向左平移 $\frac{\pi}{4}$ 得到 $y = \sin x + \cos x$ 的图像.

（3）$y = 3\sin x + 3\cos x$

$$= 3\sqrt{2}\left(\frac{\sqrt{2}}{2}\sin x + \frac{\sqrt{2}}{2}\cos x\right)$$

$$= 3\sqrt{2}\sin\left(x + \frac{\pi}{4}\right).$$

因此可以通过将 $y = 3\sqrt{2}\sin x$ 向左平移 $\frac{\pi}{4}$ 得到 $y = 3\sin x + 3\cos x$ 的图像.

在实际教学中，学生基本都能够顺利得到以上三个函数的图像.

第三阶段：一般情景，发现规律

当提出系数，但是辅助角不是特殊角时，需要引入角度 φ，并用系数表示出 $\tan\varphi$.

例3 画出 $y = 3\sin x + 4\cos x$ 的图像.

设计意图：学生在例1和例2的基础上，能够想到寻找一个系数，但是在例3 无法找到特殊角的三角函数值，所以对学生来说是一个挑战，需要尝试不同方法来 表达出这个角.

此题的设计是为了引出当辅助角为一般角时，应如何提取合适的系数，让学生 通过反思总结之前做题的思路，抓住解题的关键，从而为一般的辅助角公式的提出 做铺垫.

实践过程：

学生 D：想要拆开 $4\cos x = 3\cos x + \cos x$，凑成例2（3）的形式，

$$y = 3\sin x + 3\cos x + \cos x$$

$$= 3(\sin x + \cos x) + \cos x$$

$$= 3\sqrt{2}\sin\left(x + \frac{\pi}{4}\right) + \cos x.$$

但是，变形后发现出现了两个不同角度的三角函数的和，问题变得更复杂了，所以沿着这个思路无法再进行下去.

学生 E：想要变成同名三角函数，

$$y = 3\sin x + 4\cos x$$
$$= 3\sin x + 4\sin\left(x + \frac{\pi}{2}\right).$$

此时，三角函数名称相同了，但是里面的角不一致了，变成了不同角的三角函数和. 在解决这类问题的时候，正确的解法是划归到同角三角函数中，所以这种方法也无法进行下去.

学生 F：想要把系数换成同一角的正余弦，但是不知道接下来如何做.

学生 G：可以提取 5 出来，因为三角形边长为 3，4，5 时可以组成一个直角三角形（图 5-2-5）.

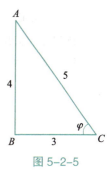

图 5-2-5

$$y = 3\sin x + 4\cos x$$
$$= 5\left(\frac{3}{5}\sin x + \frac{4}{5}\cos x\right)$$
$$= 5(\cos\varphi\sin x + \sin\varphi\cos x)$$
$$= 5\sin(x + \varphi).$$

此时 φ 无法直接写出，但是能够用反三角函数表示出确定的值.

$$\cos\varphi = \frac{3}{5}, \sin\varphi = \frac{4}{5}, \tan\varphi = \frac{4}{3} \Rightarrow y = 5\sin\left(x + \arctan\frac{4}{3}\right).$$

因此可以通过将 $y = \sin x$ 向左平移 $\arctan\frac{4}{3}$，振幅扩大为原来的 5 倍，从而得到 $y = 3\sin x + 4\cos x$ 的图像.

第四阶段：总结提升，得到公式

例 4 *如何得到 $y = a\sin x + b\cos x$ 的图像.*

设计意图：从 $y=3\sin x+4\cos x$ 到 $y=a\sin x+b\cos x$，从特殊到一般，学生需要归纳出解决问题的本质，从而找到关键，得到一般的辅助角公式：

$$y = a\sin x + b\cos x = \sqrt{a^2 + b^2}\sin(x + \varphi), \text{ 其中 } \varphi = \arctan\frac{b}{a}.$$

这里的辅助角 φ 可以有很多，我们可以通过反正切的主值得到辅助角的范围，也可以通过终边经过 (a,b) 确定辅助角的范围.

解

$$y = a\sin x + b\cos x$$
$$= \sqrt{a^2 + b^2}\left(\frac{a}{\sqrt{a^2 + b^2}}\sin x + \frac{b}{\sqrt{a^2 + b^2}}\cos x\right) \left(\text{设 }\cos\varphi = \frac{a}{\sqrt{a^2 + b^2}}, \sin\varphi = \frac{b}{\sqrt{a^2 + b^2}}\right)$$

$$= \sqrt{a^2+b^2}\left(\cos\varphi\sin x + \sin\varphi\cos x\right)$$
$$= \sqrt{a^2+b^2}\sin\left(x+\varphi\right),$$

从而得到一般辅助角公式.

练习2 求出 $y=\sin x-2\cos x$ 的值域.

解 通过辅助角公式, $a=1,b=-2$, 得到

$$y=\sin x-2\cos x$$
$$=\sqrt{1^2+(-2)^2}\left(\frac{1}{\sqrt{5}}\sin x-\frac{2}{\sqrt{5}}\cos x\right)$$
$$=\sqrt{5}\sin\left(x+\varphi\right).$$

此时, $\varphi=\arctan(-2)$, 所以函数值域为 $\left[-\sqrt{5},\sqrt{5}\right]$.

五、教学特点与反思

1. 结合生活实际，激发学生探究兴趣

结合生活实际设计微探究课题，不仅能够提高探究问题的趣味性，也能激发学生的探究兴趣. 教师需要从生活中寻找切入点，创设有利于启发学生探究的微课题，让学生在探究活动中解决问题.

本节是从信号处理开始，前期教师留给学生一些预习作业或者拓展阅读，让学生了解在现代社会中，信号处理是非常关键的技术，我们几乎每天都在使用电话或互联网，而信号处理背后的功臣就是正弦函数，其中最为常见的信号便是声音. 我们都知道声音是一种波，那么声波是如何作用的呢？教师可以通过软件，帮助学生观察到声音的样子（如图 5-2-6）.

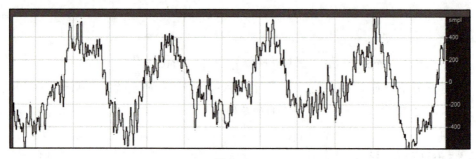

图 5-2-6

通过图像我们能够发现声波是具有周期性的，但是不容易想到是由正弦函数叠加而成的. 此时，教师可以给出一个单一的确定性信号（图 5-2-7）.

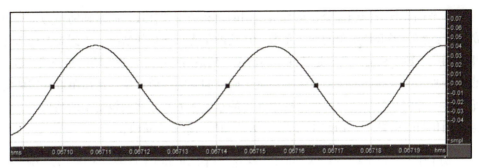

图 5-2-7

这是由电脑提供的一个确定性信号，可以发现这正是我们所学习的正弦函数图像．实际上声音的本质正是正弦波的叠加．因此我们可以通过研究叠加的正弦波，得到特定的声音信号，这也是信号传输的本质．那么，我们可以从最简单的形式入手：$y = a\sin x + b\cos x$，猜想一下，这种叠加的三角函数应该长什么样？

这类问题的引入，涉及了声波和物理中波的叠加的情境，实现了跨界和课程融合，激发了学生的探究意识，通过数学已学的知识去解决物理中或现实生活中的问题，从而使学生感受到数学就在我们身边，也能体会到数学知识和生活之间的密切联系．

2. 突出思维价值，具有挑战性

通过设置微课题，突出数学思维的价值，探究的课题需要能引起学生的认知冲突，促使他们积极的思考．在设置微课题的时候，不能过易，这样没有挑战性；也不宜过难，否则学生难以企及，因此教师在设计微课题时需要结合学生的学情分析，充分考虑学生的知识水平和能力水平．

本节是在学生已学完三角函数中两角和与差的正弦或余弦公式后的一节，在前期学习中，涉及题目：$y = \sin\left(x + \dfrac{\pi}{6}\right)$，教师可以让学生展开后思考系数之间的关系，并为后面学习辅助角公式做铺垫．

在探究辅助角公式的过程中，设计微探究题目（例 1）：$y = \dfrac{1}{2}\sin x + \dfrac{\sqrt{3}}{2}\cos x$，引导学生多角度、多方法解决问题，同时鼓励学生利用数学软件提供解题思路，并预留出充分的时间给学生思考．此题需要结合两角和与差的正弦公式的逆用，对于学生来说具有较强的挑战性，同时有较大的探索空间，教师可以借助画图软件引导学生思考如何将两个正弦函数的和变为一个正弦函数的表达式，尝试探索问题的解决方案，从而凸显数学思维的价值．

3. 体现数学思想，突出过程

微课题需要呈现整个"具体而微"的研究过程，既要经历数学探究的全过程，又要体现研究问题的一般过程．

本节的设计分为四部分，从直接逆用两角和的正弦公式，同时辅助角为特殊角的情况到需要提取特殊角的相关系数；从辅助角为特殊角的情况，再到需要构造并提取相关系数；从辅助角不是特殊角的情况，到最后总结出一般的辅助角公式。整个设计展现了研究问题的一般过程，渗透了研究问题的一般方法，从简单或特殊的情形入手，并将从简单或特殊的情形中获得的结论或方法迁移到较复杂的情形中，不断利用化归的思想，应用已知的理论、方法和技巧来解决问题。

例1中 $y = \dfrac{1}{2}\sin x + \dfrac{\sqrt{3}}{2}\cos x$ 可以转化为两角和的正弦的逆用，例2中 $y = \sin x + \sqrt{3}\cos x$ 可转化为 $y = 2\left(\dfrac{1}{2}\sin x + \dfrac{\sqrt{3}}{2}\cos x\right)$，$y = \sin x + \cos x$ 可转化为 $y = \sqrt{2}\left(\dfrac{\sqrt{2}}{2}\sin x + \dfrac{\sqrt{2}}{2}\cos x\right)$，解题的过程就是不断转化的过程，不断把问题由陌生的转化为熟悉的来解决，利用化归的思想几乎解决了本节的所有问题。

4. 做好预设，把握知识的生成

微探究课题要小而具体，设计易操作的模块，贴近学生思维的"最近发展区"，从而进行有效探究。教学是一个动态的、充满变数的师生共同学习的过程，课前再充分的预设也不可能穷尽课堂上生成的一切内容和学生提出的学习困惑。

本节中微课题探究 $y = \dfrac{1}{2}\sin x + \dfrac{\sqrt{3}}{2}\cos x$ 的函数图像时，教师预设了三类学生答案，包括借助数学软件直接得到图像，通过两角差余弦以及两角和正弦公式的逆用，得到一个正弦型函数，再通过平移得到函数图像。但在课堂上，学生提出了第四种解题方法，即在一个坐标轴上画出两个函数图像，通过描点法得到两个函数叠加的图像，这种想法的提出是根据三角函数图像的一般方法，教师首先要对学生的思考给予鼓励，可以让学生继续尝试一下，这个方法虽然在理论上成立，但是实际中我们无法通过五点法得到最终的函数图像。当学生提出的答案与教师预设的答案不一致时，教师需要能够随机应变，快速地处理好预设与生成的关系，同时适当调整探究问题，使得数学探究能够比较自然、合乎情理，而且符合学生求知的需求。

总之，微课题通过学生的自主探究，不仅能够让学生在理解知识的基础上，快速掌握知识并应用到解题过程中，同时还能让学生领悟到知识的本质。在探究过程中，涌现出多种解决方案，学生的思维过程被外化，从而开阔了视野和思路，学生产生了更加多元化的思考，可以更好地借助线上资源提高学习效率。

§5.3

案例 相关变化率

一、教学背景分析

教学内容分析：相关变化率是微分学中的一个知识点，是 AP 微积分的一个必考考点，由于在常规授课中占用课时较少，学生不能很好地理解相关变化率的定义，从而对求解方法感到困惑．本节从实际问题出发，重点讲解求解相关变化率的方法及实际应用．

学情分析：学生已经学习了复合函数求导和隐函数求导，了解了变化率的定义，相关变化率的求解需要借助复合函数求导和隐函数求导的思想．

教学重难点：相关变化率的定义以及相关变化率的求解方法．探究已知变量和未知变量之间的关系，建立数学模型，并通过复合函数求导和隐函数求导得到变化率之间的关系．

二、教学目标设置

1. 理解相关变化率问题的含义，并掌握求解相关变化率问题的方法．
2. 通过探究式学习，培养学生创设情境、分析问题、解决问题的能力．
3. 了解相关变化率在实际生活中的应用，理论联系实际，学以致用．

三、教学方法使用

教学方法：教师引导和学生探究相结合．

四、教学过程设计

第一阶段：创设情境，引出问题

图 5-3-1

> 问题 1：给气球以 5 cm³/min 的速度充气（实物展示，如图 5-3-1），求当气球的直径为 20 cm 时，气球半径的变化率？

第二阶段：分析问题，确定目标

通过这个环节，学生在观察气球充气的过程中，可以发现气球的哪些量随着充气的时间变化而变化？哪些是已知变量？哪些是未知变量？然后学生就可以明确目标，明确努力的方向.

> 问题 2：从问题 1 中你能得到什么信息？问题 1 的目标是什么？你能想到哪些与问题 1 相关的数学知识？

学生经过思考、交流，确定已知量：气球的体积关于时间的变化率 $\dfrac{\mathrm{d}V}{\mathrm{d}t}=5$ cm³/min，同时明确目标是求气球半径为 10 cm 时半径关于时间的增长变化率，即 $\dfrac{\mathrm{d}r}{\mathrm{d}t}$.

第三阶段：探究关系，解决问题

基于前面分析的已知变量，教师引导学生合作探究气球半径关于时间的变化率，希望以此培养学生用数学的思维分析问题，将已知变量和未知变量建立关系，提升分析问题与解决问题的能力.

学生在探究过程中，很容易建立气球体积和半径的关系 $V=\dfrac{4}{3}\pi r^3$；但是多数同学对于如何解决问题似乎束手无策，无法继续下去，教师可以在此时启发学生再回顾一下前期工作，已知条件中有体积关于时间的变化率 $\dfrac{\mathrm{d}V}{\mathrm{d}t}$，我们的目标是求半径关于时间的变化率 $\dfrac{\mathrm{d}r}{\mathrm{d}t}$，现在已有体积 V 和半径 r 的关系，学生可据此思考下一步的做法.

经过教师的启发，学生之间进行交流、研讨，发现：

对体积与半径的等式两边关于时间 t 求导 $\dfrac{\mathrm{d}V}{\mathrm{d}t}=4\pi r^2\dfrac{\mathrm{d}r}{\mathrm{d}t}$.

在这个等式中，$\dfrac{\mathrm{d}V}{\mathrm{d}t}=5,r=10$，代入即可求出未知量 $\dfrac{\mathrm{d}r}{\mathrm{d}t}=\dfrac{1}{80\pi}$ cm/min.

在以上探究的过程中，也有学生走了弯路，在得到体积和半径的关系 $V=\dfrac{4}{3}\pi r^3$ 后直接将 $r=10$ 代入关系表达式，求导的时候发现体积关于时间的变化率为 0，这与已知条件是冲突的. 经过与其他同学交流发现，因为体积和半径是随着时间变化的，应该先通过表达式得到变化率之间的关系，即先求导再代入.

整个活动中学生从吹气球这个简单熟悉的情境出发，建立模型，不断尝试，从错误中得到启发. 实际上，直接测量气球体积对时间的变化率要比测量半径对时间的变化率容易，所以知道某一给定时刻气球体积关于时间的变化率，就能得到同一时刻半径关于时间的变化率，由于体积和半径随着时间的变化都是增长的，所以都是正值.

第四阶段：归纳总结，得出结论

相关变化率的定义：设 $x=x(t), y=y(t)$ 是两个关于 t 可导的函数，且两个变量 x 和 y 之间存在某种关系，从而两个变化率 $\dfrac{\mathrm{d}x}{\mathrm{d}t}$ 和 $\dfrac{\mathrm{d}y}{\mathrm{d}t}$ 之间也存在某种关系，我们把这种相互依赖的变化率之间的关系称为相关变化率.

求解相关变化率的步骤：
（1）分析已知变量和未知变量；
（2）通过情境给出已知变量和未知变量的关系表达式，即建立数学模型；
（3）在等式两边，用链式法则和隐函数求导，同时关于时间 t 求导；
（4）代入已知变量求未知变化率.

第五阶段：巩固练习

> 问题3：圆锥体水槽漏水问题. 一个圆锥体水槽，水以 $2\,\mathrm{m^3/h}$ 的速度流出，水槽顶面圆半径为 $5\,\mathrm{m}$，水槽高为 $15\,\mathrm{m}$，当水深为 $6\,\mathrm{m}$ 时，求水面半径的变化率.

设计意图：学以致用，对所学知识的进一步应用，巩固相关变化率的求法.

由于有了前面的分析和探究，学生比较深刻地理解了如何求解相关变化率的问题，再次实践学生不会感到太难. 但是问题3与之前的不同点在于问题3涉及三个变量，对于平面几何生疏的学生来说也是一个挑战.

教师给学生充足的时间交流探究，学生利用相似三角形找到 h 与 t 的关系，利用这个关系消元，就与问题1相同了.

（1）随着时间变化，$V(t), r(t), h(t)$ 都是变化的，
$$V=\frac{1}{3}\pi r^2 h;$$

（2）通过圆锥体积建立三者关系（如图5-3-2）
$$\frac{h}{15}=\frac{r}{5}\Rightarrow h=3r,$$

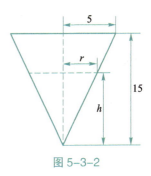

图 5-3-2

代入之后得到 $V=\pi r^3$；

（3）对以上关系等式两边关于时间 t 求导 $\dfrac{\mathrm{d}V}{\mathrm{d}t}=3\pi r^2\dfrac{\mathrm{d}r}{\mathrm{d}t}$；

（4）由 $h=6$ 得 $r=2$，$\dfrac{\mathrm{d}V}{\mathrm{d}t}=-2$ 代入上式求未知变化率 $\dfrac{\mathrm{d}r}{\mathrm{d}t}=\dfrac{-1}{6\pi}$.

从简单的两个相关变量问题过渡到较复杂的三个相关变量问题，通过熟悉的圆锥体积表达式建立三个变量之间的关系，学生在直接用复合函数和隐函数求导时发现涉及三个变化率，而已知条件只有一个变化率. 在不断的讨论中，学生画图发现在漏水的过程中水面半径的变化和水的高度的变化是成一定比例关系的，于是基于三角形相似关系，先建立了半径和高度的关系，用一个变量表示另一个变量，通过消元将三个变量的关系转化为已知的体积和未知的半径两个变量之间的关系，然后再类比之前求解相关变化率的方法解决问题，学生进一步加强了对相关变化率问题的认识，提高了分析解决问题的能力.

第六阶段：问题拓展

问题 4：梯子移动问题. 长为 10 ft（英尺，1ft=30.48cm）的梯子斜靠在墙上，当梯子下端初始距离墙角 9 ft，并以 $\dfrac{1}{4}$ ft/s 的速度滑动靠近墙角时，求 12 s 时梯子上端移动的速度.

问题拓展：梯子在移动的过程中梯子的上端和下端同时移动，梯子下端移动的速度是 $\dfrac{1}{4}$ ft/s，那么梯子上端移动的速度与下端移动的速度相等吗？

学生继续探究解决问题：

（1）梯子上端和下端的滑动距离都是随着时间变化的，下端距离在减小，上端与地面距离在增加.

（2）通过勾股定理得到梯子长度与梯子上端和下端的滑动距离的关系 $x^2+y^2=100$，即建立数学模型.

（3）应用隐函数求导，对以上关系等式两边关于时间 t 求导，得

$$2x\dfrac{\mathrm{d}x}{\mathrm{d}t}+2y\dfrac{\mathrm{d}y}{\mathrm{d}t}=0,$$

$$\dfrac{\mathrm{d}x}{\mathrm{d}t}=-\dfrac{1}{4},$$

如图 5-3-3，有

$$x(12)=9-12\times\dfrac{1}{4}=6,$$

$$y(12)=\sqrt{100-36}=8.$$

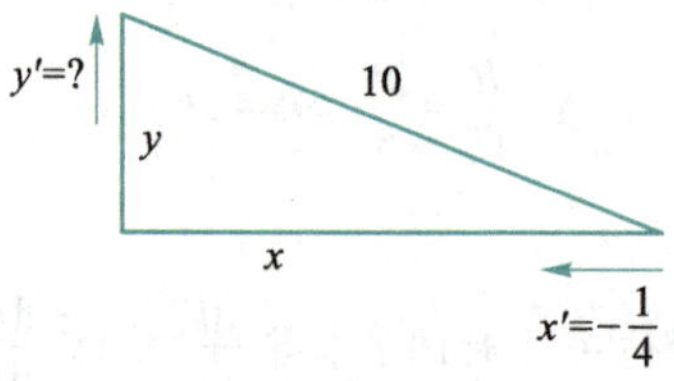

图 5-3-3

（4）代入已知量求未知变化率 $\dfrac{dy}{dt}=\dfrac{3}{16}$ ft/s．

虽然是同时移动的物体，但是上端和下端的移动速率是不一样的．我们把上端和下端看作两个质点，分别研究两者的移动距离，建立距离之间的关系，再通过构建模型，应用相关变化率的知识解决问题，发现我们的感觉是不对的．最终得出结论：梯子在移动的过程中梯子上端和下端同时移动，梯子下端移动的速率和上端移动的速率是不一样的．

五、作业设计

为了进一步加深学生对相关变化率概念的理解，巩固求解相关变化率问题的步骤，作业中设计以圆的面积、勾股定理、圆锥体体积、三角函数正切值建立已知变量和未知变量关系模型的实际应用问题，同时使得学生认识到生活中普遍存在着相关变化率问题，拓宽学生知识面，帮助学生理论联系实际，学以致用．

1. 面积问题

一颗鹅卵石掉进一个平静的池塘，以同心圆的形式引起涟漪（如图5-3-4），当半径为40 cm时，波纹的半径以10 cm/s的恒定速度增加，求出波动水面面积的变化率．

图5-3-4

2. 移动的梯子

一个10 m长的梯子靠在垂直的墙上（如图5-3-5），如果梯子的下端以10 m/s的速度水平远离墙角滑动，求当梯子的下端离墙壁6 m时，梯子的上端的滑动速度？

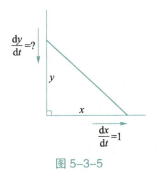

图5-3-5

3. 水箱问题

一个水箱呈倒圆锥形，圆锥的高度为 10 m，底座的直径为 8 m，如图 5-3-6 所示，水以 2m³/min 的速度流入水箱，当水深为 5 m 时，求水位上升的速度是多少？

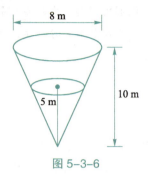

图 5-3-6

4. 仰角问题

如图 5-3-7，在离热气球水平距离为 200 m 的地面上，一架照相机记录热气球以 10m/s 的恒定速度上升到天空．求当热气球上升到 150 m 时，照相机仰角的变化速度．

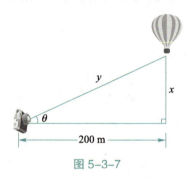

图 5-3-7

六、教学特点与反思总结

1. 从实际问题出发，建立数学模型

数学教学不仅要传授数学知识，还要努力培养学生应用数学的能力，提高学生对数学的学习兴趣．相关变化率这一节，从实际问题出发，借助数学方法求解实际应用问题，主要运用了复合函数求导方法，根据已知变量的变化率求未知变量的变化率，关键是建立已知变量和未知变量的关系，即建立数学模型，这是求解相关变化率问题的关键．从实际模型出发，激发学生学习兴趣，使得学生的学习由被动变主动，教师逐步引导学生发现问题、分析问题，最终解决问题，整个过程学生对实际问题的理解实现了从直观感觉到思维逻辑的飞跃，实现了教学目标．

2. 教师提出问题，学生主动探究，追溯知识起源

本节以问题为驱动，激发学生思考，不是直接告诉学生是什么、为什么、怎么做，而是通过教师设置的问题让学生们试着跳一跳，让学生明确我们知道什么，我们要得到什么，如何在已知和未知之间建立桥梁，通过自己的思考得到答案.

对学生而言相关变化率是一个新的概念，比较陌生. 首先教师通过一个吹气球的例子创设情境，启发学生思考如何将实际问题与数学建立联系，以及如何通过已知条件求解未知问题，引导学生归纳总结相关变化率的概念和求解相关变化率的步骤. 第二个漏斗漏水问题，是吹气球问题的变形，变化的量增多，问题的难度增加，学生通过这个例子进一步理解和巩固定义. 这两个问题体现的都是三维空间中线与体积的相关变化率，借助的都是学生熟悉的数学模型，更容易激发学生主动探究的意愿. 第三个梯子问题，也是以提问的方式激发学生思考"同时运动的两个质点是否有相同的变化率"，然后再验证. 这个问题涉及了一维空间中线与线的变化率和二维空间中线与面的变化率，难度进一步提高，又将学生的思维提高了一个台阶.

§5.4
案例 黎曼和与定积分

一、教学背景分析

教学内容分析： 在初等数学中，学生已经会求一些图形的面积. 如果该图形的所有边都是线段，那么原则上可以把这样的图形切割成三角形，然后把所有三角形的面积加起来. 对于含有曲线边的图形，只有该曲线为圆的一部分时才能处理. 那么，如果这个图形中含有其他类型的曲线边，例如二次曲线或圆锥曲线，我们应怎样来求面积呢？

在数学之外的领域，这种求面积的问题也同样非常重要. 例如，在物理学中有一个定律叫做开普勒第二定律，即行星和太阳的连线在相同时间内扫过的面积相等. 这个定律在牛顿发现万有引力定律的过程中产生过至关重要的影响. 开普勒第一定律告诉我们，行星运动的轨道都是椭圆，所以在证明开普勒第二定律时，就有必要求出椭圆边图形的面积. 除此之外，物理学中常常要求变力做的功，虽然这不是求面积，但后来发现，它们的计算方法在本质上是一样的. 这样的例子在物理学中还有很多.

因此，找到一个通用的方法，让我们能够计算出任意图形的面积，对数学和其他学科都具有极其重要的意义.

现在我们知道，这个方法就是牛顿和莱布尼茨发明的定积分. 但在牛顿和莱布

尼茨的时代，定积分的数学基础并不清楚，概念比较模糊，学生如果完全按照历史顺序来学习就容易产生争议和困惑．黎曼通过黎曼和的极限给出定积分的精确定义，扫清了那些模糊的地方．因此，为了使得概念清晰无争议，让学生感受到数学的严格性，我们直接从黎曼和入手来引入定积分．

学情分析：本节之前学生已经通过几个简单的例子了解到了无限分割求和的思想，但是并没有进行过具体的计算．

教学重难点：黎曼和与定积分的定义，黎曼和与定积分的关系，通过黎曼和的极限计算定积分．

二、教学目标设置

1．理解定积分的概念及其几何意义，掌握"分割—近似求和—取极限"的思想，会利用定义求解简单的定积分问题．

2．通过计算机软件辅助分析，让学生直观感受无限分割逼近的过程．

3．体会猜想—验证—证明及从特殊到一般的数学研究过程．

三、教学方法使用

教学方法：探究法．

四、教学过程设计

第一阶段：提出问题

问题1：尽可能准确地估算出由 $f(x)=x^2, x=0, x=1$ 以及横轴围成的区域的面积．

设计意图：学生已经了解到了自阿基米德时代就开始使用的对图形进行分割求和来估算面积的方法．因此，我们从这个牛顿使用过的经典例子出发，检验学生对分割求和思想的把握程度．

活动过程：每四个学生组成一个小组，用不同的分割方法进行上、下限的估算．不同的小组分别采用了外接矩形、内接矩形和梯形分割的方法进行估算．采用同一分割方法的组选择了不同数量的分割．

活动结果：以下选择了两个采用不同数量的内接和外接矩形分割方法的小组的实验结果作为例子（图5-4-1）．

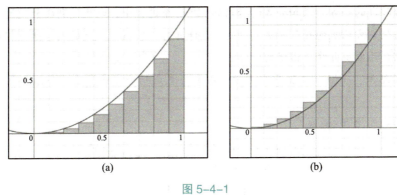

图 5-4-1

将区间 [0, 1] 十等分，构造成图 5-4-1（a）的十个内接小矩形，这十个小矩形的面积之和为

$S_{10}=0.1\times0+0.1\times0.1^2+0.1\times0.2^2+0.1\times0.3^2+0.1\times0.4^2+0.1\times0.5^2+0.1\times0.6^2+0.1\times0.7^2+0.1\times0.8^2+0.1\times0.9^2$

$=0.1\times(0.1^2+0.2^2+0.3^2+0.4^2+0.5^2+0.6^2+0.7^2+0.8^2+0.9^2)$

$=0.1\times\dfrac{1}{100}\left(1^2+2^2+3^2+4^2+5^2+6^2+7^2+8^2+9^2\right)$

$=\dfrac{1}{1000}\times\dfrac{9\times(9+1)\times(2\times9+1)}{6}$

$=0.285.$

按照图 5-4-1（b）构造外接矩形的学生算出 $S_{10}=0.385$.

也有小组选择分割成梯形来进行计算，估算结果会更准确，但是计算量也会比较大.

通过以上过程，学生还练习了求和公式的使用，这个公式在接下来求黎曼和的过程中会有重要的应用.

第二阶段：深入探究

> **问题 2**：用 n 个内接矩形和外接矩形来估算 $f(x)=x^2$, $x=0$, $x=1$ 以及横轴围成的区域的面积.

设计意图：在问题 1 中，学生通过选择确定个数的矩形来估算面积，并且意识到了选择的矩形数量越多，估算就会越准确. 那么，依照"从具体到一般"的思路，对于任意数量的矩形，面积的上、下限和这个数量有什么关系呢？这是最终锁定该图形面积的重要一步.

活动过程：学生分别将该区域用 n 个内接矩形和外接矩形进行分割，确定每个矩形的底边长和高，写出任意一个矩形的面积，然后将 n 个矩形的面积相加，最后用之前学习过的平方数求和公式进行求和. 在这个过程中, 学生遇到的最大的问题就是对不同分割方法里的矩形的高的确定. 在计算时, 答案不一致的同学通过相互讨论基本可以自己发现并修正错误的计算.

活动结果: 多数学生利用平方数的求和公式成功地求出了上、下限和矩形数量的关系.

内接矩形之和:

$$S_n = \frac{1}{n} \times \left(\frac{1}{n}\right)^2 + \frac{1}{n} \times \left(\frac{2}{n}\right)^2 + \cdots + \frac{1}{n} \times \left(\frac{n-1}{n}\right)^2$$

$$= \frac{1}{n^3} \times \frac{(n-1)n[2(n-1)+1]}{6}$$

$$= \frac{(n-1)(2n-1)}{6n^2}.$$

同样可以求出外接矩形之和:

$$S_n = \frac{(n+1)(2n+1)}{6n^2}.$$

问题 3: 该图形的精确面积是多少?

活动过程: 对问题 2 的结果, 学生令 n 趋于无穷大, 然后利用之前已经熟练掌握的求分式极限的方法, 非常轻松地求出了上、下限的极限.

活动结果: 所有学生都能求出上、下限的极限,

$$\lim_{n \to \infty} \frac{(n-1)(2n-1)}{6n^2} = \frac{1}{3}, \quad \lim_{n \to \infty} \frac{(n+1)(2n+1)}{6n^2} = \frac{1}{3}.$$

我们发现两者相同, 都是 $\frac{1}{3}$, 于是得出结论: 该图形的精确面积就是 $\frac{1}{3}$.

问题深入: 这是巧合吗? 如果我们选择了其他分割方式, 有可能得到极限不一样的上、下限吗?

问题 4: 采用其他分割方式 (例如梯形分割), 求出极限.

活动过程: 学生将该图形分割成梯形, 进行和之前矩形分割类似的求和运算, 由于计算难度更大, 学生的计算时间更长, 正确率变低.

活动结果: 经过计算, 学生发现极限和之前相同, 还是 $\frac{1}{3}$.

第三阶段: 提出猜想

由以上的探究结果, 我们得出猜想: 无论采取什么样的分割方式, 最后得到的上、下限极限都相同. 但是由于这个证明难度很大, 超出了学生能够理解的范围, 所

以我们略去证明，而是通过进一步的例子让大家强化这个认识．至此，我们就可以给出黎曼和与定积分的正式定义．

黎曼和：f 是定义在闭区间 $[a, b]$ 上的一个函数，Δ 是 $[a, b]$ 的一个分割：

$$a = x_0 < x_1 < \cdots < x_{n-1} < x_n = b,$$

Δx_i 是第 i 个子区间 $[x_{i-1}, x_i]$ 的长度，c_i 是第 i 个子区间上任意一点，那么该分割对应的黎曼和定义为

$$\sum_{i=1}^{n} f(c_i) \Delta x_i .$$

定积分：f 是定义在闭区间 $[a, b]$ 上的一个函数，如果对于任意的分割，当最大子区间的长度趋于零时，黎曼和的极限都存在，则该极限叫做 f 在区间 $[a, b]$ 上的定积分，记做

$$\int_a^b f(x)\mathrm{d}x .$$

> **问题 5**：对于所有的函数，定积分都一定存在吗？如果不是，请给出例子．

设计意图：通过反例，让学生对不可积函数产生深刻印象．

学生给出了一些例子，例如反比例函数，可以发现，该函数只要积分区间包含了原点，定积分就不存在（如图 5-4-2）．

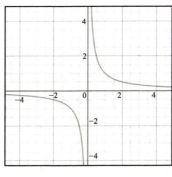

图 5-4-2

活动结果：学生通过给出的例子，可以认识到：并非所有的函数定积分都一定存在．定积分是否存在与函数的形式以及上、下限都有关系．

第四阶段：总结提升

教师：对于满足什么条件的函数，定积分一定存在？

设计意图：让学生通过讨论的方式发现函数可积的条件．

活动过程：学生分成不同的组进行讨论，通过软件画出各种函数的图像进行观察，最终得到了正确的结论：在闭区间上连续的函数一定可积．之后，有些学生

尝试理论证明，但是没有成功，因为这个定理的理论证明已经超出了学生的能力范围.

教师：结论的逆命题正确吗？

设计意图：理清可积性与连续性的正确关系.

活动结果：学生通过反例说明了逆命题不正确：以下分段函数可积但是并不连续，如图5-4-3.

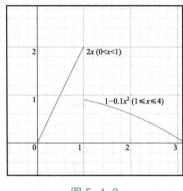

$2x\ (0<x<1)$

$1-0.1x^2\ (1\leqslant x\leqslant 4)$

图 5-4-3

五、教学特点与反思

1. 从问题出发，激发学生解决问题的欲望

在本节中，我们首先从求出曲边图形面积的必要性出发，让学生产生好奇心. 教师开始讲一些和问题相关的数学史，阿基米德、牛顿等著名数学家为寻求这个问题的答案所付出的努力和寻求解答的过程都能抓住学生的注意力，让学生有种跃跃欲试的感觉. 一旦学生进入这种想要自己尝试的状态，参与度就会很高，课堂效果会更好. 因此，将数学史融入课堂，让学生了解到数学问题的产生和解决过程，有助于学生接受新的数学概念，因为新的概念往往都是在解决实际问题的过程中诞生的，绝不是无中生有.

2. 探究式学习

在教学方法上，教师通过一个个由浅入深的问题，引导学生进行探究式学习：

（1）我们为什么要求曲边图形的面积？（物理领域的例子.）

（2）如何来求？（从特殊到一般.）

（3）成功求出一种图形的面积后能不能把这个方法推广和一般化，从而变成一种通用方法？（这个过程中，黎曼和与定积分的定义自然出现.）

（4）重新审视我们给出的定义.（定积分的存在是有条件的.）

经过以上一系列引导性的问题，学生通过讨论交流，非常自然地"重新发现"

了定积分这个人类文明最伟大的发现之一．这种探究式的学习方法，除了需要有正确的引导，和其他同学以及教师的讨论也是非常重要的一环．

§5.5
案例　麦克劳林展开式初探

一、教学背景分析

教学内容分析：

1. 单元主要内容

要求：掌握求导的基本方法，并会求高阶导数；掌握 e^x, $\sin x$, $\cos x$, $\ln(1+x)$ 以及其他简单函数的麦克劳林级数展开；掌握函数泰勒展开式的基本形式，并利用泰勒多项式求数值近似值．

2. 教材横向比较

级数这部分内容仅出现在国际课程中，我国高中课程中没有相应内容．在整个大学先修类国际课程中，级数占有非常重要的地位．在一致的框架下，不同的课程体系又各有侧重点：

（1）从教材编写角度：绝大多数国外的经典教材都是从直接解释展开式原理出发，即：在给定点附近，考虑该点处的各阶变化率（导数值相同），然后直接抽象计算，求出展开式的系数．难点在于：对高中学生来说，思维切入点过高，导数工具的介入会较生硬和难以理解；学生无法预知最后的结果，可能在计算的时候没有太多导向性．

（2）不是所有的函数都可以做泰勒展开，严格意义上来说需要讨论级数收敛性和收敛半径，甚至在 AP 微积分 BC 课程中需要掌握收敛判别定理和余项定理．但本节的设计是基于高中学生学习级数的第一节课，让学生感受和理解最核心的展开式思想是本节最重要的目的．

3. 教学内容的纵向发展

（1）本节是由数学最原始又最重要的功能——计算引发的研究．人工计算只能基于加减乘除这些基本的运算．学生经过小学和初中的学习已经有非常良好的计算基础，但是高中和大学阶段需要处理很多超越函数值的运算，所以需要用已知的计算思想去尝试解决未知的问题．二项式作为高中阶段非常重要的数学工具，在这里恰好扮演了从初等数学思维过渡到高等数学思维的桥梁的角色；二项系数的双重身份则可以很好地作为学生思维的切入点．

（2）从有限到无限，是学生思维的一个飞跃．因此设计课程的时候，教师从学生实际思维能力出发，关注实操，没有急于直接抛出抽象的结论，而是利用有限项多项式展开，然后随着项数的增加感受逼近，让学生能从图形和数值上体验并理解从有限变化到无限的过程．

（3）本节摒弃了从变化率相同出发，求出未知展开式的大学式讲法，而是沿着学生高中阶段能理解和着重培养学生科学研究能力的一般思路和方法，即观察、猜想、实验、证明、应用，在突出微积分教学的核心思想基础上，简化了思维难度；启发学生思维形成，不光局限在知识教学，还包括对人的品质的培养，这对学生整个认知能力的发展都是有长远意义的．

学情分析：

1. 学生已有知识与技能

基础知识层面：二项式的展开式；等比级数；基本函数的导数；基本求导法则．

技术层面：学生已经比较熟悉 Desmos 绘图软件和 TI 图形计算器的使用．

2. 学生已有的生活经验和学习经验

近似计算的必要性和方法；观察现象，通过已知进行类比和猜想．

3. 学生学习该内容可能的困难

导数基础薄弱，计算容易出错；学生求导都喜欢关心最后的结果，而并不关注过程中的规律．（基于这些认识，教师可以在课前把课上需要用到的各种函数的求导布置成作业，让学生熟悉求导的基本方法，发现其中的规律；学生可以在老师的引导下注重求导过程，挖掘数学的简洁的结果里蕴藏的思维．）

4. 学生学习的兴趣和学习习惯

这个阶段的学生的计算和想象能力相对较弱，直观的图形所传递出的信息对他们的吸引力更大，也更有效．数学上的变化率比较抽象，但是一旦赋予其实际背景，比如物理的速度、加速度等，都会很有效地帮助学生理解．（因此在本节的设计中教师用学生赛跑的视频来引起学生的共鸣．）

教学重难点：

1. 通过科学研究的基本方法：观察、猜想、实验、证明得出麦克劳林展开式；

2. 麦克劳林展开的证明基本思想：函数和对应展开式的各阶导数值在原点都相等．

二、教学目标设置

1. 掌握麦克劳林展开式的基本形式，并初步掌握 $\frac{1}{1-x}, e^x, \sin x, \cos x$ 的麦克劳林展开式．

2. 借助二项式定理，发现 $(1+x)^n$ 的展开系数的导数意义，由此进一步探究发现麦克劳林展开式的一般形式；从核心概念导数出发，使学生体会和感知观察、猜想和证明的数学思维方法．

3．通过麦克劳林展开式的研究，学生感悟类比的思维方法，体验发现新知的快乐，感受数学的美和实用性．

三、教学方法使用

教学方法：探究法．

四、教学过程设计

第一阶段：复习巩固，引出问题

1．课前准备

在课前教师布置作业，让学生完成如表 5-5-1 函数的求导．

表 5-5-1　基本函数的导数值

$f(x)$	$f(0)$	$f'(0)$	$f''(0)$	$f^{(3)}(0)$	$f^{(4)}(0)$	$f^{(5)}(0)$	$f^{(6)}(0)$	$f^{(7)}(0)$	$f^{(8)}(0)$	$f^{(9)}(0)$	$f^{(10)}(0)$	$\cdots$
$(1+x)^5$	1	5	5×4	$5\times4\times3$	$5\times4\times3\times2$	$5!$	0	0	0	0	0	$0, 0,$ $0, \cdots$
$\dfrac{1}{1-x}$	1	1	$2!$	$3!$	$4!$	$5!$	$6!$	$7!$	$8!$	$9!$	$10!$	$11!, 12!,$ $13!, \cdots$
e^x	1	1	1	1	1	1	1	1	1	1	1	$1, 1, \cdots$
$\sin x$	0	1	0	-1	0	1	0	-1	0	1	0	$-1, 0,$ $1, \cdots$
$\cos x$	1	0	-1	0	1	0	-1	0	1	0	-1	$1, 0,$ $-1, \cdots$

设计意图：从微积分最核心的方法出发，既复习了基本函数的导数，又自然启发学生观察新规律，同时为接下来的计算做准备．

2．课堂引入

在现实生活中，有很多计算并不需要绝对精确值，只需达到一定的精度即可．

问题 1：计算 $(1.03)^5$（精确到 0.01）．

解 $(1.03)^5 = (1+0.03)^5 = 1 + C_5^1 0.03 + C_5^2 (0.03)^2 + C_5^3 (0.03)^3 + \cdots$

$\qquad = 1 + 5 \times 0.03 + \dfrac{5 \times 4}{2!}(0.03)^2 + \dfrac{5 \times 4 \times 3}{3!}(0.03)^3 + \cdots$

$\qquad = 1 + 5 \times 0.03 + 10 \times 0.0009 + 10 \times 0.000027 + \cdots$ （由于后面的项太小，所以

$\qquad = 1 + 0.15 + 0.009 + \cdots$　　　　　　　　　　　就不再计算了）

$\qquad \approx 1.16.$

> **问题 2：计算 $e^{1.03}$（精确到 0.01）.**

教师：受到问题 1 的启发，我们能不能找到一个近似的计算式？最好是类似问题 1 的多项式.

设计意图：让学生类比二项展开式进行近似计算. 通过看似简单的问题，启发学生思考用多项式近似超越函数的必要性.

第二阶段：问题初探，大胆猜想

1. 教师引导

教师：接下来我们先来研究一下二项式，先做展开，得到

$$(1+x)^5 = \boxed{1} + \boxed{5}x + \frac{5 \times 4}{2!}x^2 + \frac{5 \times 4 \times 3}{3!}x^3 + \frac{5 \times 4 \times 3 \times 2}{4!}x^4 + \frac{5!}{5!}x^5.$$

虽然这些系数是大家熟知的组合系数，但是我们不能一直停留在这个认识. 对照表 5-5-1 后，可以重新认识一下这个展开式. 我们发现，系数的分子部分都是函数在 $x = 0$ 处的导数值，即 x^n 前的系数是各阶导数值除以 $n!$（$n = 0, 1, 2, \cdots$），

$$(1+x)^5 = f(0) + \frac{f'(0)}{1!}x + \frac{f''(0)}{2!}x^2 + \frac{f^{(3)}(0)}{3!}x^3 + \frac{f^{(4)}(0)}{4!}x^4 + \frac{f^{(5)}(0)}{5!}x^5.$$

从二次展开式的书写，自然创设等比级数的情景，过渡到无穷展开式的讨论，整个过程需要教师细致引导学生.

2. 学生活动

（1）无限展开

教师：其他函数是否也能用 x^n 的组合表达，即

$$\frac{1-x^6}{1-x} = 1 + x + x^2 + x^3 + x^4 + x^5.$$

这是大家熟悉的等比数列求和，然后扩展到无穷项求和：

$$\frac{1}{1-x} = 1 + x + x^2 + x^3 + x^4 + x^5 + x^6 + x^7 + \cdots, |x| < 1.$$

对照表 5-5-1，检验一下 x^n 前面的系数是不是 $\dfrac{f^{(n)}(0)}{n!}$，从而发现系数意义的一致性：

$$\frac{1}{1-x} = 1 + \frac{1!}{1}x + \frac{2!}{2!}x^2 + \frac{3!}{3!}x^3 + \frac{4!}{4!}x^4 + \frac{5!}{5!}x^5 + \cdots,$$

$$\frac{1}{1-x} = f(0) + \frac{f'(0)}{1!}x + \frac{f''(0)}{2!}x^2 + \frac{f^{(3)}(0)}{3!}x^3 + \frac{f^{(4)}(0)}{4!}x^4 + \frac{f^{(5)}(0)}{5!}x^5 + \frac{f^{(6)}(0)}{6!}x^6 +$$

$$\frac{f^{(7)}(0)}{7!}x^7 + \cdots.$$

（2）无限和有限的统一性

$\dfrac{1}{1-x}$ 可以进行无穷次求导，在 $x=0$ 处的各阶导数是 $n!$，所以这个展开式是无穷的；

$(1+x)^5$ 也可以进行无穷次求导，只是超过 5 次求导的值就为 0 了，所以其实 $(1+x)^5$ 也可以补充完整：

$$(1+x)^5 = f(0) + \frac{f'(0)}{1!}x + \frac{f''(0)}{2!}x^2 + \frac{f^{(3)}(0)}{3!}x^3 + \frac{f^{(4)}(0)}{4!}x^4 + \frac{f^{(5)}(0)}{5!}x^5 + \frac{f^{(6)}(0)}{6!}x^6 +$$

$$\frac{f^{(7)}(0)}{7!}x^7 + \cdots.$$

（3）大胆猜测

进一步产生联想，其他函数是否也能写成这样的展开式：

$$f(x) = f(0) + \frac{f'(0)}{1!}x + \frac{f''(0)}{2!}x^2 + \frac{f^{(3)}(0)}{3!}x^3 + \cdots + \frac{f^{(n)}(0)}{n!}x^n + \cdots,$$

$$e^x = 1 + \frac{1}{1!}x + \frac{1}{2!}x^2 + \frac{1}{3!}x^3 + \frac{1}{4!}x^4 + \frac{1}{5!}x^5 + \frac{1}{6!}x^6 + \cdots,$$

$$\sin x = 0 + \frac{1}{1!}x + \frac{0}{2!}x^2 + \frac{-1}{3!}x^3 + \frac{0}{4!}x^4 + \frac{1}{5!}x^5 + \frac{0}{6!}x^6 + \cdots,$$

$$\cos x = 1 + \frac{0}{1!}x + \frac{-1}{2!}x^2 + \frac{0}{3!}x^3 + \frac{1}{4!}x^4 + \frac{0}{5!}x^5 + \frac{-1}{6!}x^6 + \cdots.$$

第三阶段：深入研究

学生活动：

1. 图形实验

教师指导学生用 Desmos 的泰勒工具包．

（1）工具包中有现成的 $\sin x$ 的展开式，然后让学生体验展开项越多，越接近原函数的过程（如图 5-5-1）；

（2）需要观察并分析求和式的特征；

（3）学生分组，通过将函数改写为多项式求和的形式，得到 $e^x, \cos x$ 和 $\dfrac{1}{1-x}$ 的级数表达（如图 5-5-2），然后通过拖动软件中的滑块观察变化．

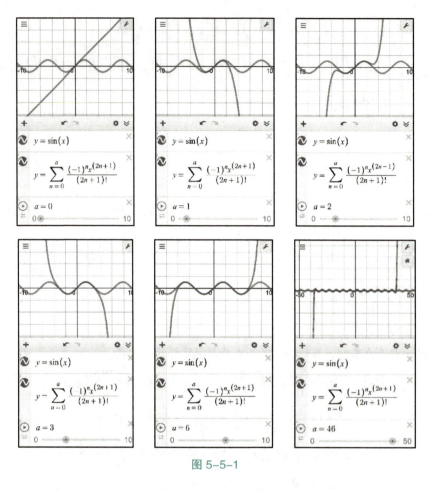

图 5-5-1

由 $\sin x = x - \dfrac{1}{3!}x^3 + \dfrac{1}{5!}x^5 - \dfrac{1}{7!}x^7 + \cdots$，得到 $\sin x = \displaystyle\sum_{n=0}^{a} \dfrac{(-1)^n x^{2n+1}}{(2n+1)!}$．

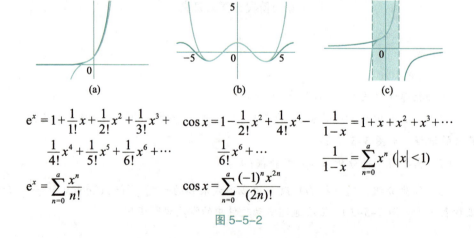

$$e^x = 1 + \dfrac{1}{1!}x + \dfrac{1}{2!}x^2 + \dfrac{1}{3!}x^3 +$$
$$\dfrac{1}{4!}x^4 + \dfrac{1}{5!}x^5 + \dfrac{1}{6!}x^6 + \cdots$$
$$e^x = \sum_{n=0}^{a} \dfrac{x^n}{n!}$$

$$\cos x = 1 - \dfrac{1}{2!}x^2 + \dfrac{1}{4!}x^4 -$$
$$\dfrac{1}{6!}x^6 + \cdots$$
$$\cos x = \sum_{n=0}^{a} \dfrac{(-1)^n x^{2n}}{(2n)!}$$

$$\dfrac{1}{1-x} = 1 + x + x^2 + x^3 + \cdots$$
$$\dfrac{1}{1-x} = \sum_{n=0}^{a} x^n \ (|x|<1)$$

图 5-5-2

学生在活动中需要抽象出级数的通项，教师则需指导方法：先写出展开式，观察通项，再写求和式．

在验证过程中学生需要观察现象：

（1）用有限次展开式去逼近无限的过程中，图形也呈现出越来越接近的状态．

（2）随着展开次数越高，展开式与原函数不仅在 $x = 0$ 处附近的近似状态越好，而且逼近效果也从原点慢慢扩散到了整体．

实验总结：$f(x) = f(0) + \dfrac{f'(0)}{1!}x + \dfrac{f''(0)}{2!}x^2 + \dfrac{f^{(3)}(0)}{3!}x^3 + \dfrac{f^{(4)}(0)}{4!}x^4 + \cdots$．

2. 数学证明

这个"等式"是正确的，我们应该怎么从数学的角度去证明和理解呢？

（1）如何求展开式系数：$f(x) = a_0 + a_1 x + a_2 x^2 + a_3 x^3 + a_4 x^4 + \cdots$．

由于学生已经在前面的猜想和实验中知道了结果的形式，所以学生会自然地想到用求导的方法去计算，从而求系数最大的难题就容易解决了，教师可以追问多项式 $P_n(x) = a_0 + a_1 x + a_2 x^2 + \cdots + a_n x^n$ 与 $f(x)$ 之间的关系．

（2）怎么理解用一点的各阶导数信息就能还原整个函数．

要想两个函数相同，最理想的状态肯定是每一点的值都一样，但那是不可能的．

就像两个人赛跑，在原点的函数值相同，即两人站在同一起跑线，要使得两人完全同步，需要满足速度相同，也就是那一点处的斜率相同，或者说是一阶导数相同，仅起点一样，出发速度一样，这样的近似就相当于一次展开式．要使得两个人的轨迹完全一样，有学生肯定会说：加速度一样．这就是二阶导数一样，然后继续发散，其实每一阶的变化率都要一样．这就是一个无限展开的过程了．

低阶的变化率可以保证出发点后短期的效果差不多，高阶的变化率保证了长时间的动力和后劲．（教师可以展示学生运动会短跑比赛的视频，帮助同学理解．）

3. 总结命名

麦克劳林展开（级数）：

$$f(x) = f(0) + \dfrac{f'(0)}{1!}x + \dfrac{f''(0)}{2!}x^2 + \dfrac{f^{(3)}(0)}{3!}x^3 + \dfrac{f^{(4)}(0)}{4!}x^4 + \cdots + \dfrac{f^{(n)}(0)}{n!}x^n + \cdots$$

（1）求 $x=0$ 的展开式的最基本思想就是在该点处展开式各阶导数值和函数的各阶导数值对应相等；

（2）这个展开式就仿佛是函数的 DNA，知道它，就把握了这个函数最本质的性质．

第四阶段：回到起点

回到最开始提出的问题，我们根据 e^x 的展开式，来近似计算 $\mathrm{e}^{1.03}$ 和 e^1：

$$\mathrm{e}^x = 1 + \dfrac{x}{1!} + \dfrac{x^2}{2!} + \dfrac{x^3}{3!} + \cdots + \dfrac{x^n}{n!} + \cdots$$

1. 手动计算

（1）$e^{1.03}=2.801\ 065\ 834\ 699\ 080\cdots$（计算器数值）.

$M_0=1$；

$M_1=1+1.03=2.03$；

$M_2=1+1.03+\dfrac{1}{2!}1.03^2=2.560\ 45$；

$M_3=1+1.03+\dfrac{1}{2!}1.03^2+\dfrac{1}{3!}1.03^3=2.742\ 571\ 166\ 67$；

$\cdots$

其中 M_n 代表 n 次麦克劳林展开式，$n=0,1,2,\cdots$.

（2）$e=2.718\ 281\ 828\cdots$. 大家熟知的值

$M_0=1$；

$M_1=1+1=2$；

$M_2=1+1+\dfrac{1}{2!}=2.5$；

$M_3=1+1+\dfrac{1}{2!}+\dfrac{1}{3!}=2.666\ 66\cdots$；

$M_4=1+1+\dfrac{1}{2!}+\dfrac{1}{3!}+\dfrac{1}{4!}=2.708\ 333\cdots$；

$\cdots$

2. 计算器辅助

（1）利用已有的 Desmos 软件的结果，只能单次看到计算的结果，不能记录每次的数值（如图 5-5-3）.

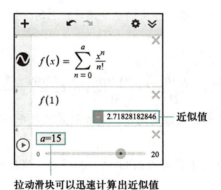

拉动滑块可以迅速计算出近似值

图 5-5-3

（2）TI 计算器的泰勒函数（附程序语言，如图 5-5-4）.

```
Define ttry( )=
    Prgm
        Request "degree=", n
    For i, 1, n
```

```
f(x): =taylor(e^x, x, i, 0)
    Disp approx(f(1))
EndFor
EndPrgm
```

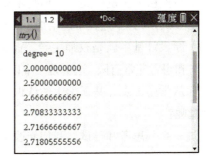

图 5-5-4

第五阶段：巩固练习（课堂评价）

练习：求 ln(1+x) 的麦克劳林展开式.

在课堂之初，讨论可能会遇到哪些超越函数值的时候，学生就提出了对数. 在课程设计之初其实是有这个函数的，但是因为 ln(1+x) 的展开式不是全局收敛的，在图形实验上可能会干扰学生的理解，所以就没有选它. 在完成主体教学之后，我们选择了以练习的形式处理这个问题，并且学生一开始提出的是 ln(x)，而后认识到了该函数不能在原点展开. ln(1+x) 后来是学生提出的，因为他们发现了它计算的简便.

有的学生在求一阶导数时就发现 $\left[\ln(1+x)\right]' = \dfrac{1}{1+x}$，可以利用已知级数积分求 ln(1+x) 的展开式：

$$\frac{1}{1-x} = 1 + x + x^2 + x^3 + \cdots;$$

$$\frac{1}{1+x} = \frac{1}{1-(-x)} = 1 - x + x^2 - x^3 + \cdots;$$

$$\ln(1+x) = \int \frac{1}{1+x}\,\mathrm{d}x = \int(1 - x + x^2 - x^3 + \cdots)\mathrm{d}x = x - \frac{1}{2}x^2 + \frac{1}{3}x^3 - \frac{1}{4}x^4 + \cdots.$$

五、教学特点与反思

1. 真正好的教学设计一定是经过反复思考和打磨而成的

最初的设计是特别"大学"的：提出的问题是如何用多项式去近似超越函数，引入了割圆法用多边形周长逼近圆的周长，类比联想有限到无限的过程. 试图启发学生从各阶变化率相同，抽象地推导展开式，然后再去应用．这种设计乍一看很好，但实则非常糟糕：

（1）学生肯定不会想到用求导的方法去求系数，这里的"启发"都是"伪启发"，是教师灌输的思想，而并非学生自发产生的．

（2）虽然引入了割圆类比，但是本质上来说，学生需要跳出微积分去思考，然后再回到微积分．这个过程不但增加了难度，并且偏离了微积分的核心．

（3）原设计基本就是教师主导、板演、推导，学生模仿．在整个过程中学生真正的参与和思考非常有限．这不是一个以学生为主导的课堂．

如何从学生出发，基于学生的认识水平和学术基础，创设一个有吸引力和趣味性的课堂呢？

经过一系列思考和尝试，我们修改了很多方案，回归导数，回归已知，于是找到了二项式．

最终我们决定先出结果，后证明．在砍掉了一般的泰勒展开式后，突出了最本质的麦克劳林级数，课堂思路更加清晰流畅．

新的设计变成了观察、猜测、探究和证明，把原本找不到方向的生硬推导，变成了已知结论的证明，通过使用求导的方法，求系数的思路也就自然产生了．在整个探究实验的过程中，深度参与证明的过程也是学生可以自己完成的．

2. 好的教学设计一定是基于学情，并在教学过程中随学生状态调整和推进的

（1）引导高中生探究一个大思维量的新课，非常不容易．针对高中生进行高等数学教学时，对课程内容的恰当筛选是非常重要的．

（2）本节对学生的高中基础知识要求比较高，所以从教学设计到教学过程我们进行了精心设计：

一开始二项式的选取，没有用抽象的 $(1+x)^n$，而是给了一个具体的指数，选择 5 次方也是考虑最大限度减少展开计算的难度．

我们的设计初衷是：本节的主要内容是超越函数的无穷展开，而学生的已知都是有限展开式．如何基于学生的已知，设计一个恰当的桥梁，从有限过渡到无穷，等比级数就立刻成为一个最简单直接的工具．

3. 恰当信息技术的引入将有效地辅助教学

Desmos 软件操作简单，功能强大，资源开放且丰富，是现在国内外非常流行的图形软件，甚至是很多国外的高中、大学入学时要求学生必须在移动设备安装的软件．本节的设计就巧妙地利用软件里内嵌的泰勒展开式案例，把这个本来抽象棘手的展开式逼近的过程非常容易又有趣地呈现在学生面前．当大家轻易地滑动滑块时，学生都被 $\sin x$ 的麦克劳林多项式逼近过程图像中犹如机器人手臂上下挥动的"憨态"吸引住了．

TI 图形计算器也是大家非常熟悉的优秀计算工具．这里我们巧妙利用编写的简单循环程序和它的内嵌泰勒命令给学生呈现出了一个动态数值计算的效果，有效展

现了展开式的价值，从而带领学生真正体验了"数学才是所有科技的基础"的过程．学生课下也可以自己尝试改写程序．

技术是为教学服务的，是恰如其分地出现的，不需要复杂和花哨，能够让学生够得着，并且可以不断地给学生启发，就是一个成功的引入．

§5.6
案例　复数的三角形式

一、教学背景分析

学生已经学习了复数的代数形式，从解方程的角度理解了将数域从实数域扩展到复数域的必要性，并且初步了解了代数基本定理在数学中的重大意义．但是，复数的代数形式能够解决的问题非常有限．例如，在复数域中求 $x^n = 1$ 的所有根，用代数形式就不容易求解．

由于实数在本质上只不过是虚部为零的复数，所以复数的强大之处就在于可以将一维的问题提升到二维，增加了一个维度的自由度之后，原本不好处理的问题可能就会变得容易．在二维复平面中处理问题时，复数的模长和辐角就有了天然的优势，所以复数三角形式的出现就变得非常自然与合理．三角形式的复数运算对应了向量的旋转、拉伸和压缩等操作，真正地给复数赋予了几何意义．

学生在学习复数之前刚学过向量和三角函数，而复数的三角形式可以将这些内容有机地结合起来，体现出数学不同分支之间深刻的联系．学生在学完本节后，可以体会到数学内在的和谐与统一，体会到数学的美．

除了在数学领域本身的应用，复数也在物理和工程等其他领域发挥了至关重要的作用．这在很大程度上得益于复数的三角形式和指数形式．例如：复变函数为物理学中电场的描述和研究带来了极大便利，信号处理中利用到了周期函数的傅里叶变换，这些都是复数的三角形式和指数形式的重要应用．

学情分析： 学生已经学习过了复数的代数形式和复数的加减乘除运算，对复数有了初步的了解．

教学重难点： 复数三角形式概念产生的探究，复数的代数形式和三角形式的相互转化，三角形式的复数运算．

二、教学目标设置

1. 掌握复数的三角形式，会进行复数的代数形式与三角形式的转化．

2．利用三角恒等式进行复数的乘除运算，体会运算对应的几何意义；利用已经学过的向量和三角函数知识，自主探究复数的三角形式的概念并简单应用．

3．通过自主探究的方法，初步体会数学研究过程，培养严谨的思维．

三、教学方法使用

教学方法： 探究法．

四、教学过程设计

第一阶段：提出问题

学生已经学习了复数的代数形式及其运算法则，了解了代数基本定理．但是，代数基本定理只告诉了我们一元 n 次方程一定有 n 个复根，但并没有告诉我们如何去求出这些根．例如，根据代数基本定理，$x^2=1$ 有两个根，大家都会求；$x^3=1$ 一定有三个根，但这三个根如何来求呢？更高次的方程的根又如何来求呢？

> 问题1：求出 $x^3=1$ 的三个根．

设计意图：复习预热．

经过探究，多数学生利用分解因式的方法，$x^3-1=(x-1)(x^2+x+1)$，比较轻松地求出了该方程的三个根．

> 问题2：求出 $x^5=1$ 的五个根．

通过这个问题，学生发现之前解方程的方法并非万能的，需要尝试探索新的途径．

有一些学生用 Desmos 软件画出 $f(x)=x^5-1$ 的图像，如图 5-6-1 所示，从图像中发现该函数图像与 x 轴仅有一个交点，说明该方程只有一个实根，剩下的四个根全是虚根．

还有学生仿照问题1，尝试使用分解因式法，但是除了一个因式为 $x-1$ 外，学生得到了一个很难再继续分解的因式 $x^4+x^3+x^2+x+1$，所以这条路也走到了死胡同．

学生的探究遇到了障碍，需要教师给予适当的引导．教师可以引导学生从几何方面思考复数乘法的含义．在之前的课上，学生发现了复数的加法和坐标系里向量加法的相似性．那么复数的乘法是否也具有和向量相关的某种几何意义呢？

有学生提出猜测：复数的乘法和坐标系里向量的点乘是类似的．但是其他学生很快就找到了反例：$(1+i)i=i-1$，但是 $(1,1) \cdot (0,1)=1$，两者并不一样．有学生意识到：向量的点乘一定是实数，但两个复数相乘的结果很可能是虚数，所以这两个运算完全无法对应起来．因此，学生又只能另找出路．

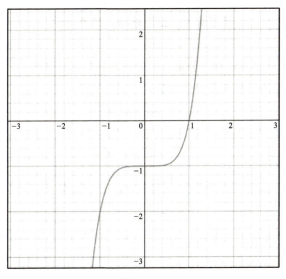

图 5-6-1

在以上的活动中，学生体会到了一个简单的数学研究过程：提出问题，用过去的成功经验来尝试解决问题，"失败"之后再尝试新的方法，不断尝试不断失败，不断失败不断尝试，但每次失败都能够给我们一些新的启发，最终越来越接近正确的结果．

第二阶段：深入探究

教师继续引导启发：既然向量点乘无法和复数的乘法对应起来，那能不能改写一下复数的形式？在复数的代数形式中，一个复数是和两个实数组成的有序数对一一对应的．我们能否找出另外一个数对，也能和复数建立一一对应关系？在初中阶段，我们遇到过海上定位的问题，对于一个灯塔的定位，我们可以使用方位角和距离来描述．例如"灯塔在船的北偏东 45°，距离 4 海里"，由此我们可以有什么想法？

学生经过交流发现，在平面直角坐标系中，结合高中学习的任意角三角函数定义，利用原点和复数对应点可以构成射线．这条射线作为角的终边，x 轴正半轴作为角的始边，构成的角记为 θ．复数对应点与原点的距离记为 r，这样一个复数就可以与一个有序数对 (r, θ) 建立对应关系（原点除外）．

经过交流讨论，学生能正确地把代数形式改写成标准的三角形式：

$$1+\mathrm{i}=\sqrt{2}\left(\cos\frac{\pi}{4}+\mathrm{i}\sin\frac{\pi}{4}\right).$$

这样形成了复数的三角形式的雏形后，接下来需要进一步完善复数的三角形式的概念，使得数学的概念能够严谨、精确．

由以上的讨论我们可以初步抽象出复数的三角形式的概念：

复数 $a+bi$ 可以使用其三角形式表示：

$$z = r(\sin\theta + i\cos\theta),$$

其中 $r = \sqrt{a^2 + b^2}$，θ 叫做辐角，是以该复数对应的向量所在直线为终边，与 x 轴正向为始边所成的角，用符号 $\text{Arg } z$ 表示（Arg 取自英文 argument 的前三个字母）．

> 问题3：辐角是唯一的吗？如果要在 (a, b) 和 (r, θ) 间建立一一对应的关系，要怎么办？

活动结果：学生根据三角函数的学习经验，意识到以某个向量所在直线为终边的角有无数个，它们相差 2π 的整数倍．因此，只要把角度锁定在 $[0, 2\pi)$ 上就可以了．当然，有的教材把这个角度锁定在 $(-\pi, \pi]$ 上，这也是没问题的．我们把这个角度叫做辐角主值，用 $\arg z$ 表示．另外，0 比较特殊，它的辐角是任意的，所以非零复数的三角形式为 $z = r(\cos\theta + i\sin\theta)$．

由以上分析我们知道，一个复数的三角形式唯一对应一个复数，但是一个复数不一定对应唯一的三角形式．同时我们也知道：当辐角位于主值区间时，一个非零复数的代数形式与它的三角形式是一一对应的．

> 问题4：现在，在复数的三角形式下，大家能看出复数的乘法具有什么样的几何意义吗？

学生通过对具体的复数直接进行乘法运算，结合三角函数和差角的公式，发现三角形式下复数的乘法就是把模长相乘，辐角相加，即

$$r_1(\cos\theta_1 + i\sin\theta_1) \cdot r_2(\cos\theta_2 + i\sin\theta_2) = r_1 r_2 [\cos(\theta_1 + \theta_2) + i\sin(\theta_1 + \theta_2)],$$

其几何意义就是将其中一个复数对应的向量进行旋转和拉伸（或压缩），如图 5-6-2 所示．

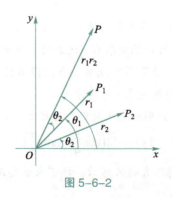

图 5-6-2

问题5：利用复数的三角形式，再次尝试求解 $x^5=1$.

部分学生把方程改写成三角形式：如果设 $x = r(\sin\theta + i\cos\theta)$，那么所求方程变为

$$[r(\cos\theta + i\sin\theta)]^5=1.$$

利用前面复数的三角形式的乘法运算法则就可以得到

$$r^5(\cos5\theta + i\sin5\theta)=1.$$

依据复数相等的定义得到

$$\begin{cases} r^5\cos5\theta=1, \\ r^5\sin5\theta=0 \end{cases} \Rightarrow \begin{cases} r=1, \\ \cos5\theta=1, \\ \sin5\theta=0 \end{cases} \Rightarrow \begin{cases} r=1, \\ \theta=0, \end{cases} 或 \begin{cases} r=1, \\ \theta=\dfrac{2\pi}{5} \end{cases} 或 \begin{cases} r=1, \\ \theta=\dfrac{4\pi}{5} \end{cases} 或 \begin{cases} r=1, \\ \theta=\dfrac{6\pi}{5} \end{cases} 或 \begin{cases} r=1, \\ \theta=\dfrac{8\pi}{5}. \end{cases}$$

这 5 个根恰好均匀分布在复平面的单位圆上（如图 5-6-3），最初提出的问题得到完美的解决.

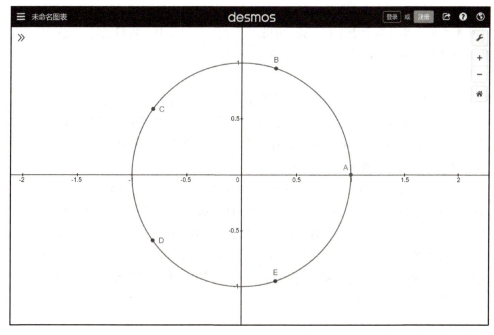

图 5-6-3

小结：本节我们以在复数域中求解一个方程的问题为出发点，通过一个个引导性的问题，让复数的三角形式及相关的概念自然出现，最终不仅解决了最初的问题，还让学生真正地接受了这些新的概念，达到了通过探究的方式来学习新知识的目的.

探究作业：求解 $x^n = 1$. 这 n 个根有什么规律？请至少用两种方法求解，给出完整的解决过程.

五、教学特点与反思

1. 以实际问题为出发点

本节的设计思路主要是以问题为驱动，教师设置由浅入深的问题，让学生在解决问题的过程中，逐步探究直至得到新的概念. 不能一上来就按照定义—定理—证明这个模式来迫使学生接受复数的三角形式，这会让他们觉得复数有些虚无缥缈，不好把握. 但是，如果学生发现这个新事物能切实地解决实际问题，他们就会意识到数学中概念的诞生并非无中生有，凭空创造出来的. 在本节中，我们把复数改写成三角形式就是为了解决具体的问题，非常的自然合理.

2. 探究式学习

本节学生在教师的引导下进行了探究式的学习. 在课上，学生通过不断尝试，不断失败，不断改进的过程，初步体会到了数学研究是什么样的. 在这个过程中，学生能清楚地看到自己是如何一步步朝着正确答案"逼近"的. 将学习和研究融合在一起是提高学习效率和效果的非常好的方式.

复数对于学生来说是一个比较困难的知识点. 不像整数和分数，在实际生活中学生很难接触到复数，难以对它形成一个感性的认识，所以在初次接触的时候会有本能的抵触情绪，觉得引入复数这样一个概念有些莫名其妙. 在课上，的确就有很多学生问为什么要"造"出这么奇怪的东西，然后"制定"这些规则. 教师要帮助学生克服这种抵触情绪，不能采取强制灌输的方法，强迫学生接受复数的存在. 我们要做的，是通过精心设计一系列高效率的活动，让学生在进行这些活动的过程中，逐步认识到复数存在的合理性.

总而言之，让学生自己说服自己，比谁说都有效.

§5.7

案例 指数分布的无记忆性

一、教学背景分析

教学内容分析：指数分布是描述泊松过程中事件发生的间隔时间的概率分布，即事件以恒定平均速率连续且独立地发生的过程．它是伽马分布的一个特殊情况，也是几何分布的连续模拟．除了用于分析泊松过程外，还可以应用在其他各种环境中．指数分布应用广泛，在一些国家的工业标准和军用标准中，半导体器件的抽验方案都是采用指数分布的．此外，指数分布还用来描述大型复杂系统的平均故障间隔时间的失效分布，婴儿出生的时间间隔，旅客进入机场的时间间隔等．

纵观国内外高中教材，指数分布出现的频次少之又少，无论在国内的普通高中教材中，还是在国外的 AP 类教材中，都没有详细的体现，但是在英国高中课程（A-Level）的理论数学（Pure Mathematics）中的统计学 2（Statistics 2）教材中，有细致的研究．

指数分布具有无记忆性，从任意时刻开始，概率仅仅和时间跨度或者说区间长度有关，与起点并无关联．利用该特性，可以简化很多指数分布问题中的分析和运算．也正是由于指数分布缺乏记忆的特性，限制了它在机械可靠性研究中的应用，因为指数分布忽略了损耗．在指数分布的无记忆性这一节中，很多学生无法理解什么是指数分布的无记忆性，为何它会"无记忆"等．本节将就概率统计中的案例，让学生结合以往所学的概率模型去理解指数分布的无记忆性．同时，利用条件概率给予无记忆性的理论证明，让学生除了感知以外，更可以用严谨的数学推导来实证，体会数学学科的精确．

学情分析：学生在学习本节之前，已经学习了连续型随机变量的概念、实例、期望与方差等知识，同时已经学习了指数分布的定义、应用领域及指数分布与泊松分布之间的关联．

教学重难点：指数分布无记忆性的理解和应用．

二、教学目标设置

1. 通过实例探究，初步理解指数分布的无记忆性并能够准确地应用于实践．

2. 借助概率统计中的相关模型实例，理解指数分布无记忆的特性；通过运用条件概率进行数值计算，掌握无记忆性的推导求证；通过实例总结规律，再对一般情况给予分析，体会从特殊到一般的数学研究方法．

3. 将实例与推导相结合，让学生体会理论与实践的结合，感受数学的严谨和精确；通过指数分布无记忆性的实例探究，让学生体会其在生活实践中的广泛应用，提升对数学的学习兴趣，培养学生主动深入探究的品格.

三、教学方法使用

教学方法：讲授与探究结合.

四、教学过程设计

第一阶段：复习引入，夯实基础

（1）教师提出问题：

> 问题1：小林在一家24小时营业的商店做店员，今天小林在店里等了一个小时，始终没有顾客来店里，她想去卫生间，但是又不敢去，因为她觉得已经等了一个小时，30分钟内来顾客的概率会很大. 你们觉得这个说法对吗？

要回答这个问题，需要先复习一下：

① 什么是指数分布，主要应用于哪些类型的问题？

② 如何利用指数分布求解相关概率？指数分布的期望与方差？

③ 指数分布与泊松分布之间有怎样的关联？

（2）学生经过思考与小组讨论，交流如下：

学生A：指数分布是一种特殊的连续分布类型，经常用于研究某两个事件之间发生的时间间隔或距离间隔等，如：在某个加油站，研究相邻两辆来车之间的时间间隔；某一团毛线，研究相邻两个瑕疵之间的长度间隔；在指定地点处，研究出现事故的时间间隔等. 指数分布可记为 $X \sim Exp(\lambda)$.

学生B：指数分布是一种连续的分布，我们已经学习了它的密度函数，并利用密度函数推导出了常见的概率求解问题的计算公式，具体如下：

如果 $X \sim Exp(\lambda)$，

密度函数：$f(x) = \begin{cases} \lambda e^{-\lambda x}, & x \geq 0, \\ 0, & x < 0. \end{cases}$

相关概率求解公式：$\begin{aligned} &P(X < a) = 1 - e^{-\lambda a}, \\ &P(X > a) = e^{-\lambda a}, \\ &P(a < X < b) = e^{-\lambda a} - e^{-\lambda b}. \end{aligned}$

它的均值为 $E(X) = \dfrac{1}{\lambda}$；它的方差为 $\mathrm{Var}(X) = \dfrac{1}{\lambda^2}$；它的标准差为 $\sigma(X) = \dfrac{1}{\lambda}$.

学生C：均值为 λ 的泊松分布中的事件间的区间间隔（T）服从参数同样为 λ 的

指数分布．即

$$X\sim Po(\lambda)\Leftrightarrow T\sim Exp(\lambda).$$

设计原因：

若要深入探究指数分布的性质，理解指数分布概念，会求具体概率问题等十分重要．该阶段主要是唤起学生对指数分布的系统理解，有助于后续无记忆性的引出、实例分析及理论推导．

第二阶段：实例探究，寻找规律

鉴于我们已经对指数分布及其运算有了初步的了解，下面请学生深入剖析以下问题：

小林在一家24小时营业的商店做店员，假设每小时顾客的人数 X 服从均值为4的泊松分布，问：

（1）每两个顾客来店的时间间隔 T 服从怎样的分布？求出随机变量 T 的均值和方差．

（2）半个小时内来顾客的概率是多少？

（3）今天小林在店里等了一个小时，始终没有人来店里，她想去卫生间，但是又不敢去，因为她觉得已经等了一个小时，30分钟内来顾客的概率会很大．请你用恰当的方法，说明小林的想法是否正确？

学生活动1：根据所学知识，进行第（1）、（2）、（3）问的分析和作答．

学生经过个人思考和小组讨论，交流如下：

学生D：根据指数分布与泊松分布的关系，X 服从均值为4的泊松分布，则 T 服从参数为4的指数分布，即 $T\sim Exp(4)$，$E(T)=\dfrac{1}{4}$，$\mathrm{Var}(T)=\dfrac{1}{16}$．

教师：第（1）问考查学生对指数分布与泊松分布之间关系的熟练程度，只要前期学生理解到位，复习引入环节再做强化，基本都可以给出正解．

学生E：根据指数分布的运算公式，若 $T\sim Exp(4)$，

$$P(\text{半个小时内来顾客})=P(T\leqslant 0.5)=1-e^{-0.5\lambda}=1-e^{-2}\approx 0.865.$$

教师：第（2）问考查指数分布相关概率运算公式，学生基本都可以快速找到正确方法．

学生F：由题意可得

$$P(\text{前一个小时没有顾客，后半个小时来顾客})=P(T\leqslant 1.5\mid T>1),$$

从而根据条件概率公式可得

$$\text{原式}=\frac{P(1<T\leqslant 1.5)}{P(T>1)}=\frac{e^{-\lambda}-e^{-1.5\lambda}}{e^{-\lambda}}=1-e^{-0.5\lambda}\approx 0.865.$$

教师：第（3）问的设计目的是让学生与第（2）问对比，发现两次运算的结果一致，从而大胆猜想出现该现象的原因，这种一致是巧合还是必然．

学生活动2：发现问题并给予一般推导证明．

教师：以上问题全面地考查了指数分布与泊松分布之间的关联和指数分布的概率运算．通过上述问题的分析求解，学生有没有发现什么结果？

学生G：我们发现第（2）问和第（3）问的结果是相同的．也就是说，小林在商店等顾客，半个小时内出现顾客的概率与小林已经等了一个小时的情况下，半个小时内来顾客的概率是相等的．

教师：为什么会这样？该结果究竟是巧合，还是必然？请同学们在学习小组内进一步探究和说明．

学生经过个人思考和小组讨论，得出分析：

第一：已经一个小时没来顾客了，按常理顾客不是应该快来了吗？第二：这两个结果为什么是相等的，如果换成是接下来一个小时，或者两个小时，甚至是接下来十分钟的话，也会有这样的结果吗？第三：该结果如果成立，那么是不是对于所有指数分布中的问题都存在这样的结论呢？于是，通过以上三个问题的探讨，学生展开下一步的理论证明，以下仅给出第三类问题的求证过程．

第三阶段：推导证明，得出结论

1. 特殊问题一般化过程

根据第二阶段实例的探究，我们将问题一般化，转化为：

如果连续型随机变量 T 服从参数为 λ 的指数分布，即 $T \sim Exp(\lambda)$．那么，在已知 T 大于 a 的条件下，T 小于 $a+b$ 的概率为多少？在已知 T 大于 a 的条件下，T 大于 $a+b$ 的概率为多少？

教师：请同学们分析并求解．

学生经过个人思考和小组讨论，给出答案：

学生 H：$P(T < a+b \mid T > a) = \dfrac{P(a < T < a+b)}{P(T > a)} = \dfrac{e^{-a\lambda} - e^{-(a+b)\lambda}}{e^{-a\lambda}} = 1 - e^{-b\lambda} = P(X < b).$

学生 I：$P(T > a+b \mid T > a) = \dfrac{P(T > a+b)}{P(T > a)} = \dfrac{e^{-(a+b)\lambda}}{e^{-a\lambda}} = e^{-b\lambda} = P(X > b).$

教师：根据以上求解过程，我们可以得出怎样的结论？

学生J：通过上述求解，我们发现对于任意的指数分布，从任意时刻开始，概率仅仅和时间跨度或者区间长度有关，而与起点无关．

教师：也就是说，从 a 点开始，到 $a+b$ 点结束的概率可以等效地看成是从 0 开始，到 b 点结束的概率．如果我们了解了这个特性并熟练运用它，就可以在概率求解中大大地简化此类问题的运算．我们也因而把指数分布称为"永远年轻"的分布．

2. 师生合作，得出一般结论

我们把指数分布的该种特性记为指数分布的"无记忆性"，记作

$$P(T < a+b \mid T > a) = P(X < b),$$

$$P(T > a+b \mid T > a) = P(X > b).$$

3. 无记忆性的进一步理解

教师：我们已经在理论推导中得出了指数分布无记忆性的特性，那么就可以大胆地相信它，并运用它去解决相关的概率问题．但是在实际理解中，学生依旧无法很好地理解指数分布为何会"无记忆"，之前的"记忆"到底去哪儿了．为了使学生更加生动深刻地理解，教师可以采用以下几个方面的内容帮助强化学生的理解．

（1）经济学中的"沉没成本"，可以通俗地理解为已经花出去的成本，不论你是否使用，都将无法收回．如：你花99元报了一个线上的英语口语打卡班，当你打了3天卡后，发现这种打卡方式很无趣，此时，你可以选择继续坚持打卡，也可以选择放弃打卡，但无论你做以上何种选择，99元成本已经发生，对后面不会产生影响．

（2）在我们投硬币或是买彩票的时候，夸张地说，如果你投硬币前100次均投出正面，第101次投硬币投出反面的概率依旧是0.5，它不会受到前面累积出现的结果影响．买彩票也是一样，无论你之前买了多少次彩票，下一次买彩票中奖的概率是不会随着之前的结果而产生变化的，彩票的中奖概率只与彩票的总数和你买的注数及倍数有关．这也告诉我们，不要有赌徒心理，无论你前面积累了多少次赌博中的失败，前面的失败都不会为你下一次的成功积淀力量．但是北京的汽车摇号问题，与上述硬币和彩票的问题有一定的差别，因为摇号的时候会有一个基数，它会随着摇号次数和年限的增加，而有一定的基数涨幅，所以长久未摇到号的人基数大，原则上来讲中签的概率也会略大．此问题可以引起学生的兴趣，学生可进一步研究摇号等实际生活中的概率问题．

（3）我们知道指数分布其实也经常运用于电子元件的可靠性研究中．但是指数分布又具有无记忆性，如果元件经过 t 时间的使用后，与一个新的元件的寿命是相同的，也就意味着，一个用了10年的灯泡和一个新灯泡，接下来的使用寿命是相同的，这显然和实际是不相符的，无记忆性使得指数分布忽略了元件的损耗，因而无记忆性在一定程度上限制了指数分布的应用，但是，它可以近似地作为高可靠性的复杂部件、机器或系统的失效分布模型，特别是在部件或机器的整机试验中得到广泛应用．但也许某一天，我们将制作工艺提升了，灯泡的运转只由是否遭到外力破坏决定，而日常损耗对其几乎无影响的时候，我们也可以用指数分布来研究它的使用寿命．

（4）在小林等顾客的问题中，如果等待时间确实服从指数分布，小林已经等了一个小时而没有顾客来．此时，小红来找小林，两人一起等，在半个小时内等来顾客的概率上，小林和小红是一样的，不会因为小林之前等过一个小时，她等到顾客的概率就会变大．我们可以把之前等待的一个小时看作沉没成本．

设计意图：以上内容的解析，一方面让学生通过其他概率模型，去类比感受指数分布的无记忆性，从而对该特性有更加深入的理解；另一方面，让学生对比多种问题，构建概率与生活实际的联系，提升学生研究的兴趣和解决问题的信心.

第四阶段：实践应用，查漏补缺

1. 基础夯实，小试牛刀

教师：请学生思考并完成例1.

例1 已知连续型随机变量 X 的概率密度函数 $f(x)$ 为

$$f(x) = \frac{1}{3} e^{-\frac{1}{3}x}, \ x \geq 0,$$

求：（1）$P(X > 5)$；　　　　　（2）$P(X < 2)$；

（3）$P(X > 9 \,|\, X > 4)$；　　　（4）$P(X < 7 \,|\, X > 5)$.

鉴于题目设计比较简单，直接考察无记忆性公式的应用，预计学生不会出现太多问题，因此，该例题由学生独立完成，完成后请2名学生分别说出（1）、（2）及（3）、（4）的答案，预测学生在第（3）、（4）问中，有运用指数分布无记忆性直接化简式子得出计算结果的，也有学生依旧习惯采用条件概率进行运算求解. 此时，教师要给予引导，让学生主动尝试运用新方法解决旧问题，如果有出现错误的地方，教师再给予点评纠正.

教师：请学生思考并完成例2.

2. 应用分析，综合运用

例2 小利在购买窗帘布料时，由于某卷布料的边缘随机地出现了瑕疵使得该布料开始降价. 已知该布料每两处连续的瑕疵之间的长度 X 服从参数为 0.4 的指数分布.

（1）小利注意到这卷布料的第1米没有瑕疵，求这卷布料前3米未出现任何瑕疵的概率？

（2）小利购买了2.5米的布料，假设前2米没有瑕疵，求她购买的布料至少出现一处瑕疵的概率.

学生经过个人思考和小组讨论，交流如下：

学生K：从题干中可以看出，该问题考查的是指数分布的问题，问题中提及了条件概率，因此是考察指数分布的无记忆性. 首先，我们可以将题目转化为数学语言，即

随机变量 X 服从参数为 0.4 的指数分布，即 $X \sim Exp(0.4)$.

第（1）问中提到了前1米无瑕疵，问前3米无瑕疵的概率，可以转化为求 $P(X > 3 \,|\, X > 1)$ 的问题，根据指数分布的无记忆性，得到

$$P(X>3\,|\,X>1)=P(X>2)=e^{-2\lambda}=e^{-0.4\times2}\approx0.449(3sf^{①}).$$

第（2）问中提到在 2.5 米的布料中，前 2 米没有瑕疵，问前 2.5 米有瑕疵的概率，可以转化为求 $P(X<2.5\,|\,X>2)$ 的问题，根据指数分布的无记忆性，得到

$$P(X<2.5\,|\,X>2)=P(X<0.5)=1-e^{-0.5\lambda}=1-e^{-0.4\times0.5}\approx0.181(3sf).$$

3. 布置任务，课下探究

练习：小红周六晚上 8 点计划与小明在咖啡厅见面. 以往的经验表明，小明会比约定的时间晚 X 分钟抵达咖啡厅，其中 X 服从参数为 0.05 的指数分布.

（1）请写出小明迟到分钟数的平均值和标准差.

（2）如果小红在晚上 8 点 20 分到达，求小明已经到达的概率.

（3）已知小红在晚上 8 点 20 分到达咖啡厅，她发现小明还没有到，求小明到达的时间不早于 8 点 30 分的概率.

五、教学特点与反思

1. 课堂上要给学生充分的探究空间. 本节的教学环节较为完整，从指数分布的复习，到实例探究证明引出指数分布的无记忆性，再到一般性结论的提出和推导证明，最后再回归到实际问题中，利用指数分布的无记忆性解决生活实际中的常见概率问题，环环相扣，逻辑较为清晰，对于无记忆性的理解学生接受起来不会太突兀. 学生在理解无记忆性的过程中，教师给予详尽的解析，有助于学生对相关知识的系统理解，同时可以提升学生学习概率的兴趣，鼓励学生学好概率，并有效应用于生活中的实际问题.

本节除了指数分布无记忆性的理解剖析部分外，其他环节基本均由学生独立或小组讨论研究完成，充分把课堂还给学生，让学生自主发现问题，解决问题. 在研究的过程中，教师更多起到的是有效指导的作用. 教师鼓励学生深入探究，尝试将特殊问题一般化，尝试用数学逻辑推导、论证、猜想等.

2. 注重理论与实际的联系. 本节在指数分布无记忆性生成的过程中，运用了大量的概率实例辅助学生形成该性质的思维认知，从而更加有效地理解. 同时，本节纠正了一些学生惯性的认知，引导学生培养严谨的逻辑思维，培养不怕麻烦、刨根问底的求学态度，培养注重事实而非主观理解的精益求精的数学精神.

3. 教师要不断地自我提升. 教师在引导学生不断追求新知的同时，也应时刻提醒自己注重自我提升，不断更新自己的知识. 在讲授之前教师可以查阅相关教材和网络资源，掌握有关指数分布无记忆性的多方面信息.

---

① 3sf 为保留三位有效数字.

第**6**章
合作学习意识的培养

§6.1
概述

　　合作学习体现了学生按照预设的小组进行合作学习、讨论、实践、探究等的过程．该方法一定程度上改变了传统课堂的学习模式，调动了课堂的学习氛围和学生参与度，使得学生之间相互促进、良性竞争，增强了教师带领学生攻克教学重难点的信心．合作学习模式不仅新颖且优势突出，是新时期广大教师采用的教学策略之一，在现代课堂的优秀课例中频频出现．

1. 合作学习意识在数学课堂中的作用

　　合作学习体现了学生不同思想意见的交融，有助于学生合作精神和团队精神的培养．在小组中，人人都有事可做，这充分调动了学生学习的积极性，推动学生成为课堂的主体，促使学生由被动接收知识到主动构建思维，有助于提升学生的学习兴趣与内驱力．从长远来看，合作学习打破了学生的心理防备，增进了人与人之间的沟通，体现了课堂上尊重他人、平等协作的良好氛围，有利于自尊自重情感的产生．

　　合作学习在数学教学中一定程度上加速了六大数学核心素养在课堂中的落地．有人认为，合作学习模式仅限于在人文类学科或科研项目、比赛中使用，如：语文课堂中的"共读一本书"、英语课堂中针对某一话题的"小组汇报或演讲"、数学建模比赛、机器人设计大赛等．其实，数学教学中也可以根据教学设计需要而创设小组合作环节．

　　在课例中使用合作学习的策略可以使学生间进行思维碰撞，挖掘出学生的集体智慧，使课堂更有效地推进．我们也可以在复习课或习题课中，发挥小组的作用，小组内相互讨论，共同归纳知识框架，剖析重难点和知识漏洞，总结易错点等，教师还可以进行"小组闯关竞赛"等教学活动的设计或游戏情境的创设，这种方式比教师在课堂中直接进行总结归纳的方式更容易让学生接受，同时突出了学生的主体地位，活跃了课堂氛围．爱因斯坦曾说过："想象比知识更重要．"合作学习中，小组间的思想交织在一起，更容易碰撞出灵感．这种碰撞的过程，不仅使学生对数学的理解更加深入，还提升了学生的团队协作能力，使学生的适应力和集体意识感更强，体现了教师课堂上细微处的育人观．

2. 数学课堂中合作学习的策略和误区

现阶段的很多教学设计中，教师会有意识地运用合作学习的教学策略，有时不经思考、盲目地使用小组合作，不仅没有起到活跃氛围、提升效率的正面效果，反而让课堂变得尴尬冰冷，该现象也频繁地发生于数学课堂之中．然而细细想来，失败的合作学习大多源于以下几个方面：第一，小组划分不够科学；第二，教师的教学活动预设不够严谨；第三，学生的学习引领不到位．

如何让合作学习真正起到预期作用呢？这就需要教师在小组划分、教学设计、学习评价等多方面多维度做好充足的前期准备，下足功夫，虽然合作学习感觉上是学生的思考在推动课堂，实际上教师付出的比在传统课堂上付出的要更多．在"任意角的概念与弧度制"案例中，从小组寻找"1弧度"，到角度、弧度、图像的配对游戏，再到课堂最后的小组竞答环节，整节都在使用小组合作的教学策略，这种方式不仅使这节概念课变得生动有趣起来，还体现了数学与实践的结合，让知识的生成更自然，学生掌握得更扎实．就像著名科学家伽利略所说："数学是上帝用来书写宇宙的文字．"我们认为，这种不断发现、探究、书写宇宙的行为从来都不是一个人在进行，而是不同的人站在一个个专家的肩膀上相互结合和不断想象创新的过程．这也揭示了：合作学习更有利于学生理解数学，理解生活．

在这一章中，我们选择了五个具有代表性的案例，从不同角度展示现代数学课堂中小组合作意识的培养．

1. 分数指数幂

大部分教师在处理分数指数幂时，强调结论弱化推导，注重感知忽略严格意义上的证明，本节中，教师引导学生借助整数指数幂的三个运算法则，运用多重方法进行分数指数幂概念的深度探究，使学生更加深刻地理解概念，感受合情推理的作用．

2. 任意角的概念与弧度制

在任意角的概念与弧度制这一节中，教师利用教材中的问题情境，引出正角、负角和任意角的概念，通过动手实践让学生寻找1弧度角的大小，通过小组合作推导出扇形弧长及面积的弧度表示．整个课堂在小组合作竞答中推进，注重培养学生的合作与良性竞争，课堂形式生动活泼又不失严谨．

3. 三角函数中的换元思想探究

换元法是高中数学解题中非常典型的思想方法，应用于数学中许多问题的求解，本节通过几个典型案例体现了换元思想在三角函数中的运用，从换"角"到换"式"，通过换元使问题化难为易，化繁为简，本节中例题难易程度梯度明显，学生可以感受数学的未知与深邃，更可以体会换元法带来的柳暗花明的喜悦．

4. 余弦定理

同样是从实际问题引入并提出问题，对于余弦定理的证明方法有十种以上，如何选择适合学生认知的方法，顺应学生的知识水平和能力水平，启发学生发现定理并探究定理证明的方法，教师的教学设计值得参考.

5. 球的体积公式探究

本节从生活中的球入手，通过小组合作探究的方式引导学生寻找多种推导球的体积公式的方法，分别使用祖暅原理、切割半球、旋转体体积三种方法得出球的体积公式. 经过小组的讨论，学生的思维相互碰撞，学生彼此推动多维度思考，逐步达成学习目标，自然连贯地生成知识脉络，复杂难懂的问题变得清晰易懂.

§6.2
案例　分数指数幂

一、教学背景分析

教学内容分析：对于数的运算，简单的加减乘除、乘方开方，引入指数与对数后，随着数的扩充，需要研究其运算法则和运算律. 本节在学生初中学过整数指数幂概念及其运算的基础上，进一步研究分数指数幂的概念及其运算. 对于数的扩充，从初中到高中要进行多次. 从逻辑上讲，当数的概念每一次进行扩充之后，原有的运算律有可能适用，也有可能不再适用，但是学生对此很淡漠，自然地认为原有的运算律可以继续使用，这是我们特别需要注意的.

教学重难点：理解整数指数幂推广到分数指数幂的过程. 了解分数指数幂的概念及其运算.

二、教学目标设置

1. 理解分数指数幂的概念，掌握其运算性质，会利用性质计算和化简.

2. 通过多种方法探究分数指数幂的概念及其运算，掌握分类讨论的数学思想，体会用数学解决问题的方法.

3. 通过对正、反两方面的案例探究，感受数学的严谨和缜密.

三、教学方法使用

教学方法：探究式.

四、教学过程设计

第一阶段：复习知识

教师：请学生计算下列问题：

（1）$2^2 \times 2^3$；（2）$\dfrac{2^3}{2^2}$；（3）$\left(2^2\right)^3$.

设计意图：教师给出具体题目让学生在运算的过程中回忆初中所学内容，并回顾整数指数幂的运算法则：

（1）$a^m a^n = a^{m+n}$；

（2）$\dfrac{a^m}{a^n} = a^{m-n}$；

（3）$(a^m)^n = a^{mn}$.

教师：请学生回忆根式的有关知识，计算下列题目：

（1）$\left(\sqrt{2}\right)^2$；（2）$\left(\sqrt[5]{-2}\right)^5$；（3）$\sqrt{(-2)^2}$.

设计意图：教师给出具体题目，让学生回忆根式的运算，并回顾根式的运算法则.

当 n 为奇数时，$\sqrt[n]{a^n} = a$；

当 n 为偶数时，$\sqrt[n]{a^n} = |a| = \begin{cases} a, & a > 0, \\ 0, & a = 0, \\ -a, & a < 0. \end{cases}$

第二阶段：引入问题

教师：在现实生活中人口随时间增长的变化关系函数是 $P = \left(\dfrac{1}{2}\right)^{\frac{1}{1\,234}}$，我们已经

知道 $\dfrac{1}{2}$，$\left(\dfrac{1}{2}\right)^2$，$\left(\dfrac{1}{2}\right)^3$，…是正整数指数幂，它们的值分别为 $\dfrac{1}{2}$，$\dfrac{1}{4}$，$\dfrac{1}{8}$，…，那么 $\left(\dfrac{1}{2}\right)^{\frac{1}{2}}$

等于多少？

学生：$\left(\dfrac{1}{2}\right)^{\frac{1}{2}} = \sqrt{\dfrac{1}{2}}$.

教师：为什么 $\left(\dfrac{1}{2}\right)^{\frac{1}{2}}=\sqrt{\dfrac{1}{2}}$ ？

设计意图：从现实生活中遇到的分数形式的指数来引出要学习的分数指数幂的概念，提出问题，让学生深入思考如何得出自己的猜测。

第三阶段：小组探究

（1）学生 A：因为 $\left(\dfrac{1}{2}\right)^{\frac{1}{2}}\left(\dfrac{1}{2}\right)^{\frac{1}{2}}=\left(\dfrac{1}{2}\right)^{\frac{1}{2}+\frac{1}{2}}=\left(\dfrac{1}{2}\right)^{1}$，设 $\left(\dfrac{1}{2}\right)^{\frac{1}{2}}=x,x>0$，则 $x^2=\dfrac{1}{2}$，化简得

$$x=\sqrt{\dfrac{1}{2}}.$$

由此得出 $\left(\dfrac{1}{2}\right)^{\frac{1}{2}}=\sqrt{\dfrac{1}{2}}$.

（2）学生 B：因为 $5^{-3}=5^{0-3}=\dfrac{5^0}{5^3}=\dfrac{1}{5^3}$，$3^0=1=\dfrac{3^a}{3^a}=3^{a-a}$，则推广到一般为

$$a^{-n}=\dfrac{1}{a^n}.$$

同上，可得 $\left(\dfrac{1}{2}\right)^{1-\frac{1}{2}}=\dfrac{\left(\dfrac{1}{2}\right)^1}{\left(\dfrac{1}{2}\right)^{\frac{1}{2}}}=\left(\dfrac{1}{2}\right)^{\frac{1}{2}}$，设 $x=\left(\dfrac{1}{2}\right)^{\frac{1}{2}},x>0$，

则根据上式得 $\dfrac{\left(\dfrac{1}{2}\right)^1}{x}=x$，解方程得 $x=\pm\sqrt{\dfrac{1}{2}}$，这里 $\left(\dfrac{1}{2}\right)^{\frac{1}{2}}$ 为正数，则推导出 $\left(\dfrac{1}{2}\right)^{\frac{1}{2}}=\sqrt{\dfrac{1}{2}}$.

（3）学生 C：因为 $\left(\left(\dfrac{1}{2}\right)^{\frac{1}{2}}\right)^2=\left(\dfrac{1}{2}\right)^{\frac{1}{2}\times2}=\left(\dfrac{1}{2}\right)^1$，设 $x=\left(\dfrac{1}{2}\right)^{\frac{1}{2}},x>0$，则根据上式得

$x^2=\left(\dfrac{1}{2}\right)^1$，解方程得 $x=\pm\sqrt{\dfrac{1}{2}}$，这里 $\left(\dfrac{1}{2}\right)^{\frac{1}{2}}$ 为正数，则推导出 $\left(\dfrac{1}{2}\right)^{\frac{1}{2}}=\sqrt{\dfrac{1}{2}}$.

设计意图：让学生通过思考和讨论分别展示自己的猜测结果，以探究的方式，学生可以尝试从数学家角度去思考一个新概念的诞生过程。在探究的过程中学生可能会遇到一些问题，作为教师我们要明确学生遇到的问题，选择一个角度进行反馈和讲解。

以上三名学生在探究的过程中运用了如下整数指数幂的运算法则：

学生 A 是根据运算法则（1）得出的结论，学生 B 是根据运算法则（2）得出的

结论，学生 C 是根据运算法则（3）得出的结论．事实上，分数指数幂的定义是由科学家从整数指数幂推广后规定的，科学家希望在数域扩充后，有关的运算性质仍然能保持一致．这也意味着，有可能在数域扩充后，运算性质不能保持一致，我们用整数指数幂的运算法则来推导分数指数幂的定义，用尚不知道是否正确的命题去证明未知的内容，在逻辑上是错误的．代数主要研究的是运算规则，一个集合再加上一套运算规则，就构成了一个代数结构．整数指数幂的运算规则构成了一个代数结构，它只适用于整数指数幂构成的集合，但不一定适用于分数指数幂构成的集合．例如，整数集合满足群公理，当二次元运算为加法时就是一个群，且这个群满足交换律，是一个阿贝尔群，但并不是所有的二次元运算都满足交换律，比如矩阵的乘法，矩阵构成的集合就不适用于交换律．在探究矩阵的乘法规则时，不能用实数的乘法规则套用到矩阵的乘法规则中．如果我们在定义矩阵的时候用整数的交换律去证明矩阵的定义，那一定是有逻辑错误的．因此在引入一个新的集合概念时，不能用已知集合的规律去应用于未知集合的运算．

在探究分数指数幂的过程中，我们只是用一种说得通且学生容易接受的猜想方式来解释分数指数幂的概念，探究的过程都只是猜测，而不是证明．我们需要抓住定义的实质，区分概念的本质属性与非本质属性，明确定义和定理的区别．为了正确引导学生去探究分数指数幂这一概念，如下列出了四种探究方式：

（1）让学生大胆猜测，为了给出 $\left(\dfrac{1}{2}\right)^{\frac{1}{2}}$ 的定义，首先明确定义是一种规定，而不是依据定理推导后得到的．但是我们希望数域推广后，原有的运算性质仍然能保持，比如 $(a^m)^n = a^{mn}$ 在 m, n 都是分数时仍然成立．因此 $\left(\dfrac{1}{2}\right)^{\frac{1}{2}}$ 应该满足

$$\left(\left(\dfrac{1}{2}\right)^{\frac{1}{2}}\right)^2 = \left(\dfrac{1}{2}\right)^{\frac{1}{2}\times 2} = \dfrac{1}{2}^1 = \dfrac{1}{2}.$$

这表示 $\left(\dfrac{1}{2}\right)^{\frac{1}{2}}$ 应该是 $\dfrac{1}{2}$ 的平方根，但是 $\dfrac{1}{2}$ 的平方根有两个，即 $\sqrt{\dfrac{1}{2}}, -\sqrt{\dfrac{1}{2}}$，为了方便起见，我们规定 $\left(\dfrac{1}{2}\right)^{\frac{1}{2}} = \sqrt{\dfrac{1}{2}}$．由此认为：一般地，如果 n 是正整数，那么当 $\sqrt[n]{a}$ 有意义时，规定 $a^{\frac{1}{n}} = \sqrt[n]{a}$；当 $\sqrt[n]{a}$ 没有意义时，$a^{\frac{1}{n}}$ 没有意义．

（2）十八世纪，著名数学家欧拉提出用类比的方法来引入分数指数幂的定义．已知 $a > 0$，

$\sqrt{a^2} = a$，a^2 的算术平方根为 a；
$\sqrt{a^4} = a^2$，a^4 的算术平方根为 a^2；

$\sqrt{a^6} = a^3$，a^6 的算术平方根为 a^3．

以此类推，可知算术平方根应为同底数的幂且指数折半．

由此得出：

a 的算术平方根为 $a^{\frac{1}{2}}$，$\sqrt{a} = a^{\frac{1}{2}}$；

a^3 的算术平方根为 $a^{\frac{3}{2}}$，$\sqrt{a^3} = a^{\frac{3}{2}}$；

a^5 的算术平方根为 $a^{\frac{5}{2}}$，$\sqrt{a^5} = a^{\frac{5}{2}}$．

类似地，可以推导出高次方根：$\sqrt[n]{a} = a^{\frac{1}{n}}$（$n > 1, n \in \mathbf{Z}$）．

（3）借用"等差数列"发现规律，进行猜想．已知 $a > 0$，

$$\sqrt{a} = a^x;$$
$$\sqrt{a^2} = a^1;$$
$$\sqrt{a^3} = a^y;$$
$$\sqrt{a^4} = a^2;$$
$$\sqrt{a^5} = a^z;$$
$$\sqrt{a^6} = a^3.$$

上式左边是从 a 的一次方，a 的二次方，a 的三次方等进行开根号运算，我们知道偶数次方的算术平方根等于多少，但是不知道奇数次方的算术平方根等于多少．根据观察法，左边被开方的次数 1, 2, 3, 4, 5, 6 为公差是 1 的等差数列，我们可以大胆猜测右边次数 $x, 1, y, 2, z, 3$ 也是一个等差数列，由此可得它的公差为 $\frac{1}{2}$，所以 $x = \frac{1}{2}$，$\sqrt{a} = a^{\frac{1}{2}}$．

以上都是在说明分数指数幂定义的合理性．

第四阶段：知识升华

通过对 $\left(\dfrac{1}{2}\right)^{\frac{1}{2}} = \sqrt{\dfrac{1}{2}}$ 的猜测，学生得出正分数指数幂的意义：

$$a^{\frac{m}{n}} = \sqrt[n]{a^m}, a > 0, m, n \in \mathbf{N}^*.$$

正数的负分数指数幂的意义与负整数指数幂的意义相仿，我们规定：

$$a^{-\frac{m}{n}} = \frac{1}{\sqrt[n]{a^m}}, a > 0, m, n \in \mathbf{N}^*.$$

根式都可以写成分数指数幂的形式，规定了分数指数幂的意义后，指数的概念就从正整数推广到了有理数指数，整数指数幂的运算性质对于有理数指数幂也同样适用：

（1）$a^m a^n = a^{m+n}$；

（2）$\dfrac{a^m}{a^n} = a^{m-n}$;

（3）$(a^m)^n = a^{mn}$.

其中 $a>0, m, n \in \mathrm{Q}$.

教师：请学生完成下面两个例题.

例 1 求下列各式的值：

$$36^{\frac{1}{2}};\quad \left(6\dfrac{1}{4}\right)^{\frac{3}{2}};\quad 8^{\frac{2}{3}}.$$

例 2 化简下列各式：

$$a^{\frac{1}{3}} \cdot a^{\frac{5}{6}} / a^{-\frac{1}{2}};\quad \left(m^{\frac{1}{4}} n^{-\frac{1}{8}}\right)^8;\quad a^{\frac{1}{3}} \cdot a^{\frac{5}{6}} / a^{-\frac{1}{2}};\quad \left(x^{\frac{1}{2}} y^{-\frac{1}{3}}\right)^6.$$

设计意图：学生通过探究 $\left(\dfrac{1}{2}\right)^{\frac{1}{2}} = \sqrt{\dfrac{1}{2}}$ 了解了分数指数幂的概念，并且理解交换律、结合律、分配律同样适用于分数指数幂. 例 1 是为了让学生熟悉分数指数幂的概念. 例 2 帮助学生熟悉分数指数幂的运算法则.

五、教学特点与反思

1. 讲道理. 数学中的推理，在中学阶段经常被误认为是在几何课程中的任务，比如在平面几何、立体几何中讲三段论推理，而误认为代数主要的任务是计算. 其实数学课程不同的模块都具有严谨的逻辑关系. 本节讲分数指数幂的运算，重点就是讲算理，并且强调算理的逻辑性. 学生应明确原有的运算律在数的范围扩大后，必须经过严格的论证确定是否继续适用，不能想当然地拿来使用.

2. 启发学生发现未知，从合情推理得到的猜想去探寻未知的知识. 教师带领学生探究分数指数幂的概念，而不是将规定直接给出，鼓励学生大胆猜想，再引导学生去完善. 教师需要给学生提供这样的探究机会，这样学生可以更加深刻地理解分数指数幂的概念，也能从科学家的角度去理解数学概念的形成过程.

§6.3
案例　任意角的概念与弧度制

一、教学背景分析

教学内容分析：三角函数是一种基本初等函数，它是描述周期现象的一种重要数学模型，在高中数学中占据重要的地位．"角"是三角函数的研究基础，因此对角的理解和探究就显得十分重要．本节不仅是初中阶段角的概念的推广，更对今后要学习的单位圆及三角函数有着基础性的作用．我们将不超过一个周角的角推广至任意角，研究新的角的度量方式——弧度制，并将锐角三角函数延展到任意角三角函数．角的概念的推广建立于角的动态定义基础上，是初中相关知识的自然延续，也是三角函数周期现象的原理之一．弧度制的学习，在现阶段只是增加了对角度的一种度量单位的认识，将角度与实数建立一一对应的关系．

学情分析：学生在小学和初中已经掌握了动态和静态的角的定义，能够解决一些不超过一个周角的角的问题．学生能用角度进行角的度量，熟练掌握锐角三角函数中特殊角的三角函数值，并能应用于解直角三角形中．

教学重难点：任意角、弧度制的理解．弧度的定义，弧度与角度的转化．

二、教学目标设置

1. 理解角的定义及角的分类，掌握正角、负角、象限角、轴线角、共终边的角的形成及表示方法；理解角度制与弧度制的相互转化，能熟练运用弧度制与角度制表示一个角；推导弧长及扇形面积公式，并学会应用公式解决实际问题．

2. 通过角度制和弧度制的转化，学生体会到事物之间总是相互联系，密不可分的；通过实践操作，学生探究 1 弧度角的大小，感知弧度制形成的过程．

3. 通过角的推广及弧度制的引入，学生感受数学学习的延展性，激发学习兴趣和探究精神；通过小组合作、抢答模式激励学生参与，培养学生的团队协作能力和创新精神．

三、教学方法使用

教学方法：讲授与合作探究相结合．

四、教学过程设计

第一阶段：提出概念，探究分类

探究 1：寻找生活中的角.

设计意图：找寻现实生活中的角，引起学生的思考，激发学习兴趣.

教师：三角函数的研究基础是"角"，我们从学习"角"开启.请大家先寻找一下身边的角吧!

学生 A：我们周围有很多角，墙角、桌角都是直角，三角板上有锐角、钝角等.

学生 B：还有一些动态的角，比如钟表上时针和分针在走动的时候形成的角，摩天轮旋转的角等.

教师：仔细想想，其实生活中有很多角，有同学 A 所说的"静态的角"，也有同学 B 所找到的"动态的角"，比如赛车手骑行，运动员跳水，花样滑冰表演都会有角的出现.

探究 2：角的概念的推广.

设计意图：通过现实生活中旋转的角，发现过去角的定义的局限，将之推广至任意角，并生成正角、负角、零角.

教师：角是一条射线绕着它的端点从一个位置旋转到另一个位置所形成的图形，图形中的两条射线分别称为角的始边和终边.初中时，我们只学过 0°到 360°之内的角.我们前面提到的摩天轮，花样滑冰运动员及时钟的时针转过的角大小是否会超过 360°? 同时，站在摩天轮两侧的人观察到的摩天轮旋转方向是否相同? 你们见过超过 360°的角吗?

学生 C：摩天轮会旋转许多圈，所以肯定会超过 360°，如果人站在摩天轮的两侧观察的话，旋转方向应该刚好是相反的，一侧是顺时针，另一侧就是逆时针.

学生 D：在跳水比赛和体操比赛中，经常听到解说员说"转体 540°，转体 720°".

教师：旋转一周是 360°，旋转 720°就是旋转两周，那么旋转 540°就是旋转一周半.我们学习数的大小时，有正数还有负数，那么一个角的度数会有负的吗?

学生 E：因为角是旋转产生的，我们可以规定按照某一个方向为正，那么按照另一个方向旋转的就是负角.

教师：依据之前数学家的规定，按照逆时针方向旋转而成的角称为正角，按照顺时针方向旋转而成的角称为负角，当没有旋转时，称为零角.

探究 3：探究任意角的作图方法，根据图形特征将任意角进行分类.

设计意图：学生通过亲手绘制，感知动态任意角生成的过程，由此引出象限角、轴线角和共终边的角.

教师：为了方便，我们通常将角放在平面直角坐标系中，并约定角的顶点与坐标原点重合，角的始边落在 x 轴正半轴．下面，请学生进行例 1 中角的作图．

例1 作图，并观察图形特征．

（a）480°；（b）– 60°；（c）270°；（d）– 90°；（e）300°．

解 学生自行绘制，如图 6-3-1：

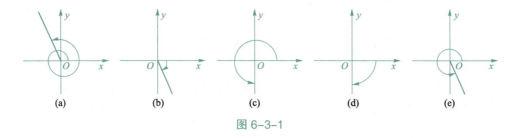

图 6-3-1

经过观察引出象限角、轴线角和共终边的角．我们有如下规定：

象限角：角的终边落在第几象限，就把这个角称为第几象限角．

轴线角：角的终边落在坐标轴上的角，即 $A=\left\{\alpha\,|\,\alpha=k\cdot 90°, k\in \mathbf{Z}\right\}$．

共终边的角：角的终边位置相同，即 $S=\left\{\beta\,|\,\beta=\alpha+k\cdot 360°, k\in \mathbf{Z}\right\}$．

第二阶段：实践操作，研究弧度制

在日常生活中，我们可以说一根绳子长多少米，也可以说它长几尺；可以说一块地是多少公顷，也可以说它是多少亩．一个量可以用不同的标准来度量，那么对于角，除了使用角度来度量外，我们还可以用什么样的方法呢？

在初中的时候学生就知道用 360° 来表示一个圆周角，这是因为在很古老的时候，科学家们观察星体运动时，发现地球绕太阳公转的周期为 360 天（当时测量得不够精确），就把一个圆周切成了 360 份，每一份对应的圆心角就是 1 度．有人觉得这种定义方法不够合理，不能把角度视为一个具体的数，因为进制不同．因此，科学家们就想到了一个新的切圆法：用半径去切圆．

探究4：寻找 1 弧度的大小．

设计意图：学生通过实践寻找 1 弧度的大小，培养动手探究能力．

教师：弧长等于半径的弧所对的圆心角为 1 弧度（rad,）．每组现在有若干 A4 纸、圆规、剪刀、1 根绳子，请学生小组合作，寻找 1 弧度角．

学生合作研究，在 A4 纸上绘制任意半径的圆后截取半径大小的绳子，找到弧长等于半径的弧所对的角，并标注上 1 弧度．最后，每组将找到的 1 弧度角进行展示．

教师：1 弧度角的大小，会不会随着圆的大小而不同？

学生通过几个小组不同半径圆的比对，发现 1 弧度是不会随着半径变化而变化的．

教师：一个圆周的弧度是多少？

学生 F：一个圆周的周长是 $2\pi r$，也就是一个圆周有 2π 个半径，所以 2π 弧度和 $360°$ 都表示一个周角．

通过以上分析，学生得出角度数与弧度的换算公式，并完成相关公式的推导．

$$360° = 2\pi \text{ rad}, \qquad 180° = \pi \text{ rad}, \qquad 1\text{rad} = \left(\frac{180}{\pi}\right)° \approx 57.3°, \qquad 1° = \frac{\pi}{180}\text{ rad}.$$

第三阶段：学习检测，合作竞答

教师组织学生进行"英雄比拼车轮战"．

第一轮比拼：找朋友

比拼规则：每名学生拿到一张卡片，全班的卡片中有两张卡片是裁判卡，其他卡片上出现的可能是坐标系中的一个角的图形，可能是一个角度值，也可能是一个弧度值．学生需要将三种不同表示方式的角进行匹配，第一个匹配成功的 3 名学生生成第一组，并将获得 6 分，第二个匹配成功的三名学生生成第二组，将获得 5 分，依此类推，生成 6 个小组，分别进入小组座位．抽到裁判卡的两名学生负责在黑板上进行小组计分，如图 6-3-2．

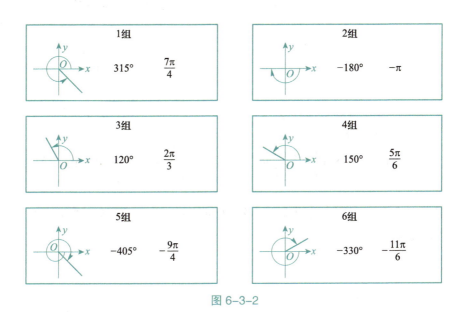

图 6-3-2

组队成功后，学生将每组组合贴在黑板上，并进行对比分析，说出角的分类．

比拼规则：共有 20 个角度与弧度转换的竞答问题，学生需要将卡片中的角度制表示的角转换成弧度制表示的角，或者将卡片中弧度制表示的角转换为角度制表示的角。每个小组会有一个铃铛，裁判 A 同学展示题目卡片，最先摇铃铛的小组，将有一次作答机会，答对加 1 分，答错扣 1 分。若小组抢答后答错，其他小组将不再对这个题进行补答得分。

90°	$\dfrac{\pi}{3}$	$\dfrac{\pi}{6}$	150°	3π	$\dfrac{4\pi}{3}$	15°	$\dfrac{7\pi}{6}$	$\dfrac{11\pi}{6}$	300°
$\dfrac{3\pi}{5}$	540°	390°	$\dfrac{5\pi}{12}$	345°	690°	$\dfrac{11\pi}{4}$	780°	$\dfrac{7\pi}{8}$	165°

第三轮比拼：应用探究，利用弧度制推导弧长及扇形面积

比拼前，教师先带领学生复习角度制表示的两个公式：

$$l = \frac{n\pi r}{180},\, S = \frac{n\pi r^2}{360}\,,\ \text{其中 } n \text{ 为角度数.}$$

比拼规则：共计 2 个公式，每个公式 4 分。最先研究出结论的小组可以摇响铃铛，派代表上台讲解弧长公式及扇形面积公式（如图 6-3-3）的推导过程，教师根据作答情况给予分数。两个公式要由不同小组完成推导，如果小组作答过程有误，其他小组可以补答，根据补答情况进行分数分配。

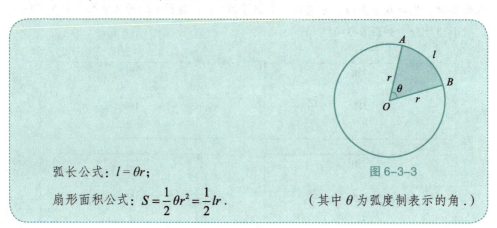

弧长公式：$l = \theta r$；

扇形面积公式：$S = \dfrac{1}{2}\theta r^2 = \dfrac{1}{2}lr$.

图 6-3-3

（其中 θ 为弧度制表示的角.）

最后，统计各组得分，评出本次"英雄比拼车轮战"的冠、亚、季军队伍，并颁发证书及奖品。

五、教学特点与反思

1. 与生活实际相结合，注重培养学生的自主探究能力

充分利用教材中提供的情境与问题，注重学生的自主探究，使知识的生成更自

然. 通过直观观察摩天轮的运动过程将角推广至任意角, 利用摩天轮旋转的方向引出正角、负角和零角的概念; 通过比对生活中长度、面积、质量等的度量方式, 引发对角的其他度量方式的思考; 通过动手实践在圆中寻找 1 弧度角的大小等方式不仅可以提高课堂效率, 更强化了学生的探究意识.

2. 设计课堂竞答活动, 注重培养学生的合作与竞争意识, 提升学习的趣味性

从小组合作探究 1 弧度的大小, 再到新知识学习结束后进行的"英雄比拼车轮战", 一轮一轮层层递进的小组合作, 打破了传统的课堂模式, 使学生成为课堂的主体, 课堂变得更加活跃和有趣, 学生在小组合作中主动参与、深入思考、互相协作, 在不断理解和实践中应用所学解决问题. 同时, 课堂竞答环节本身也是本节知识的实时检测, 考查了学生直观的观察能力、判别能力及推导演绎能力, 可以让教师快速地了解学生对本节的掌握情况, 并做好即时的点拨指导. 最后的奖励措施一方面给予学生鼓励与肯定, 另一方面提升学生学习的兴趣, 鼓励学生积极参与课堂, 主动提出并回答问题.

3. 课堂中渗透数学史, 使学生感受数学的发展历程

在角的概念推广及弧度制的学习过程中, 学生感受数学的发展历程, 体会事物不断丰富和进步的过程. 教师在弧度制的引入及其与角度制之间相互转换的讲解中, 渗透角度制及弧度制的起源, 让学生对数学史有所了解, 提升学生学习的兴趣及对数学史的敬畏.

§6.4
案例 三角函数中的换元思想探究

一、教学背景分析

教学内容分析: 本节主题为探究三角函数中换元思想的运用. 本节基于学生已经学完三角函数的概念、同角三角函数的基本关系及诱导公式、三角恒等变换、三角函数的图像与性质、解三角形等所有三角函数模块的相关知识, 对于三角函数的问题已经具备一定的解题能力. 但由于学生在最初接触三角函数时, 会受限于初中学习中对三角函数的理解, 在诱导公式、复杂三角函数式分析、解三角方程及不等式、辅助角公式等方面接受起来比较费力, 很难灵活地运用数学思想方法去解决相关问题. 同时, 在三角函数的教学过程中, 虽然教师强调角的整体思想在解题中的重要性, 但部分学生在解题时整体意识不到位, 不能灵活运用整体思想思考问题, 在求解的过程中依旧会碰壁.

学情分析：学生在初中已经了解换元法，并能够运用换元法解决简单问题，对换元法有一些初步认识但不能深刻地理解，且在实践中疏于归纳、总结、提炼，不能有意识地灵活运用．因此，让学生系统掌握换元法在三角函数中的运用，有着十分重要的意义．

教学重难点：三角函数解题中几种常见的换元类型．换元思想在三角函数中的灵活运用．

二、教学目标设置

1. 利用已经学过的三角函数知识背景，探究换元法在化简、求值等方面的运用；

利用换元法解决不同类型的三角问题，加深对换元法的理解，拓宽解决问题的思路．

2. 通过小组合作探究，体会换元法解决问题的过程，提升自我总结归纳能力、灵活分析问题、解决问题的能力．

3. 利用典型换元案例分析，感受数学思想方法在数学学习中的强大作用，培养学生的数学思维品格、逻辑思维能力和灵活运用所学解决数学问题的能力．

三、教学方法使用

教学方法：探究法．

四、教学过程设计

第一阶段：提出问题，寻找案例

三角函数是高中阶段十分重要的内容，在解决三角函数问题的过程中，渗透了许多数学思想方法，如：数形结合法、待定系数法以及解三角方程中利用换元简化运算等．本节我们将以第三种方法为重点，展开深入探究学习．

教师：换元法就是用新的变量替代原有的部分变量，使问题简化，降低难度．换元法的实质是转化，关键是构造新元，理论依据是等量代换，解题中需要注意在换元过程中保证取值的准确性．在解三角方程或不等式时常常用到把复杂的角看成一个整体，进行整体代换的方法．

请学生完成以下问题：

1. 解方程：$\sin 2x = \dfrac{1}{2}$；

2. 解不等式: $\sin\left(2x-\dfrac{\pi}{3}\right)\geqslant\dfrac{1}{2}$;

3. 求 $y=2\tan\left(3x+\dfrac{\pi}{4}\right)$ 的定义域;

4. 求函数 $y=\sqrt{2}\cos\left(\dfrac{1}{2}x+\dfrac{\pi}{4}\right)+1$ 的零点、对称轴、单调增区间.

学生经过个人思考和小组讨论, 交流如下:

学生 A: 问题 1 中, 如果我们将 $2x$ 看成一个整体, 或者设成新的元 t, 那么我们就可以将问题转化为求 $\sin t=\dfrac{1}{2}$ 的问题了. 于是得到

$$t=\dfrac{\pi}{6}+2k\pi \text{ 或 } t=\dfrac{5\pi}{6}+2k\pi, k\in\mathbf{Z}.$$

反代回去, 可以得出 x 的取值: $x=\dfrac{\pi}{12}+k\pi$ 或 $t=\dfrac{5\pi}{12}+k\pi, k\in\mathbf{Z}$.

最后再写成集合形式.

学生 B: 在问题 2 中, 我们可以考虑画出 $y=\sin\left(2x-\dfrac{\pi}{3}\right)$ 的图像, 然后再去找函数值大于或等于 $\dfrac{1}{2}$ 时 x 的取值范围. 但是, 好像画图本身就比较复杂, 这个题目是否也可以将括号内的部分看成一个整体, 设成新的元去求解呢?

令 $2x-\dfrac{\pi}{3}=t, \sin t\geqslant\dfrac{1}{2}$, 画图可得

$$\dfrac{\pi}{6}+2k\pi\leqslant t\leqslant\dfrac{5\pi}{6}+2k\pi, k\in\mathbf{Z},$$

那么反代回原式, 可得

$$\dfrac{\pi}{6}+2k\pi\leqslant 2x-\dfrac{\pi}{3}\leqslant\dfrac{5\pi}{6}+2k\pi, k\in\mathbf{Z},$$

化简得

$$\dfrac{\pi}{4}+k\pi\leqslant x\leqslant\dfrac{7\pi}{12}+k\pi, k\in\mathbf{Z}.$$

最后再写成集合形式. 这样利用换元后会简单很多, 省去了研究图像平移变换的过程.

学生 C: 问题 3 求 $y=2\tan\left(3x+\dfrac{\pi}{4}\right)$ 的定义域, 我们应该也可以类比前两个问题, 将括号内的部分看成整体, 如果熟练的话, 可以不体现换元的步骤, 也就是令 $3x+\dfrac{\pi}{4}\neq\dfrac{\pi}{2}+k\pi$, 然后直接得出结论 $x\neq\dfrac{\pi}{12}+\dfrac{k\pi}{3}, k\in\mathbf{Z}$.

学生 D: 在问题 4 中, 先求解 $y=\sqrt{2}\cos\left(\dfrac{1}{2}x+\dfrac{\pi}{4}\right)+1$ 的零点, 即转化为方程

$$\sqrt{2}\cos\left(\dfrac{1}{2}x+\dfrac{\pi}{4}\right)+1=0, \text{ 即 } \cos\left(\dfrac{1}{2}x+\dfrac{\pi}{4}\right)=-\dfrac{\sqrt{2}}{2}.$$

然后利用问题 1 或问题 2 的方法进行求解．再求解对称轴，想象一下该函数的图像，余弦函数 $y=\cos t$ 的对称轴为 $t=k\pi$，那么经过平移变换后，依旧是在余弦函数整体取最大值和最小值处为对称轴，因此，对称轴应该是在 $\frac{1}{2}x+\frac{\pi}{4}=k\pi$ 处取到，因此对称轴为 $x=2k\pi-\frac{\pi}{2}, k\in\mathbf{Z}$．最后求单调增区间，与对称轴相似，变换后的三角函数的单调增区间，应当是每一个从最低点到右侧与之相邻的最高点之间的区间段，也就是相邻两个对称轴之间的区间段，但是需要判断好低点和高点．

通过分析可得，最低点应当在 $\frac{1}{2}x+\frac{\pi}{4}=2k\pi+\pi$ 处，即 $x=4k\pi+\frac{3\pi}{2}$．右侧相邻的最高点应当在 $\frac{1}{2}x+\frac{\pi}{4}=2k\pi+2\pi$ 处，即 $x=4k\pi+\frac{7\pi}{2}$ 处取得．因此，单调增区间为 $\left(4k\pi+\frac{3\pi}{2}, 4k\pi+\frac{7\pi}{2}\right), k\in\mathbf{Z}$．

教师：以上问题的共同特征是将三角函数中复杂的角看成一个整体，也可以用一个新的元来替代这个整体，然后把复杂的问题简单化，变成我们熟悉的问题进行求解，这在三角函数中有着非常广泛的运用，学生务必要掌握这种换元的方法．

第二阶段：深入探究，灵活运用

在一些特殊形式的表达式里，可以有效辨别出换元方法的使用，不仅仅是角的换元，可能还涉及三角函数的整体换元，请学生完成以下问题：

1. 解方程：$\sin^2 x+2\sin x-3=0$；

2. 求函数 $y=\sin^2 x+2\sin x$ 在区间 $[0, 2\pi]$ 上的最值点；

3. 解方程：$\cos^2\left(2x-\frac{\pi}{3}\right)-2\sin\left(2x-\frac{\pi}{3}\right)+2=0$．

学生经过个人思考和小组讨论，交流如下：

学生 E：问题 1 的形式很像是二次方程，如果我们把 $\sin x$ 看成整体的话，可以进行求解．

令 $t=\sin x$，则原式化为 $t^2+2t-3=0$，再将其进行因式分解，可得 $(t+3)(t-1)=0$，即 $t=1$ 或 $t=-3$，但由于 $t=\sin x\in[-1, 1]$，所以我们可以锁定 t 的取值为 1，从而得到 x 的取值为 $\left\{x\mid x=2k\pi+\frac{\pi}{2}, k\in\mathbf{Z}\right\}$．

问题预测：个别学生在舍去 $t=-3$ 时可能会出现问题，教师在该问题中可以特别强调，注意换元后新元的取值范围应该有限制，即注意三角函数的值域．

学生 F：问题 2 和问题 1 很像，方法应该也类似，我们可以把 $\sin x$ 看成整体，然后利用二次函数的性质求解，也就是令 $t=\sin x$，得原式化为 $y=t^2+2t, t\in[-1, 1]$，我们可以作出该二次函数的图像，从图 6-4-1 可以看出，当 $t=-1$ 时，函数取得最小值，当 $t = 1$ 时，函数取得最大值，因此最值点为：最小值 $\left(\dfrac{3\pi}{2}, -1\right)$，最大值 $\left(\dfrac{\pi}{2}, 3\right)$.

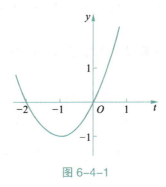

图 6-4-1

问题预测：有的学生在处理该问题时不够果断，事实上，三角函数与二次函数结合求最值、求方程解等问题十分常见. 教师可以提醒学生，要重视三角函数取值范围对结果的影响，还需要对比二次函数对称轴位置与区间端点的关系，判断二次函数的有效区间段，以此来鉴别最值点位置.

学生 G：通过观察，对于问题 3 的这类问题我们首先需要将式子中出现的三角函数转化为同名三角函数，为了便于计算，把 $\cos^2\left(2x - \dfrac{\pi}{3}\right)$ 转化为 $1 - \sin^2\left(2x - \dfrac{\pi}{3}\right)$，再把 $\sin\left(2x - \dfrac{\pi}{3}\right)$ 看成整体，设 $t = \sin\left(2x - \dfrac{\pi}{3}\right)$，那么原式可转化为 $t^2 + 2t - 3 = 0, t \in [-1, 1]$，此时，该问题就转化为和问题 1 一样的问题，可以得到 $t = 1$，即 $\sin\left(2x - \dfrac{\pi}{3}\right) = 1$，从而得到 $2x - \dfrac{\pi}{3} = \dfrac{\pi}{2} + 2k\pi, k \in \mathbf{Z}$，化简后得到最终结果 $x = \dfrac{5\pi}{12} + k\pi, k \in \mathbf{Z}$.

问题预测：学生看到该形式后，会被题目中复杂的角及复杂的三角函数名称迷惑，个别学生选择将其按照两角差公式展开求解，发现展开后就无法进行下一步了. 也有学生观察到角是相同的，先把角整体换元，等形式简化后，再进行下一步工作，这样做也无可厚非，但是解答步骤会增多. 教师可以建议学生多观察，多归纳总结，形成自己的逻辑思维，这样有助于我们一针见血地解决问题.

教师：

1. 为什么原始问题我们解决不了，换元后就可以解决？

由于人的注意力是有限的，当一个问题需要关注的因素较多时，我们很难抓住问题的主要矛盾，经过换元，可以让式子的表达更简洁，或者转化成已经熟悉的问题类型，这样问题自然就迎刃而解了.

2. 通过以上分析，总结归纳学生在三角函数中最熟悉的换元思想：

整体换元：即用"元"换"式"，包括把复杂角视为新元及把三角函数整体视为新元等.

3. 提炼换元的一般步骤：观察研究—构造新元—求解—代回．

往往通过换元，我们可以将待解决的问题转化为已经研究过的问题，将问题化难为易，化繁为简，化生为熟，给学生带来柳暗花明的感觉．

第三阶段：挑战问题，提升能力

在三角函数中，我们会遇到许多综合问题，需要大家不断地积累，形成自己理解问题的能力和清晰的解题思路．请学生完成以下问题：

1. 已知 θ 是第四象限角，且 $\sin\left(\theta+\dfrac{\pi}{4}\right)=\dfrac{3}{5}$，则 $\tan\left(\theta-\dfrac{\pi}{4}\right)=$ ＿＿＿＿＿＿．

2. 求 $f(x)=\sin 2x+\sin x+\cos x$ 的值域．

学生经过个人思考和小组讨论，交流如下：

学生 H：对于问题 1，可以把角拆开，然后求解，即 $\sin\left(\theta+\dfrac{\pi}{4}\right)=\dfrac{\sqrt{2}}{2}\sin\theta+\dfrac{\sqrt{2}}{2}\cos\theta$，又由于 $\sin^2\theta+\cos^2\theta=1$，联立后求解出 $\sin\theta,\cos\theta$ 的取值，再利用象限确定符号，最终得到 $\tan\theta$ 的值．最后将要求的正切值也拆开，代入所求结果即可．

学生 I：对于问题 1 我认为这两个角之间有着潜在的关联，如果我设 $\theta+\dfrac{\pi}{4}=t$，那么 $\theta=t-\dfrac{\pi}{4}, \theta-\dfrac{\pi}{4}=t-\dfrac{\pi}{2}$，这样的话，$\tan\left(\theta-\dfrac{\pi}{4}\right)=\tan\left(t-\dfrac{\pi}{2}\right)=-\cot t$，再根据已知条件，$\theta$ 在第四象限，那么 t 就是第四象限或第一象限角，由 $\sin\left(\theta+\dfrac{\pi}{4}\right)=\dfrac{3}{5}$ 可得，t 为第一象限角，这样可以得到 $\tan t=\dfrac{3}{4}$，$\tan\left(\theta-\dfrac{\pi}{4}\right)=-\cot t=-\dfrac{4}{3}$．

教师：其实该问题有很多种解法，无论我们采用学生 H 的解法或学生 I 的解法，只要运算准确都可以完成本题的求解，在求解过程中务必考虑三角函数的符号，注意利用题目所给角的象限信息细致分析．但是换元法有它绝对的优势，在运算量上会简化很多，类似的这类问题还有很多，它考察学生的观察能力和数学功底，找出要求角和已知角之间的关联，才能有效凑配或是换元．

学生 J：对于问题 2，把二倍角展开，$f(x)=2\sin x\cos x+\sin x+\cos x$，由 $\sin^2 x+\cos^2 x=1$ 可以想到，令 $t=\sin x+\cos x$，可以得到 $\sin 2x=t^2-1$，原函数可化为

$$f(x)=t^2-1+t, t\in\left[-\sqrt{2},\sqrt{2}\right],$$

分析二次函数图像性质可得，值域为 $\left[-\dfrac{5}{4},1+\sqrt{2}\right]$．

教师：涉及这类问题，我们要抓住 $\sin x+\cos x$ 与 $\sin x\cos x$ 之间的关联，换元设 $t=\sin x+\cos x$ 后，可将本问题的求值域问题转化为二次函数闭区间上的最值问题，使问题得到简化．但是在换元过程中，需要注意换元后的取值，避免出现扩解现象．

一般遇到已知三角函数的和、差、积等求最值的题型，常常会用到此类换元法，将原有复杂的三角函数问题转化为二次函数或一次函数的求值问题．

数学思想方法很好地体现了数学理论与实践的联系，在实践中的运用较多，可以辅助我们高效准确地攻克难题．但是，不是所有的问题都是标准化、有章可循的，它们的形式多种多样，涉及的知识面十分广泛，题型新颖，综合性较强，遇到这些问题我们需要通过已有经验仔细研究，不断尝试．

第四阶段：总结归纳

1. 所有学生需要掌握常规的换元方法．针对一般难度的问题，我们可以用知识和经验快速找到换元规律，解决问题．这就要求学生在日常学习中，善于积累总结，熟练掌握解决问题的方法和思想，如第一阶段中提及的部分问题及例题，大都是通过经验可以解决的．

2. 换元法要求学生善于观察题目形式．有一些题目形式较为复杂，或所提供的信息较为模糊，很难快速确定解题方法和换元类型，此时，需要我们有更多的耐心和更敏锐的思考，细致观察题干条件，找到解决问题的突破口，从而准确换元，简化问题．

3. 在换元时，一定要注意等量代换，比如在求解复杂三角函数的单调性问题时，我们无法简单地将已知函数换元后变成二次函数的问题进而解决单调性问题．

4. 很多问题解决方法不唯一，虽然运用换元法可以较快地解决，但是学生一般很难想到此种换元方式，需要不断地尝试和摸索，这也是数学的趣味和魅力所在，它的未知和深邃吸引我们构建更高的学习目标．

五、教学特点与反思

1. 本节重点不在知识本身，而在于思维深度的挖掘

在第一阶段，学生只需要系统地梳理自我认知中换元法应用的领域，我们无须在课堂上一板一眼地将每个问题的解题步骤表达出来，而重在探究过程中，不同类型问题中换元思想是如何发挥作用的．第二阶段和第三阶段的深入研究，考验学生对知识掌握的深度和灵活度，尤其针对难度较大、条件较隐蔽的问题，学生可以体会绞尽脑汁的思考过程，一次次尝试，一点点深入，同时感受解决问题后柳暗花明的喜悦．

2. 注重数学思想的生成和灵活运用

设计本节内容最主要的目的是强化数学思想方法在学习中的重要作用，换元法是高中数学解题中非常典型的方法，应用于多种类型的问题，但日常我们疏于提炼和强化，学生缺乏对该数学思想的探究和体会．本节通过系统地探究三角函数中的换

元思想，让学生对三角函数知识、换元法的理解更加系统深入，同时促进学生自主探究其他思想方法的运用并进行归纳，这样对学生数学思维的形成和数学素养的生成都有着十分重要的意义．

3. 教师反思

我们的教学过程需要有教师的讲解，重点是在教师的引领下，对于学生经过独立思考能够完成的事情，教师要尽可能放手，让学生在思考中进步，在思考中成长．

§6.5
案例　余弦定理

一、教学背景分析

学生之前已经学习了正弦定理，会做一些定量计算，从中体会到三角形中边与角的定量关系．但是正弦定理只能通过对边和对角来得到其他的边和角，有一定的局限性．因此我们学习余弦定理，通过两边一夹角来得到其他的边与角．

教学重难点：余弦定理的推导及其应用．三角形边角关系的探究过程．

二、教学目标设置

1. 掌握余弦定理的推导过程，会利用余弦定理解决简单问题．
2. 经历探究三角形边角关系的过程，感悟数学各个模块知识的综合应用及其内在联系．
3. 感受数学来源于生活并应用于生活，提高学生学习数学的兴趣．

三、教学方法使用

教学方法：探究法．

四、教学过程设计

第一阶段：创设情境，引出问题

教师提出问题，启发学生思考.

> 问题：如图 6-5-1，我们需要测量 AB 之间的距离，但是已知 AB 之间有山，利用现代的测量工具，我们可以方便地测出 $AC=300$ m，$BC=400$ m 以及 $\angle C=45°$，我们能否根据这三个量求出 AB？
>
>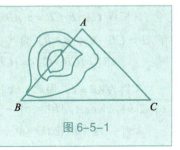
>
> 图 6-5-1

第二阶段：师生合作，发现定理

教师：我们现在已知的条件是什么？

学生：两边一夹角.

教师：我们能否用之前学的正弦定理来解决这个问题？

学生：不好解决.因为不知道 AB 边、$\angle B$ 或者 $\angle A$.

教师：那么我们就要试着探寻三角形中有没有其他的边角关系.下面请学生分小组讨论，并展示讨论成果.

学生 A：我想做辅助线构造直角三角形，过点 A 做 $AD \perp BC$ 于 D，如图 6-5-2，因为 AC 的长度为 300 m，$\angle C=45°$，我们就可以求出 AD 和 CD 的长度都是 $150\sqrt{2}$ m，BD 的长度等于 $(400-150\sqrt{2})$ m，在 Rt $\triangle ABD$ 中，使用勾股定理就可以求出 AB 的长度了.

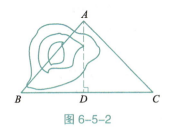

图 6-5-2

教师：利用直角三角形可以解决上述问题.下面我们进一步研究，如果对于任意三角形 ABC，知道了两边及其夹角，是否都可以按照上面的方法求出第三边？

学生 B：我觉得可以.

学生 C：我觉得不行，如果 $\angle C$ 是钝角，垂足 D 就不会落在线段 BC 上.

教师：其实当点 D 落在线段 BC 的延长线上时，我们也可以采用类似的方法解决问题．不过我们每次都这样做辅助线比较麻烦，能不能找到一个类似正弦定理的定理，来解决已知三角形的两条边及其夹角求第三边的问题？下面分小组讨论一下．

小组一：既然涉及边长的问题，那么我们试着用向量的方法看看能不能解决问题．

我们设 $\overrightarrow{CA}=\boldsymbol{b}, \overrightarrow{CB}=\boldsymbol{a}, \overrightarrow{AB}=\boldsymbol{c}, <\overrightarrow{CA},\overrightarrow{CB}>=\angle C$．根据向量的减法三角形法则，我们有 $\overrightarrow{AB}=\overrightarrow{CB}-\overrightarrow{CA}=\boldsymbol{a}-\boldsymbol{b}$，因此

$$|\overrightarrow{AB}|^2=|\overrightarrow{CB}-\overrightarrow{CA}|^2=|\overrightarrow{CB}|^2-2\overrightarrow{CB}\cdot\overrightarrow{CA}+|\overrightarrow{CA}|^2=|\boldsymbol{a}|^2-2|\boldsymbol{a}||\boldsymbol{b}|\cos C+|\boldsymbol{b}|^2.$$

又因为 $\overrightarrow{AB}=\boldsymbol{c}$，因此，$|\boldsymbol{c}|^2=|\boldsymbol{a}|^2+|\boldsymbol{b}|^2-2|\boldsymbol{a}||\boldsymbol{b}|\cos C.$ 类似地，可得 $|\boldsymbol{a}|^2=|\boldsymbol{b}|^2+|\boldsymbol{c}|^2-2|\boldsymbol{b}||\boldsymbol{c}|\cos A$，$|\boldsymbol{b}|^2=|\boldsymbol{c}|^2+|\boldsymbol{a}|^2-2|\boldsymbol{c}||\boldsymbol{a}|\cos B$．

教师：这个结论就叫做余弦定理，即三角形任何一边的平方，等于其他两边的平方和减去这两边与其夹角余弦乘积的 2 倍．

教师：我们除了用向量的方法来证明，还有没有其他方法呢？

小组二：我们想把三角形放到平面直角坐标系中，看看能不能用坐标法来探究．将 A 点与平面直角坐标系的原点重合，以 AB 所在直线为 x 轴，如图 6-5-3．

设 AB 的长度为 c，AC 的长度为 b，BC 的长度为 a，则点 B 的坐标为 $(c,0)$，点 C 的坐标为 $(b\cos A, b\sin A)$．

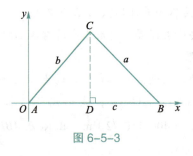

图 6-5-3

如图 6-5-3，有 $a^2=(c-b\cos A)^2+(b\sin A)^2,$
$$=c^2-2bc\cos A+b^2\cos^2 A+b^2\sin^2 A,$$
所以 $a^2=b^2+c^2-2bc\cos A.$

小组三：我们根据三角形的各种分类进行研究．首先，当 $\triangle ABC$ 是锐角三角形时，过 C 点做 AB 的垂线 CD，如图 6-5-4，在 $\mathrm{Rt}\triangle ACD$ 中，$AD=b\cos A$，所以有 $BD=AB-AD=c-b\cos A$．又因为 $CD=b\sin A$，所以在 $\mathrm{Rt}\triangle BCD$ 中，由勾股定理可得

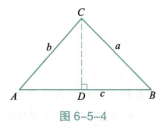

图 6-5-4

$$BC^2=BD^2+CD^2=(c-b\cos A)^2+(b\sin A)^2=c^2-2cb\cos A+b^2,$$
因此得到 $a^2=c^2-2cb\cos A+b^2.$

其次，当 $\triangle ABC$ 是钝角三角形，$\angle A$ 是钝角时，过 C 点做 AB 的垂线，与 BA 的延长线交于点 D，如图 6-5-5，在 $\triangle ACD$ 中，$AD = b\cos(\pi - A) = -b\cos A$，$CD = b\sin(\pi - A) = b\sin A$，所以 $BD = AB + AD = c - b\cos A$.

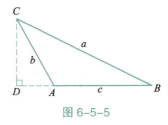

图 6-5-5

在 $\mathrm{Rt}\triangle BCD$ 中，

$$
\begin{aligned}
BC^2 &= BD^2 + CD^2 \\
&= (c - b\cos A)^2 + (b\sin A)^2 \\
&= c^2 - 2cb\cos A + b^2,
\end{aligned}
$$

因此得到 $a^2 = c^2 - 2cb\cos A + b^2$.

当 $\triangle ABC$ 为直角三角形时，若 $\angle A$ 为直角，易知 $a^2 = c^2 + b^2 = c^2 + b^2 - 2cb\cos A$，结论依然成立.

综合以上对三角形的分类讨论，得到余弦定理.

教师：学生分别运用了平面向量的知识、平面直角坐标系的方法和平面几何的方法得到了著名的余弦定理，我们可以感受到不同的数学知识之间存在着密切的关联. 对于同一个问题，我们从不同的角度思考，都有可能得到最终的结论.

第三阶段：运用定理，解决问题

教师：我们已经得到了余弦定理，现在我们应用余弦定理再来解决本节开始的问题.

$$
\begin{aligned}
AB^2 &= AC^2 + BC^2 - 2AC \cdot BC\cos C \\
&= 300^2 + 400^2 - 2 \times 300 \times 400\cos 45° \\
&= 90\,000 + 160\,000 - 120\,000\sqrt{2},
\end{aligned}
$$

故 $AB = 100\sqrt{25 - 12\sqrt{2}}$

$\approx 283\,(\mathrm{m})$.

由此我们可以看到，应用余弦定理后，解决问题会变得更加简便.

例 在 $\triangle ABC$ 中，已知边 $a = 3\sqrt{3}$，$c = 2$，$\angle B = 150°$，求边 b 的长度.

解 利用余弦定理：

$$b^2 = c^2 + a^2 - 2ca\cos B$$
$$= 4 + 27 - 12\sqrt{3}\cos 150°$$
$$= 49,$$

所以，$b = 7$.

五、教学特点与反思

在本节开始，我们给出了一个具体的数学问题，引发学生学习数学的兴趣，激发学生解决问题的欲望.《普通高中数学课程标准》（2017 年版）提出要尊重学生已有的知识和经验，倡导学生自主探究、合作探究. 学生在面对一个新的问题时，会很自然地想到用已经学过的知识来解决，但是当发现之前学过的知识不能满足现阶段的需求时，就会想办法探究新的关系. 我们不仅希望学生可以得到结论，更希望学生在得到结论的过程中，思维能够有一定的发散，能够从不同的角度去思考问题，这样学生可以在获得知识的同时，提升分析问题和解决问题的能力. 本节采用了探究式教学方法，以问题为教学的出发点，给学生充分的讨论空间，培养学生善于观察、善于联想的能力，达到预设的教学目标.

§6.6
案例　球的体积公式探究

一、教学背景分析

教学内容分析：过去，大部分教师对于球的体积公式的推导不进行深入分析，有些教师会简单说明原理，课堂上少有探究推导证明的情况. 然而，在改版后的人教版教材中，突出了数学学习与数学史的结合，同时，教材中增设了许多拓展阅读的模块. 事实上，球的体积公式的推导和探究十分有必要，它体现了新时代教师对学生数学兴趣和数学探究意识的培养、数学思维的生成等方面的充分重视.

学生在学习本节前已经完成空间多面体、圆柱、圆锥及其表面积、体积公式和三视图的学习，已经掌握锥体体积是柱体体积的三分之一的基本意义. 学生已经学过数列、级数、极限、数学归纳法，知道两个特殊的求和结论：

$$1 + 2 + 3 + \cdots + n = \frac{n(n+1)}{2}, \quad 1^2 + 2^2 + 3^2 + \cdots + n^2 = \frac{n(n+1)(2n+1)}{6}.$$

教学重难点：球的体积公式. 球的体积的多种计算方法探究.

二、教学目标设置

1. 熟练掌握球的体积公式；了解祖暅原理、切割半球、积分等求球体积公式的方法.

2. 通过生活中的求球体积的问题引出求体积的多种方法，并将数学史与本节内容结合，系统理解球体积公式的生成.

3. 借助不同工具探究球的体积公式，感受逻辑推理、直观想象、数学运算三大核心素养；引入数学史辅助学习，拓宽学生数学视野，培养学生的数学学习兴趣和探究意识.

三、教学方法使用

教学方法：探究法.

四、教学过程设计

第一阶段：介绍生活实例，引出探究问题

教师：本节我们将深入认识"球"，请学生思考并说出生活中在哪里见过"球"？

学生：体育中的球，如乒乓球、篮球、瑜伽球等；食物中的球，如糖球、汤圆等；建筑中的球，如为了禁止大车驶入的球形桩等.

此时，老师可以展示提前收集的各种球的生动图片.

教师：球频繁出现于我们的日常生活中，比如在水培植物非常流行的今天，很多人在选择培养容器时会选择球形玻璃容器.假设我知道每天容器中水蒸发的体积，也知道容器中花需要水的最小体积，我现在要出差，需要让朋友来家里给花浇水，那么如果我想知道这个球形玻璃容器能装水的最大体积，谁能帮助我解决这个问题呢？

学生A：我们可以把这个球装满水，然后再把水倒进量杯里，直接测量.

学生B：我们可以封住球形玻璃容器的口，然后把它放进一个装满水的大水桶里，测量溢出水的体积.

教师：在物理课中我们曾接触过排水法求体积或密度等问题，看来这个问题难不倒大家.

设计意图：通过展示各种生动有趣的球，吸引学生的注意力，引起学生参与课堂的兴趣.同时，用一个每名学生都能回答的有关球体积的设问，打消学生对复杂知识的防备，增强学生探究本节核心问题的信心.

教师：如果我不仅想知道这个球的体积，还想了解所有球的体积计算公式，应该怎么办？请学生分小组进行讨论，并派代表阐述你们的想法.（教师给出如图 6-6-1 的同底同高的圆锥、半球、圆柱图.）

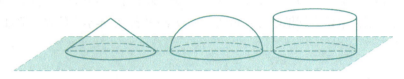

图 6-6-1

学生经过小组分析和讨论，得出结论如下：

小组一：我们知道锥体体积是柱体体积的三分之一，可以研究如图 6-6-1 所示的同底同高的三个立体图形：圆锥、半球和圆柱的体积，如果它们的半径和高均为 R，那么我们可以得到 $V_{\text{锥}}=\dfrac{1}{3}\pi R^3$，$V_{\text{柱}}=\pi R^3$，如果让我们猜测的话，半球的体积可能是 $V_{\text{半球}}=\dfrac{2}{3}\pi R^3$.

学生表示从图形上来看，该猜测有几分道理. 此时，教师带领学生一步步验证小组一的猜想.

步骤 1：介绍祖暅原理

早在南北朝时期，数学家祖冲之与他的儿子祖暅就研究了几何体的体积，并在总结前人成果的基础上提出了如下原理：幂势既同，则积不容异. 这就是说，夹在两个平行面间的两个几何体，如果被平行于这两个平面的任意平面所截，得到的两个截面的面积总相等，那么这两个几何体的体积一定相等（如图 6-6-2）.

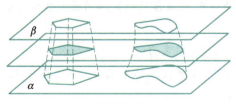

图 6-6-2

此时，教师结合数学史简单介绍《九章算术》和数学家刘徽提出的"牟合方盖"，但是很遗憾，刘徽没能把牟合方盖的体积算出来，大约 200 年之后，祖冲之父子发现了祖暅原理及柱体体积与椎体体积的关联.

步骤 2：将圆锥倒立放于圆柱中，用平行于底面的平面截两个立体，对比截出的圆和圆环的面积值（如图 6-6-3）.

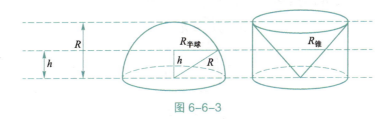

图 6-6-3

假设在截面高为 h 时截半球得到的圆半径为 $R_{半球}$，面积为 $S_{半球}$，截圆柱得到的圆半径为 R，截圆锥得到的圆半径为 $R_{锥}$，圆柱截面与圆锥截面面积之差为 $S_{圆环}$，则有如下关系：

$$R_{半球} = \sqrt{R^2 - h^2},$$

$$R_{锥} = h,$$

$$S_{半球} = \pi R_{半球}^2 = \pi (\sqrt{R^2 - h^2})^2 = \pi(R^2 - h^2),$$

$$S_{圆环} = \pi R^2 - \pi R_{锥}^2 = \pi R^2 - \pi h^2 = \pi(R^2 - h^2),$$

于是得出等高处半球的截面圆与圆环面积相等.

步骤 3：由祖暅原理"幂势既同，则积不容异"可以推出，半球体积与圆柱和圆锥体积的差相等，即得出结论：$V_{半球} = \pi R^3 - \dfrac{1}{3}\pi R^3 = \dfrac{2}{3}\pi R^3$，$V_{球} = \dfrac{4}{3}\pi R^3$.

总结：球体积的推导在数学史上有着十分重要的意义，科学家们经过无数次的探究，最终完成了严谨的推导证明. 今天，我们站在巨人的肩膀上学习探究球体积的推导过程，希望学生可以铭记.

设计意图：通过对比球、圆柱与圆锥的体积，教师引导学生更加深入地理解三者之间的关联，了解祖暅原理的意义，并一步步引导学生将其应用于球的体积的推导，将理论与实践相结合，让学生感受数学来源于生活，并指导生活.

第三阶段：深入探究，推导公式

探究 1：切割半球法求球的体积公式

在数学史上，球的体积公式的推导方法有多种，除了利用祖暅原理推导外，还有一种较为普遍的推导方法——半球分割法.

教师：相信学生都知道切圆法计算圆的面积，也初步建立了把不规则图形转化为规则图形，将未知问题转化为所学内容去解决问题的意识. 对于球的体积公式，我们也可以考虑将球无限切割，当切割的厚度足够小时，可近似地将切成的立体看成圆柱，再利用计算无数个圆柱的体积和，探究该和是否有规律可循，和的极限是否存在等. 下面请学生进行小组合作，完成推导，并上台板书过程.

小组二：如图 6-6-4，将球的半径 R 分成 n 等份，过每一个分点作平行于大圆的平面，每个截面圆的半径依次为 $r_1, r_2, r_3, \cdots$，则有

$$r_1 = \sqrt{R^2} = R,$$

$$r_2 = \sqrt{R^2 - \left(\frac{R}{n}\right)^2},$$

$$r_3 = \sqrt{R^2 - \left(\frac{2R}{n}\right)^2},$$

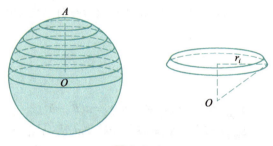

图 6-6-4

依此类推，$r_i = \sqrt{R^2 - \left[\frac{(i-1)R}{n}\right]^2}$，$i = 1, 2, 3, \cdots, n.$

设 $\Delta h = \dfrac{R}{n}$，则

$$\begin{aligned}
V_{半球} &= V_1 + V_2 + V_3 + \cdots + V_n \\
&= \pi r_1^2 \Delta h + \pi r_2^2 \Delta h + \pi r_3^2 \Delta h + \cdots + \pi r_n^2 \Delta h \\
&= \pi \Delta h \left\{ R^2 + (R^2 - \Delta h^2) + \left[R^2 - (2\Delta h)^2 \right] + \cdots + \left[R^2 - (n-1)^2 \Delta h^2 \right] \right\} \\
&= \pi \Delta h \left\{ nR^2 - \Delta h^2 \left[1^2 + 2^2 + \cdots + (n-1)^2 \right] \right\} \\
&= \pi \Delta h \left\{ nR^2 - \Delta h^2 \frac{(n-1)n(2n-1)}{6} \right\} \\
&= \pi \frac{R}{n} \left\{ nR^2 - \frac{R^2}{n^2} \frac{(n-1)n(2n-1)}{6} \right\} \\
&= \pi R^3 \left\{ 1 - \frac{1}{n^3} \frac{(n-1)n(2n-1)}{6} \right\}.
\end{aligned}$$

当 $n \to +\infty$ 时，

$$V_{半球} = \lim_{n \to \infty} \pi R^3 \left\{ 1 - \frac{1}{n^3} \frac{(n-1)n(2n-1)}{6} \right\}$$
$$= \pi R^3 \left(1 - \frac{2}{6} \right)$$
$$= \frac{2}{3} \pi R^3 .$$

由此可得，$V_{球} = \frac{4}{3} \pi R^3$.

教师：小组二的证明思路很严谨，也再次印证了有时我们可以将一个不熟悉的问题通过无限分割转化为熟悉的问题，再通过近似求和的方式推导出所求结论.

设计意图：类比切圆法，将半球无限切割、近似求和，从而计算球的体积，推导过程一气呵成，学生可以从中体会其蕴含的微积分思想，感知严谨的数学逻辑思维.

探究 2：利用旋转体体积的积分公式推导球的体积公式

除了上述两种非常重要的推导球的体积的方法外，还有一种方式可以计算出球的体积公式，我们知道球可以看成半圆旋转一周形成，在微积分中，我们可以利用求旋转体体积的公式 $V = \int_a^b \pi [f(x)]^2 \, dx$，快速计算出半径为 R 的球的体积公式.

$$V_{球} = 2 \int_0^R \pi \left(\sqrt{R^2 - x^2} \right)^2 dx$$
$$= 2 \int_0^R \pi \left(R^2 - x^2 \right) dx$$
$$= 2 \pi \left(R^2 x - \frac{1}{3} x^3 \right) \Big|_0^R$$
$$= 2 \pi \left(R^3 - \frac{1}{3} R^3 \right) - 0 = \frac{4}{3} \pi R^3 .$$

设计意图：使学生进一步深入理解探究 1，挖掘其中的积分知识，回顾求旋转体体积的方法并利用它完成球的体积的推导，最终回归到探究 1，感受其内在关联.

第四阶段：总结提炼，感受逻辑

教师请各小组代表分享收获，每个小组提出一个关键点.

小组一：我们不仅认识了生活中各种各样的球，还利用许多方法推导出计算球的体积的公式，当不知道体积公式时，我们可以利用小技巧去推算出球的体积，当然这也适用于其他几何体的体积计算.

小组二：我们组印象最深刻的是祖暅原理的"幂势既同，则积不容异"，这块内容很有趣，不仅引导我们进行了关于球的体积的数学史探究，更让我们感受到了科学家们克服一切困难寻找真理的执着.

小组三：我们组比较欣赏切割半球的方法，从无限切割到近似求和，再到精确求和，一步步操作真的很精妙，最终推出体积公式 $V_{\text{球}} = \frac{4}{3}\pi R^3$ 的那一刻，我们全组同学都无比激动.

小组四：我们组认为，本节的精妙之处不在于球的体积本身，更在于面对同一个问题，无数人为之付出努力，并能通过不同的路径最终抵达终点. 这告诉我们，只要不懈努力，真理就会一步步靠近.

设计意图：回顾本节知识点及运用的推导方法，强化记忆球的体积公式，感受球的体积推导与数学史及生活实际相连，增强学生学习数学的信心和探究问题的意识.

五、教学特点与反思

1. 从生活中许多美丽的球入手，调动学生兴趣

教师前期从网络上搜集了许多比较特别的球的图片，有趣的图片更容易吸引学生的眼球，让学生聚焦在课堂中，调动了学生的学习兴趣，更有利于后续复杂问题的抛出.

2. 小组合作探究，学生做课堂的主人

从课堂引入，到利用多种方法探究球的体积，学生都是在小组内合作完成的，这种方式大大提高了课堂效率，在老师的点拨提示下，学生经过小组思维碰撞，逐渐达成学习目标. 整个过程中，学生推动学生，小组合作探究，知识脉络生成得自然连贯，让复杂难懂的问题变得清晰易懂. 同时，本节对比分析了多种球的体积的证明方式，让学生从多维度去思考，全面地看待和理解问题.

3. 重视学生数学核心素养的落地

在本节中，也许最后落在学生脑中的只是球的体积公式本身，亦或是多年后，学生对球的体积公式的记忆也会变得模糊，但课堂中渗透的数学运算、逻辑推理、直观想象几大数学核心素养将成为学生素养的一部分始终留存，这种潜移默化的影响将使学生受益终生.

4. 课堂中渗透数学史，突显了数学史与数学教育在数学教学中的地位

本节在利用第一种方法探究体积公式时，辐射了数学史的知识，让学生感受无数数学巨匠们在几何体的体积领域的研究，环环相扣，先提出祖冲之父子的数学成就，再利用祖暅原理推导出球的体积，让学生感受数学的逻辑线条，提升学生的学习兴趣.

第7章
数学应用意识的培养

§7.1
概述

注重数学应用意识的培养是国际数学教育改革的一个基本趋势．在大数据时代，数学应用意识更是为了适应"互联网 +"时代学习的需要，深入到现代社会生活的各个方面．《普通高中数学课程标准》（2017 年版）将"发展学生的数学应用意识"列为十大基本理念之一，并明确提出："高中数学课程应力求使学生体验数学在解决实际问题中的作用、数学与日常生活及其他学科的联系，促进学生逐步形成和发展数学应用意识，提高实践能力．"因此，我们应积极在平时的教学过程中注意提供基本内容的实际背景，渗透数学应用的思想，逐步培养学生的数学应用意识．

教师可以在教学中通过创设理论联系实际的情境，让学生体会数学广泛应用性的同时开拓视野，提高学习数学的兴趣；开展数学实践活动，将数学建模思想融入课堂教学中，将应用题放入真实情境中，让学生体会实际问题中的数学应用．

做好数学应用意识的培养，教师要精心设计真实的案例．有时候为了使用相关的定理，教师构造的教学案例是虚拟的，与现实生活完全不符，学生看到这些内容，不会认为是数学知识的应用，只是一场数学游戏，结果没有达到数学应用意识培养的目的．

做好数学应用意识的培养，教师需要教给学生用数学的眼光看世界．当我们看到一个新闻报道，看到一个地标景观，教师首先要从中捕捉到与数学相关的信息，据此编制出真实有意义的数学问题，将这些问题带入课堂，对培养学生的数学应用意识将起到积极的作用．特别是教师能够从学生的周围发现应用问题，以此融入教学过程，学生看到这些身边的数学，学习的兴趣和积极性会上升，同时也会去积极寻找身边的数学，进而养成用数学的眼光看世界的良好习惯．

在本章中，我们选择了 4 个具有代表性的案例，从不同角度探索如何在课堂中培养学生的数学应用意识．

1. 分形中的数列与迭代

数学知识的应用，可以从生活中的问题引入．教师通过设问"海岸线有多长？""是否有这样一个图形具有有限的面积，却有无限的周长？"引发学生思考，从而介绍分形的概念；通过计算科赫（Koch）雪花曲线的周长和面积，将图形和数列迭代融合，得到数列极限的两种类型，即收敛与发散，和它们所对应的条件；同时，类比等比数列，对于一般的迭代公式，讨论是否有相同结论，进而介绍不动点与回形图，使学生可以更好地理解迭代的极限过程．

2. 汽车牌照中的排列组合问题

数学知识的应用，可以通过解决现实生活中的问题入手．随着时代发展，人们对汽车的需求量越来越大，制定汽车牌照的规则就变成了急需解决的问题．从开始的三位数车牌，到现在的五位数车牌，多加了两位数，便可多容纳 100 倍的车辆．若增加不同限制条件，如加入字母等，则所容纳车辆数就变成了典型的排列组合问题．学生在此过程中，能够通过自己的数学知识解决现实问题，不仅提高了学生的探究兴趣，还能够根据所学结合实际，给出自己的探究结果和制定的规则．

3. 二项展开式和 HEX 颜色代码

数学知识的应用，有助于分析不同的专业知识．在这一节中，我们通过二项展开式引入杨辉三角的规律，再通过对艺术软件中 HEX 十六进制颜色代码的分析，加深学生对排列组合以及杨辉三角的理解和认知，从而让学生感受数学与实际的联系，能够应用所学的数学知识更高效地进行不同专业的学习．

4. 正弦函数拟合

数学知识的应用，是数学建模核心素养的体现．教师带领学生从具有周期性的声波总结出正弦型函数，根据正弦型函数的参数结合声音的特质，找到其内在联系，让声音可视化；并结合实际数据，利用三角函数模型结合技术进行预测，解决实际问题，不仅让学生学以致用，还能深刻感受数学就在我们身边，更好地体会数学应用的意义和价值．

§7.2
案例 分形中的数列与迭代

一、教学背景分析

教学内容分析：在高中数学中，数列是其中一项重要的内容，是联系实际的重要方式之一．数列中的递推思想在高中数学中有着十分重要的地位，同时，也是大学数学中理解极限，学习微积分的基础．数列极限的概念是学习导数所必备的基础知识，极限也是从初等数学的思维方式到高等数学的思维方式的质的转变．

在高中阶段，对于学生来说理解极限并不容易，这不仅涉及理论推导，还需要有对无穷概念的理解．在此之前学生接触的量都是有限的，从有限到无限，是学生认知的一次飞跃．本节是学生对极限的第一印象，从一个实际的案例——分形引入．分形广泛地存在于现实世界中，山脉、河流、云朵、树叶等都有分形的影子，用"形"来描述分形很好理解，但随着课程内容的一步步推进，用"数"来描述分形就需要学生结合数列进行探究推导．

学情分析： 授课对象为高一学生，数列知识可作为基础．

教学重难点： 判断数列极限的条件．

二、教学目标设置

1. 理解数列极限．会判断数列发散或收敛，以及对应的条件．

2. 通过小组合作探究科赫（Koch）雪花曲线的周长和面积，结合观察的图形规律，总结极限的定义和性质；讨论不同迭代公式下的图形规律，理解数列的发散与收敛．通过自然界中的分形现象引入，总结分形特征，划归到数列的相关定义上，从而帮助学生理解分形与迭代新概念；通过设置问题情境，分析数和形的变化趋势，学生了解到数列极限及其迭代过程，学会数学语言的表述，培养观察、分析、概括的能力．

3. 鼓励学生通过探究式学习实现"用数学"，提高学生的数学素养，培养学生自主探究的意识．

三、教学方法使用

教学方法： 探究法．

四、教学过程设计

第一阶段：引出问题

教师介绍著名的"海岸线到底有多长？"问题，得到"没有绝对的长度，只是不同精度的测量工具会得到不同长度，差别在于细节的相对性"的结论．在这样的前提下，我们将这种具有自相似性的图形称为分形．

> 问题1：是否存在这样一个图形，具有有限的面积却拥有无限的周长？

从一个看似矛盾的问题，引发学生思考，当学生从已学的知识中找不到答案的时候，教师引出"科赫雪花曲线"的例子，并带领学生探究图形的周长与面积．

> 问题2：根据以下步骤得到科赫雪花曲线，能否计算出这个图形的周长和面积？
>
> 从一个边长为 l 的正三角形开始，根据下列步骤进行构造：
>
> 步骤1：将其每边三等分；
>
> 步骤2：以每条边中间长度为 $\dfrac{l}{3}$ 的线段为边向形外作正三角形；
>
> 步骤3：将上一步中长度为 $\dfrac{l}{3}$ 的线段去掉，得到一个新的多边形，如图 7-2-1 所示．
>
> 然后把这个过程无限继续下去，如图 7-2-2 所示．

图 7-2-1   图 7-2-2

学生利用已学过的等比数列求和公式，能够得到下面的计算过程．设原正三角形面积 $a_0 = \dfrac{\sqrt{3}}{4}l^2$，

第1次分形后周长 $P_1 = 3l \times \dfrac{4}{3}$，学生直接得到：$P_1 = 4l$，面积 $A_1 = \dfrac{a_0}{5}\left(8 - 3\left(\dfrac{4}{9}\right)^1\right)$．

第2次分形后周长 $P_2 = 3l \times \left(\dfrac{4}{3}\right)^2$，面积 $A_2 = \dfrac{a_0}{5}\left(8 - 3\left(\dfrac{4}{9}\right)^2\right)$．

第3次分形后周长 $P_3 = 3l \times \left(\dfrac{4}{3}\right)^3$，面积 $A_3 = \dfrac{a_0}{5}\left(8 - 3\left(\dfrac{4}{9}\right)^3\right)$．

……

第 n 次分形后周长 $P_n = 3l \times \left(\dfrac{4}{3}\right)^n$．

同理可得，第 n 次分形后面积 $A_n = \dfrac{a_0}{5}\left(8 - 3\left(\dfrac{4}{9}\right)^n\right)$．

当 n 趋向无穷时，周长 $P = \lim\limits_{n \to \infty} P_n = \lim\limits_{n \to \infty} 3l \times \left(\dfrac{4}{3}\right)^n = \infty$，

面积 $A = \lim\limits_{n \to \infty} A_n = \lim\limits_{n \to \infty} \dfrac{a_0}{5}\left(8 - 3\left(\dfrac{4}{9}\right)^n\right) = \dfrac{8a_0}{5}$.

设计意图：通过计算我们得到了雪花图形的周长是无穷大的，但是面积是有限的．这类图形统称为科赫曲线．结合理论推导，学生可以初步理解极限中发散即为无穷，收敛则是能够找到一个常数值无限逼近．

第二阶段：总结条件

问题 3：能否总结出数列极限收敛与发散的条件．

为了让学生更好地理解，教师可以引导学生利用数形结合思想分析，画出不同公比的图像（图 7-2-3 的四类等比数列图像），从而归纳出一般结论．

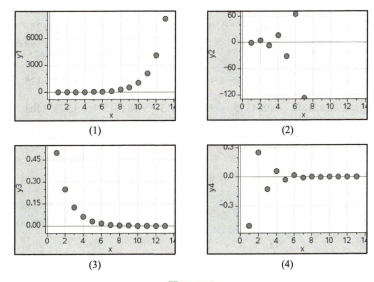

(1) (2) (3) (4)

图 7-2-3

图 7-2-3 的（1）和（2）分别表示公比 $r>1$，$r<-1$ 时的数列图像，（3）和（4）分别表示公比 $0<r<1$，$-1<r<0$ 时的数列图像．

因此可以总结出，对于等比数列，当 $|r|<1$ 时，数列收敛，$\lim\limits_{n \to \infty} a_n = 0$；当 $|r|>1$ 时，数列发散，$\lim\limits_{n \to \infty} a_n = \infty$．

第三阶段：探究极限

问题 4：由递推公式所得数列不是等比数列的情况下，给出一个一般的递推公式，判断它们的敛散性．

学生分组讨论，计算不同迭代公式下的每步结果，并记录到表7-2-1至表7-2-3中

表7-2-1　不同迭代公式下的结果（1）

公式 $x_{n+1}=f(x_n)$	$x_{n+1}=\dfrac{1}{2}x_n+5$					
初始值 x_0	1	2	3	0.5	-1	100
次数 n　1	5.5	6	6.5	5.25	4.5	55
2	7.75	8	8.25	7.625	7.25	32.5
3	8.875	9	9.125	8.8125	8.625	21.25
4	9.4375	9.5	9.5625	9.40625	9.3125	15.625
5	9.71875	9.75	9.78125	9.703125	9.65625	12.8125
6	9.859375	9.875	9.890625	9.8515625	9.828125	11.40625
7	9.9296875	9.9375	9.9453125	9.92578125	9.9140625	10.703125
8	9.96484375	9.96875	9.97265625	9.96289063	9.95703125	10.3515625
9	9.98242188	9.984375	9.98632813	9.98144531	9.97851563	10.1757813
10	9.99121094	9.9921875	9.99316406	9.99072266	9.98925781	10.0878906

表7-2-2　不同迭代公式下的结果（2）

公式 $x_{n+1}=f(x_n)$	$x_{n+1}=x_n+1$	$x_{n+1}=2x_n$	$x_{n+1}=-2x_n+1$	$x_{n+1}=x_n^2$		
初始值 x_0	1	1	1	2	0.5	−0.7
次数 n　1	2	2	−1	4	0.25	0.49
2	3	4	3	16	0.0625	0.2401
3	4	8	−5	256	0.00390625	0.05764801
4	5	16	11	65536	1.5259×10^{-5}	0.003323293
5	6	32	−21	4294967296	2.3283×10^{-10}	1.10443×10^{-5}
6	7	64	43	1.84467×10^{19}	5.421×10^{-20}	1.21976×10^{-10}
7	8	128	−85	3.40282×10^{38}	2.9387×10^{-39}	1.48782×10^{-20}
8	9	256	171	1.15792×10^{77}	8.6362×10^{-78}	2.2136×10^{-40}
9	10	512	−341	1.3408×10^{154}	7.458×10^{-155}	4.9×10^{-80}
10	11	1024	683	1.7977×10^{308}	5.563×10^{-309}	2.401×10^{-159}

表 7-2-3　不同迭代公式下的结果（3）

公式 $x_{n+1}=f(x_n)$		$x_{n+1}=\sqrt{x_n}$		$x_{n+1}=\dfrac{1}{x_n}$		$x_{n+1}=\dfrac{1}{1+x_n}$					
初始值 x_0		2	0.5	2	1	1	2	0.5	-2	-0.5	-3
次数 n	1	1.414213562	0.707106781	0.5	1	0.5	0.3333	0.6667	-1	2	-0.5
	2	1.189207115	0.840896415	2	1	0.6667	0.75	0.6		0.3333	2
	3	1.090507733	0.917004043	0.5	1	0.6	0.5714	0.625		0.75	0.3333
	4	1.044273782	0.957603281	2	1	0.625	0.6364	0.6154		0.5714	0.75
	5	1.021897149	0.978572062	0.5	1	0.6154	0.6111	0.619		0.6364	0.5714
	6	1.010889286	0.989228013	2	1	0.619	0.6207	0.6176		0.6111	0.6364
	7	1.005429901	0.994599423	0.5	1	0.6176	0.617	0.6182		0.6207	0.6111
	8	1.002711275	0.997296056	2	1	0.6182	0.6184	0.618		0.617	0.6207
	9	1.001354720	0.998647113	0.5	1	0.618	0.6179	0.6181		0.6184	0.617
	10	1.000677131	0.999323328	2	1	0.6181	0.6181	0.618		0.6179	0.6184

活动目标：

学生能够根据已有的数据，探究出一般结论：

1. 当迭代公式为一次函数 $y=kx+b$ 型，如果系数 k 大于 1，则迭代结果越来越大；反之，对于如 $x_{n+1}=\dfrac{1}{2}x_n+5$ 的数列来说，由于通项公式求解有难度，建议学有余力的学生课下思考．从表 7-2-1 不难发现，此数列不管初始值在哪里，10 次迭代后其值都接近 10．如果类比上面的等比数列，我们可以近似将迭代公式的斜率看作等比数列的公比，这里需要注意，一次函数中如果有常数项，则不是等比数列．但我们可将其转换为等比数列 $x_{n+1}-10=\dfrac{1}{2}(x_n-10)$，所以当公比 $|r|<1$ 时，数列收敛；当 $|r|>1$ 时，数列发散．

2. 当迭代公式包含平方、根式、分式等关系时，学生能够发现迭代结果存在发散和收敛的不同情况．当列举的函数不局限于等比、等差这种规范的关系时，即给出任意非线性函数时，在不同初始值的情况下，我们发现存在一种情况：不断迭代的结果会趋向于一个定值．此时，教师根据学生探究得到的结论，给出数值分析中不动点的定义，即不动点迭代指的是选择适当的初始值 x_0，按照如下的迭代格式计算：$x_1=\phi(x_0)$，得到 $x_{n+1}=\phi(x_n)$，$n=0,1,2,\cdots$，如果数列 $\{x_n\}$ 有极限 $x^*=\lim\limits_{n\to\infty}x_n$，则称迭代是收敛的，$x^*$ 是非线性方程的根和 $\phi(x)$ 的不动点．

迭代回形图可以帮助学生更直观地理解不动点．当分组计算出不同迭代公式下的每步结果后，学生思考如何通过图形表示出迭代过程．此时，教师可以介绍迭代回形图，并带领学生感受不动点迭代的过程（图 7-2-4 为两种收敛过程）．

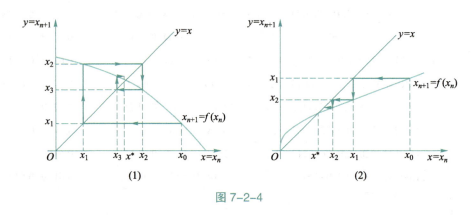

图 7-2-4

对于图 7-2-4（1）来说，迭代函数图像的斜率小于零，迭代路径一圈一圈缩小；图 7-2-4（2）中，迭代函数图像的斜率大于零，迭代路径是直接折线式逼近不动点．以上两种情况是收敛的，我们发现迭代公式图像在不动点附近较平缓．

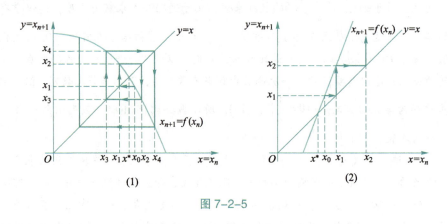

图 7-2-5

对于图 7-2-5（1），迭代函数图像的斜率小于零，迭代路径一圈一圈变大；对于图 7-2-5（2），迭代函数图像的斜率大于零，迭代路径是直接折线式远离不动点．以上两种情况是发散的，我们发现迭代函数图像在不动点附近较陡峭．

如果结合我们之前总结的等比数列当公比 $|r|<1$ 时有极限，类比到一般函数，此时的 $r=\dfrac{x_{n+1}}{x_n}=\dfrac{\phi(x_n)}{x_n}$，结合导数定义，由此我们可以联想到当 $|\phi'(x^*)|<1$ 时，函数 $\phi(x)$ 收敛且有不动点．

五、教学特点与反思

1. 结合生活实际，探究数学本质

从生活中的现象入手，教师介绍海岸线案例，让学生对于分形有一个初步的认识，了解生活中的几何图形与经典几何的不同，数学中的几何是生活中的高度概括。此时教师再给出问题 1，直观的认识与学生现在的理解发生冲突，从而引发学生思考，能够反思并质疑现实中的"科学结论"。这样引入一方面能通过自然界中的几何激发学生探究的兴趣和主动性，另一方面，也将数学历史和数学思想渗透到课程中，让学生体会数学学习的本质。

2. 以课内知识为载体，引导学生课外探究

教师在设置问题时，应使题目具有可操作性，难度递进，同时可以划归到已有的知识体系上；帮助学生通过等比数列理解数列的极限，同时可以应用到一般的递推公式中，理解迭代过程中的两种情况。

在探究科赫雪花曲线的周长和面积时，学生需要一步一步完成计算，这样的过程不仅培养了学生深度思考的能力，同时学生可以通过观察、归纳和总结获得学习的成就感与学科自信。在进一步探究中，脱离熟悉的等比、等差公式后，对于一般的迭代公式结论的理解对学生来说也是一种加固课内知识基础的方式。

3. 运用数形结合的思想，实现迭代理论过程

在得到不动点结论的过程中，我们并没有进行严格的证明，更多的是依靠学生的探究式学习，从问题的表向到本质，从特殊到一般，从理论到应用，从而使学习自然发生。从最开始让学生通过列表法展示迭代过程、直观地感受极限，由一般的迭代公式类比我们所学习过的等比、等差数列得到不动点结论，到通过数形结合介绍回形线的画图过程，也能直观地验证这一结论，从而加深学生对极限的认识与理解。

§7.3
案例　汽车牌照中的排列组合问题

一、教学背景分析

随着时代的变化，人们对汽车的需求量越来越大，而汽车牌照的制定规则一直就是数学排列组合问题中的一类经典问题。1911 年汽车牌照只有三位数，而如今牌照会按照时间和区域，使用数字和字母进行组合。在之前的课程中学生已经掌握排列组

合的基本运算，并且从简单的"排座位""摸小球"问题中感受到排列组合的重要作用，但针对一个限制条件较多的具体问题，穷举法就略显困难．在排列组合的研究中，有效的实际问题能帮助学生更好地理解并且有助于小组活动的开展．本节结合具体的问题情景，从生活中常见的汽车牌照问题入手，分析不同的限制条件下应如何熟练运用已学过的排列组合知识．

　　排列组合问题是计数原理中的重点内容．本节难度较高，涉及题型广泛，教师在授课时往往需要对不同类型的问题进行归纳总结．采用汽车牌照问题作为本节的知识背景，不仅有助于学生理解不同条件的排列组合方式，其涉及的摇号问题还为统计与概率的学习提供实际问题情境．

　　排列组合问题应用极为广泛，涉及染色、密码、电话号码等．本节通过对一个具体问题的深入分析，让学生体会数学的研究过程，感受数学思想，进而举一反三应用于不同问题中．

　　教学重难点：针对不同情景灵活选用排列组合的分析方法；特殊位置法和捆绑法．

二、教学目标设置

　　1. 结合实际问题，理解并掌握排列组合中的特殊位置法和捆绑法．
　　2. 创设问题，学生灵活选用不同的方法进行自主探究，培养解决问题的能力．
　　3. 不断创新，对已知问题进行延展，调动学生学习数学的积极性．

三、教学方法使用

　　教学方法：探究法．

四、教学过程设计

第一阶段：联系实际，提出问题

　　清朝光绪年间上海出现了第一台有车牌的汽车，车牌号是三位数，之后很长一段时间从 001 至 500 已经可以对上海所有的汽车进行编号．随着时代和科技的进步，车牌号变为四位数，又陆续加上了行政区域的缩写．那么随着人们对汽车的需求量增加，汽车牌照不能重复，现在是怎么设计的呢？是一味地增加车牌号位数么？并不是，从晚清到 21 世纪，汽车牌照只从三位变为五位（新能源是六位），下面我们就来研究汽车牌照中的排列组合问题．

　　类型一：牌照中只有五位，并且全是数字，如图 7-3-1．

图 7-3-1

教师提出不同的限制条件，学生进行独立思考和小组讨论后上台展示小组结果.

> 问题1：没有任何限制条件，每个位置均可从0—9中随机挑选数字进行排列，一共有多少种排列方式？
>
> 问题2：每个位置均可从0—9中随机挑选数字进行排列，但不能重复，有多少种排列方式？
>
> 问题3：有多少个没有重复数字的五位奇数？（车牌首位可以是0.）
>
> 问题4：一个人的生日是4月28日，保留这个顺序并满足428连在一起的排列方式有几种？

分析 问题1和问题2难度较低，学生可以进行独立思考.

解 问题1：10^5.

问题2：$10 \times 9 \times 8 \times 7 \times 6$.

对于问题3，有学生会将问题2的答案除以2，认为是奇偶对半，因为本题特殊的背景，最高位可以是0，这个解法是可以的，但是对于一般的五位数这个做法是不行的. 正常解法是我们依据位置有限的方法，基于题目是奇数的要求，先考虑最后一位数的限制，只能从1，3，5，7，9中选择，其他位数不重复即可，所以答案为 $C_5^1 C_9^1 C_8^1 C_7^1 C_6^1$.

对于问题4，学生讨论之后发现在428需要连在一起的情况下，可以将其看作"一个数字"，原来的五个位置变成了三个位置，其中一个放置428，所以我们得到的结果是 $C_3^1 C_{10}^1 C_{10}^1$.

教师：问题4的上述解法就是捆绑法，我们将需要一起考虑的元素视为一个整体，可以大大地简化问题.

在没有任何限制的情况下，汽车牌照有10万个组合方式，而结合实际来看，仅2020年北京地区普通小客车的摇号指标就为4万，与此同时有超过300万人参与摇号，所以如果仅按照数字来进行排号完全无法满足目前的需求.

总结：这一类型问题的提出，从没有任何限制到逐步有不同的限制条件，学生先体会仅用数字排号的组合方式与目前需求的差距，紧接着在不同的问题中理解排列组合的两类经典的分析方式，为之后的分析做好铺垫.

类型二：牌照中有数字有字母，数字与字母一共五位，如图 7-3-2.

图 7-3-2

问题 1：有且仅有一个字母，字母位置无限制，有多少种排列方式？

问题 2：第一位是英文字母，最后一位是数字，其他位置有且仅有一位是英文字母，有多少种排列方式？

问题 3：最后一位必须为数字，其余四位有且仅有两位为英文字母（字母 I，O 不可用），有多少种排列方式？

问题 4：一个人姓名首字母为 WN，若想在车牌中将 WN 连在一起，其余位置为数字，有多少种排列方式？

学生进行小组讨论时可以将添加字母与没有添加字母的排列方式做对比，感受添加字母之后牌照灵活度的提升；举一反三，进一步对特殊位置法和捆绑法进行应用.

分析：问题 1 难度不大，答案是 $C_5^1 C_{26}^1 \times 10^4$，可以看到这个结果是之前纯数字结果的 13 倍，所以添加字母进入车牌中，确实可以大大缓解车牌不够用的情况. 问题 2 和问题 3 都是实际在自编车牌中试用过的一些规则. 学生通过对问题 2 的讨论，发现需要选择特殊位置法进行思考，可以考虑如下的优先级.

解 问题 2：

第一，第一位可以从 26 个英文字母中任意挑选；

第二，最后一位可以从 10 个数字中任意挑选；

第三，中间三个位置中选择一位放置英文字母，其余两个位置从 10 个数字中进行挑选.

综上，问题 2 的结果为 $C_{26}^1 C_{10}^1 C_3^1 C_{26}^1 \times 10^2$.

问题 3：

因为字母 I，O 容易与数字 1，0 混淆，所以在实际中车牌不选用 I，O 这两个字母. 正如问题 3 中的要求，我们也采用特殊位置法进行思考：

第一，最后一位可以从 10 个数字中任意挑选；

第二，其余四个位置中选择两个位置放置英文字母，并且可以重复；

第三，其余位置可以从 10 个数字中任意挑选.

综上，问题 3 的结果为 $C_{10}^1 C_4^2 \times 24^2 \times 10^2$.

问题 4:

学生发现可以采用捆绑法进行思考，将 WN 两个位置视为一个字母，那么五个位置变为四个位置，其中一个放置 WN，所以结果为 $C_4^1 \times 10^3$.

总结：通过添加字母，对不同的限制条件进行思考，学生感受到可以不断扩展车牌数量规则的设计，目前车牌均为 1~2 个字母，可以看到即使不限制位置，车牌数目的增加量也远远不能满足目前的需求．实际生活中我们会继续添加地域等信息（如图 7-3-3）.

图 7-3-3

京 A 不是按照行政区域，而是时间顺序划分的，京 A 排满之后是京 C（京 B 为出租车专用）；晋 A 是按照区域划分的．因此，如果前面可以添加一个英文字母，在其他规则不变的前提下，那么一个省的车牌容量又可扩大为之前的 24 倍（不考虑 I，O 两字母）.

第三阶段：循序渐进，不断创新

针对课前收集的本班学生家庭用车的牌照号，还可以发现新能源汽车的牌照规则，即新能源的车牌是六位，如图 7-3-4，不仅能有效地避免与普通燃油车牌照的重复问题，也扩大了编码数．此部分可以作为学生课后思考的内容，结合上一阶段对普通燃油车的分析进行探究．

图 7-3-4

针对未来大量的用车需求，我们还有什么办法可以增加编码数呢？请学生进行小组讨论．

小组一：因为京 A、京 C 是按照时间线设计的，那么我们可以在这个基础上添加不同的区．截至 2020 年，北京共 16 个市辖区，这样就可以将车牌最大容量扩大为目前的 16 倍（如图 7-3-5）.

图 7-3-5

小组二：可以在车牌上添加年份，那么每一年的容量都会是目前的最大量（如图 7-3-6）.

图 7-3-6

总结：数学源于生活并应用于生活. 对数学的研究绝不应局限在固有思维里，对现实情境的问题进行创新，不断延伸并探讨，可以极大程度地提高学生的学习积极性. 排列组合这一部分知识的落实正在于其与实际的结合，所以在这个环节中教师可以让学生参与进来，让学生提出问题，创设情景，成为学习的主人.

第四阶段：回顾总结

教师带领学生回顾排列组合的两类基本且重要的方法：特殊位置法和捆绑法.

五、教学特点与反思

1. 结合生活实际，激发学生探究兴趣

在学生学习排列组合的基本运算之后，教师将学生带入一个具体的实际情境，感受不断优化的过程，在这个过程中教师引出两类重要的排列组合方法，过渡自然，学生容易接受.

2. 可持续性强

本节带领学生经历自主思考以及小组讨论，帮助学生感受从提出问题到解决问题，再到对问题进行延伸，创造新问题的过程. 学生可利用这样的探究方法对新能源车牌问题或者是自己设计出来的新车牌规则进行同样的探究.

§7.4

案例 二项展开式和 HEX 颜色代码

一、教学背景分析

在本节之前，学生已经接触了基本的排列组合运算知识，并能进行一些相关的计算，本节将以杨辉三角为理论背景，首先从二项展开式引入，紧接着引入杨辉三角中的另一个规律，从十进制、二进制、十六进制的角度对当前艺术类软件 Photoshop 和 Illustrator 等中的 HEX 十六进制颜色代码进行分析．

本节将排列组合思想和杨辉三角结合，并在发现其他规律的过程中加深学生对杨辉三角的认知，让学生感受数学的实用性，增强学生学习数学的兴趣．

教学重难点：熟练掌握二项展开式，感受杨辉三角的两种应用；学会计算二项展开式中具体一项的系数．

二、教学目标设置

1．掌握二项展开式，能够将二项展开式与杨辉三角进行结合．

2．通过自主研究和小组探究的方式，归纳出杨辉三角和二项展开式两者的联系．

3．体会学习数学的乐趣，感受数学与实际的联系．

三、教学方法使用

教学方法：讨论法．

四、教学过程设计

第一阶段：复习旧知

（1）组合数 C_n^m 的计算公式是什么？

答：$C_n^m = \dfrac{n!}{(n-m)!m!}$．

（2）对于 $2x(x-3)+3x$ 来说，x 和 x^2 的系数分别是多少？

答：需要先展开，再合并，得 $2x^2-3x$，故 x 的系数是 -3，x^2 的系数是 2．

在初中阶段我们已经接触了完全平方公式 $(a+b)^2 = a^2 + 2ab + b^2$，其中 a^2 的系数是 1，ab 的系数是 2，b^2 的系数是 1. 那么对于 $(a+b)^3$，$(a+b)^4$，$\cdots$，$(a+b)^n$ 呢？它们的展开式中，各项对应的系数又是多少呢？

接下来学生先进行自主探究，尝试着独立完成 $(a+b)^3$，$(a+b)^4$，$(a+b)^5$ 的展开，并寻找规律.

设计意图：第一，控制课堂节奏，在课堂最开始复习了组合数的公式，给学生留出自主探究时间，教师可以在这个过程中进行一对一的辅导；第二，二项展开式对于指数较大时的研究非常有意义，可以再次让学生感受大指数时运算的复杂性，所以需要整理总结相应的规律.

我们把 $(a+b)^n$ 的展开式叫做二项展开式，并习惯将展开式按照 a 的降幂或者升幂进行排序. 本节均以前一项的字母降幂进行排列. 按照这一规律我们将各项的系数写出来，并试着寻找规律.

$$
\begin{array}{llllll}
(a+b) = a + b & & & 1 \quad 1 \\
(a+b)^2 = a^2 + 2ab + b^2 & & 1 \quad 2 \quad 1 \\
(a+b)^3 = a^3 + 3a^2b + 3ab^2 + b^3 & 1 \quad 3 \quad 3 \quad 1 \\
(a+b)^4 = a^4 + 4a^3b + 6a^2b^2 + 4ab^3 + b^4 & 1 \quad 4 \quad 6 \quad 4 \quad 1 \\
(a+b)^5 = a^5 + 5a^4b + 10a^3b^2 + 10a^2b^3 + 5ab^4 + b^5 & 1 \quad 5 \quad 10 \quad 10 \quad 5 \quad 1 \\
\cdots
\end{array}
$$

按照这样的规律写下去，我们可以发现，从第二行开始，每个数等于它斜上方两个数字之和，而这个特殊的三角形就是我国南宋数学家杨辉早在 1261 年提出的杨辉三角. 我们可以预测出 $(a+b)^6$ 展开式中各个项的系数，如果按照 a 的降幂进行排列，这组系数应该是 1, 6, 15, 20, 15, 6, 1. 我们可以观察到杨辉三角的第二个特征就是左右对称. 至此，杨辉三角共有两个性质：从第二行开始，每个数等于斜上方两个数字之和；整个图形左右对称.

第三阶段：逐步深入

接下来学生进行小组探究，在刚刚展开二项式的过程中，各个系数的大小与组合数有什么关系？

设计意图：第一阶段是自主探究，第二阶段进入到小组探究，与第一阶段逐项展开的方式不同，在这里，小组成员需讨论各个系数与组合数之间的关系，进一步挖掘二项展开式与杨辉三角之间的关系.

小组成果：如在 $(a+b)^3$ 展开式中找 a^2b 的系数，也就意味着需要从

$(a+b)(a+b)(a+b)$ 中任取两个因式，这两个因式中需要选择 a，而其余一个因式需要选择 b，也就是说 a^2b 的系数是 C_3^2 或 C_3^1，按照这样的方式我们可以得到 $(a+b)^3 = C_3^0 a^3 + C_3^1 a^2 b + C_3^2 ab^2 + C_3^3 b^3$，其余式子同理.

教师：将排列组合与因式相乘联系起来，用这样的方式分析展开式各项的系数，高效且便捷.

例1 写出 $(1+x)^4$ 的展开式，并标明 x^3 的系数.

解

$$(1+x)^4 = C_4^0 \cdot 1^4 \cdot x^0 + C_4^1 \cdot 1^3 \cdot x^1 + C_4^2 \cdot 1^2 \cdot x^2 + C_4^3 \cdot 1^1 \cdot x^3 + C_4^4 \cdot 1^0 \cdot x^4$$
$$= 1 + 4x + 6x^2 + 4x^3 + x^4,$$

其中，x^3 的系数为 4，是整个展开式的第 4 项.

例2 写出在 $\left(1-\dfrac{x}{2}\right)^7$ 展开式中 x^5 的系数.

解 包含 x^5 的项是 $C_7^5 \cdot 1^2 \cdot \left(-\dfrac{x}{2}\right)^5 = -\dfrac{21}{32} x^5$，所以 x^5 的系数是 $-\dfrac{21}{32}$.

我们已经将组合数与二项展开式的系数联结起来，接下来我们再返回来看杨辉三角中的排列组合知识：

特征 1：从第二行开始，第 m 行的数字按照 $C_m^0, C_m^1, C_m^2, \cdots, C_m^m$ 排列，对应二项展开式中每一项的系数；

特征 2：从第二行开始，每个数等于斜上方两个数字之和 $\Rightarrow C_{n+1}^m = C_n^{m-1} + C_n^m$；

特征 3：整体左右对称 $\Rightarrow C_n^m = C_n^{n-m}$.

第四阶段：拓展延伸

通过上面的分析我们已经较为全面地认识了杨辉三角，下面我们再来看看这个三角还有没有其他规律. 请学生把每行的数字按照十进制写下来，探究规律.

分析：第一行是 1 1；第二行是 1 2 1；第三行是 1 3 3 1，第四行是 1 4 6 4 1，第五行按照十进制写下来应该是

$$1 \times 10^5 + 5 \times 10^4 + 10 \times 10^3 + 10 \times 10^2 + 5 \times 10^1 + 1 \times 10^0 = 161051.$$

这样我们分析出，每一行的数字按照十进制写下来分别是 $11^1, 11^2, 11^3, 11^4, 11^5$. 这又是杨辉三角的一大特征.

谈到这里我们向学生介绍一个对于艺术专业来说非常有用的十六进制算法，我们在作图时，经常需要调制一些颜色，然后将调好的颜色记录下来甚至做成自己的专属色卡，后期的配色就会自成一套体系. 当前很多有名的插画师也是如此. 那么如何制作色卡呢？每个颜色都有统一的代码么？下面我们来揭晓一下这个谜题（如图 7–4–1）.

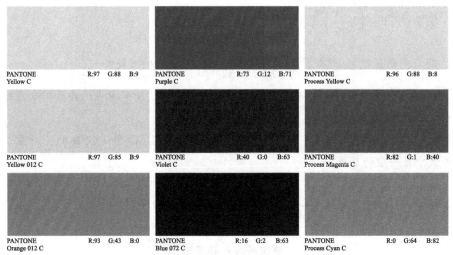

PMS	L	a	b	R	G	B	Hex	Colour
100C	93	-8	50	243	237	134	#F3ED86	
101C	92	-9	66	245	236	98	#F5EC62	
102C	91	-7	100	250	230	0	#FAE600	
103C	71	0	91	202	173	0	#CAAD00	
104C	62	-1	74	172	150	0	#AC9600	
105C	48	-1	49	129	114	20	#817214	
106C	91	-6	65	246	231	97	#F6E761	
107C	90	-4	81	250	226	47	#FAE22F	
108C	88	0	95	254	219	0	#FEDB00	
109C	86	5	100	255	209	0	#FFD100	
110C	73	7	94	219	174	0	#DBAE00	
111C	61	4	75	175	143	0	#AF8F00	
112C	55	2	62	153	128	0	#998000	
113C	90	-2	67	250	225	90	#FAE15A	
114C	89	-2	70	250	224	81	#FAE051	

PANTONE Yellow C	R:97 G:88 B:9	PANTONE Purple C	R:73 G:12 B:71	PANTONE Process Yellow C	R:96 G:88 B:8
PANTONE Yellow 012 C	R:97 G:85 B:9	PANTONE Violet C	R:40 G:0 B:63	PANTONE Process Magenta C	R:82 G:1 B:40
PANTONE Orange 012 C	R:93 G:43 B:0	PANTONE Blue 072 C	R:16 G:2 B:63	PANTONE Process Cyan C	R:0 G:64 B:82

图 7-4-1

每个颜色都有自己对应的 RGB 数值，也有对应的颜色代码，RGB 数值为从最低的 0, 0, 0 到 255, 255, 255，它们的 HEX 颜色代码则是按照十六进制与 RGB 数值一一对应的．

什么是十六进制？顾名思义，每逢 16 进 1，十六进制下的个位有 1, 2, 3, 4, 5, 6, 7, 8, 9，A, B, C, D, E, F 这十五个"数"．

例 3 分析十六进制的以下数字分别对应十进制下的多少？

（1）A2；（2）FF；（3）13；（4）56.

解

$$A2 = 10 \times 16 + 2 = 162;$$

$$FF = 15 \times 16 + 15 = 255;$$

$$13 = 1 \times 16 + 3 = 19;$$

$$56 = 5 \times 16 + 6 = 86.$$

对于一个颜色来说，如果已知它的 RGB 数值，我们可以试着给出相应的 HEX 代码，即把 RGB 中的三个十进制数字分别用十六进制进行表达，如：

RGB：212，69，89； HEX：#D44559.

例4 将以下颜色的 RGB 代码改写为 HEX 十六进制代码.

（1）RGB：188，60，170；

（2）RGB：42，42，164；

（3）RGB：80，177，168；

（4）RGB：225，231，72；

（5）RGB：61，57，42.

解（1）HEX：#BC3CAA；

（2）HEX：#2A2AA4；

（3）HEX：#50B1A8；

（4）HEX：#E1E748；

（5）HEX：#3D392A.

第五阶段：总结落实

本节将二项展开式的各项系数与杨辉三角联系起来，从组合数的角度对杨辉三角和二项展开式进行分析，进而得出二项展开式的各项系数以及杨辉三角的三大特征.

从杨辉三角的另一规律出发，引出十进制和十六进制，进而延伸出颜色的 RGB 数值和 HEX 十六进制代码.

五、教学特点与反思

本节的设计以学生为主体，学生先经历自主探索，而后进行小组合作，最后进行知识延伸，聚焦到现实生活中，将看似不关联的知识点进行连接，实现项目式学习.

§7.5

案例　正弦函数拟合

一、教学背景分析

教学内容分析：本节之前学生已经学习了三角函数的图像和性质，在这个基础上学习三角函数模型的简单应用．整节中渗透数学建模的思想，借助图形计算器，实现用三角函数拟合的数学建模过程．现实生活中的周期现象是无处不在的，而三角函数就具有明显的周期特征，所以经常利用三角函数的模型来解决现实生活中存在的一些周期性问题．

本节的内容具有现实意义，例题采用现实中的真实数据再进行深加工．通过从实际背景中提取问题、分析问题、建构数学模型、应用数学知识计算，进而解决问题的过程，学生进一步巩固所学的知识，体验一些具有周期性变化规律的实际问题中的数学建模思想．这个过程可以提高学生分析和解决实际问题的能力、动手操作的能力以及用数学语言表达和交流的能力，增强学生应用数学的意识和能力．

教学重难点：通过图像求三角函数解析式；体验实际问题抽象为三角函数模型问题的过程．

二、教学目标设置

1．通过使用三角函数图像求解参数值的过程，学生掌握由图像求解析式的方法，在解决问题中体会并了解建模的实际意义和价值．

2．能够对信息进行分析整理．从实际情境中发现问题，建立数学模型，并能够运用技术进行计算求解，再通过模型解决问题．

3．培养学生的分析问题、数形结合和抽象概括等能力，感受数学建模的过程，体会数学在实际问题中的价值和作用，从而激发学生的学习兴趣，培养学生勇于探索、勤于思考的精神．

三、教学方法使用

教学方法：直观演示法，探究法．

四、教学过程设计

第一阶段：引入声波，介绍模型

复习正弦型函数 $y = A\sin(\omega x + \varphi) + k$，并介绍正弦型函数模型在实际生活中的广泛应用.

> 问题 1：我们通常说声音是声波，那么声音是什么样子的？

设计意图：让学生直观感受生活中存在的周期性函数.

通过声音采集器采集两名学生的声音，并分析其声波图像. 我们能够直观地看到两种声音的差异，请学生思考看到的声波图像与声音的关联，并尝试给出科学解释.

> 问题 2：观察两个图像（图 7-5-1）的差别，并结合图像得到结论.

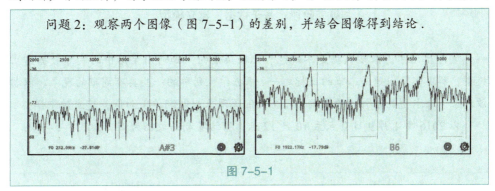

图 7-5-1

学生 A：两种声音粗细不同，图像疏密程度不同，说明频率不同.

> 问题 3：能否结合所学，给出这种现象的解释.

学生 B：我们能够发现图像具有周期性，可以用正弦型函数中的参数进行解释. 声音越细，频率 f 越高，周期 $T = \dfrac{1}{f} = \dfrac{2\pi}{\omega}$ 越小；声音越粗，频率越小，周期越大，与正弦型函数中的 ω 有关.

> 问题 4：声音的粗细是由 ω 的大小所决定的，那么请思考男、女声音的音量高低又与什么有关？

学生 C：正弦型函数中的振幅. 声音越大，振幅越大；声音越小，振幅越小.

活动 1：教师给出两个单频的声音，让学生观察图像，并思考是否与所得结论一致.

设计意图：引发学生思考声音与数学的内在联系，结合所学的正弦型函数给出解释，能够理解具有周期性的声音本质是形如正弦型函数的表达式之和，分析不同参数导致声音音量和音高的不同.

活动 2：提供两种不同频率的单一音频，采集声波波形图（如图 7-5-2），进行更直接地比较，从而验证结论.

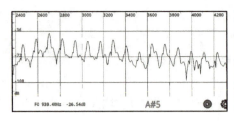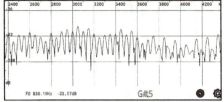

图 7-5-2

试验发现：声音小，波形图的振幅小；声音大，波形图的振幅大．这说明音量与振幅 A 有关．音高（音调）低，波形图稀疏，周期大，ω 小；音高（音调）高，波形图密集，周期小，ω 大．这说明音高与频率有关，即与参数 ω 有关．

第二阶段：基于数据，建立模型

实际生活中，很多数据是不规范、比较杂乱的，如何用生活中的实际数据建立模型，解决实际问题是本节的目标之一．根据学生列举的一些具有周期的现象，以潮汐现象（海水受月球引力的影响，产生的涨落现象叫做潮汐）为例，建立数学模型．

以 2016 年 1 月 9 日 0 点至 10 日 12 点，塘沽港潮高数据为例（如表 7-5-1）．

表 7-5-1　塘沽港潮高数据

1月9日		1月10日	
时间	潮高/cm	时间	潮高/cm
0	216	0（24）	170
2	311	2（26）	299
4	301	4（28）	320
6	228	6（30）	261
8	159	8（32）	177
10	172	10（34）	147
12	262	12（36）	230
14	310		
16	270		
18	170		
20	131		
22	80		

因为我们根据真实的数据不能较直观地得到信息，所以可通过图形计算器先画出散点图（如图 7-5-3）.

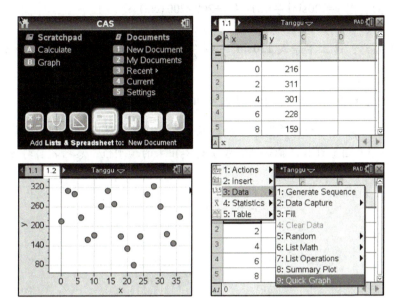

图 7-5-3

图形计算器操作：输入时间（x）和潮高（y），点击 Menu—Data—Quick Graph 得到散点图.

> 问题 1：根据散点图，求出正弦型函数 $y = A\sin(\omega x + \varphi) + k$.

设计意图：对于一般的数据，学生需要选取典型坐标，通过数据的散点图发现周期性规律，从而求解参数值及函数解析式.

学生经过讨论，观察图像找到函数的最大值 320 和最小值 80，故 $A = \dfrac{320-80}{2} = 120$，$k = \dfrac{320+80}{2} = 200$，$T = 12$，由 $T = \dfrac{2\pi}{\omega}$，所以 $\omega = \dfrac{\pi}{6}$，再带入点（28，320）算出 $\varphi = -\dfrac{\pi}{6}$.

于是得到函数 $y = 120\sin\left(\dfrac{\pi}{6}x - \dfrac{\pi}{6}\right) + 200$. 这里使用的是代数方法.

> 问题 2：基于以上模型，解决以下问题：
> 计算 1 月 9 日 13 点和 19 点 30 分的潮高，以及 1 月 10 日 7 点的潮高.
> 如果轮船想通过港口至少需要 260cm 的潮高，那么什么时间出海最安全？

设计意图：结合实际问题，根据模型求解，体会其现实意义. 我们可以通过部分数据，建立模型，从而得到更多的数据信息.

令 $x = 13$，则 $y = 120\sin\left(\dfrac{\pi}{6} \times 13 - \dfrac{\pi}{6}\right) + 200 = 200$（cm）；

令 $x=19.5$，则 $y=120\sin\left(\dfrac{\pi}{6}\times19.5-\dfrac{\pi}{6}\right)+200\approx168.94\,(\text{cm})$；

令 $x=31$，则 $y=120\sin\left(\dfrac{\pi}{6}\times31-\dfrac{\pi}{6}\right)+200=200\,(\text{cm})$.

依据题意，建立不等式 $120\sin\left(\dfrac{\pi}{6}x-\dfrac{\pi}{6}\right)+200\geqslant260$，解出 $2+12k\leqslant x\leqslant6+12k$，$k\in\mathbf{N}$.

所以 2 点到 6 点或 14 点到 18 点之间出海最安全.

问题 3：结合图形计算器拟合的函数模型，通过比较两个模型（代数方法计算出的模型与图形计算器拟合的模型）计算出来的预测值，总结各自特点（如表 7-5-2）.

表 7-5-2　两个模型预测值的比较

1 月 10 日	实际	预测	
时间	潮高 /cm	图形计算器值 /cm	代数值 /cm
13	279	213.813	200
14	309	259.224	260
15	314	295.050	303.923
16	295	312.105	320
17	258	306.014	303.923
18	208	278.339	260
19	151	236.178	200

图形计算器操作后得到拟合函数（如图 7-5-4）

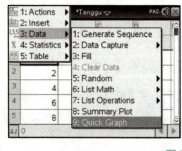
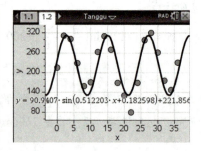

图 7-5-4

$y=90.94\sin(0.512x+0.183)+221.856$.

通过图形计算器拟合方法和代数方法得到两个拟合函数，我们根据已知时间后的 7 个小时，计算出两个拟合函数给出的潮高预测值，并与潮高的真实值进行比较，从而感受两种方法的利弊.

设计意图：能够使用图形计算器实现数据拟合，学生一方面看到信息技术的便利，另一方面可以带着辩证的眼光看待计算器的结论，并利用所学去解释这些结论.

通过比较，我们发现：

（1）使用图形计算器和代数方法得到的两个模型拟合的结果差距不大；

（2）通过数学模型进行预测，短时间的预测效果往往好于长时间的预测，即预测具有短时有效性.

五、教学特点与反思

1. 利用代数方法和使用信息技术（图形计算器）的方法学习数据拟合

本节带领学生结合实际问题，依据散点图拟合正弦型曲线. 首先，将图形计算器与声音收集器进行连接，直观地获取声波图像，帮助学生根据声音的特点找到正弦型函数中对应的参数，并给出数学上的解释；随后利用图形计算器得到数据散点图，并进行拟合，通过拟合后的函数解决问题，并与代数方法得到的正弦型函数进行对比. 可以看到，代数方法在没有信息技术支持的条件下拟合简单易行；技术支持下的拟合更加合理. 在信息技术被广泛应用的现在，我们享受信息技术带来便利的同时，也要思考信息技术背后的理论支持.

2. 联系实际，感受身边的正弦型函数模型

声音模型中，一方面学生通过发出低音和高音观察波形的不同，另一方面教师提供纯音，即具有单一频率的正弦波，通过总结比较，印证结论. 学生在体会声音与数学关系的过程中感受到数学其实在我们身边真实存在着，并将数学函数图像与对声音的不同感受相结合，增强了数学理解. 潮汐模型中，学生通过得到函数模型后解决实际问题，体会数学应用的意义和价值.

第 8 章 应用信息技术解决问题

§8.1
概述

在现代科技日新月异的大背景下，数学教学将信息技术与数学教育内在的特质相结合，为学生的自主学习设计具有思维层次的问题并提供解决问题的理想的工具与环境，从而改变学生获取知识的方式，使数学学习的过程不仅仅是获取知识的过程，更是培养学生数学素养、数学思维方式和问题解决能力的过程．信息技术要做的事情是以往教学中不能做或难以完成的事情．把课堂还给学生，是探究的真正本质．应用技术解决问题，能让抽象和繁复的概念生成变得生动有趣、高效准确．应用技术解决问题，需要转换常规解题思路，善于发现和利用技术所提供的便利．多维度爆炸的信息量，大大提升了学生对问题的认识和理解，突破学生的思维限制，调动学习热情．

数学学习应该是一个探索和再创造的过程．利用计算设备和软件开展数学实验，通过组织"合作—探索—猜想—验证—提升"的认知环境教学，更利于把研究型学习贯彻到日常的课堂教学中，把学生从烦冗的计算和绘图中解脱出来，更加专注于数学方法的体验，感悟知识的本质，从而易于把数学提升到一般科学方法的高度．因此学生不仅可以积极"触摸"数学的研究对象，建构数学知识的体系，还能体验数学的思考方法和精神，通过动态演示深化学生对数学知识的认识和理解，更有利于较高认知水平的发展，推动学生的数学认知活动向研究型发展．

苏格拉底说："教育不是灌输，而是点燃."数学教学应重视问题的提出与解决，充分运用现代化的技术；以课程目标为最基本出发点，以改善学生学习状况为目的，选用合适的技术，有助于激发学生的学习兴趣，使学生的思维得到充分的锻炼，从而提高解决问题的能力．

信息技术能够将烦琐的计算瞬时完成，在研究问题的过程中，可以避开无足轻重的计算，节约大量的时间，对问题的本质进行研究．技术不仅可以进行简单的数字运算，还可以进行表格的运算、代数式的运算、微积分的运算等．

信息技术能够迅速准确地做出函数的图像，运用计算机软件不仅可以做出所有能够写出解析式的函数图像，还可以进行动态的演示，揭示其中的规律和问题的本质，使得学生对问题的理解进入一个新的高度．通过信息技术，教师可以看到每一名学生的活动，迅速有效地开展教学活动．

在本章中，我们从微积分、几何、函数等领域选择了 5 个典型案例，体会信息技术作为数学实验的工具对数学课堂的深层且重要的支持．

1. 利用信息技术探究几类常见的数学问题

本节中，教师针对常见的最值、轨迹等问题，结合具体的实例，利用图形计算器中对应几何和微积分的功能，给予了直观的求解与验证．这种利用信息技术解决问题的方式可以很容易地迁移到类似的问题中，从而真正做到授之以渔．

2. 三角函数叠加曲线

教师就函数 $y=\sin ax+\sin bx$ 的图像探究这一内容，引导学生利用游标观察随着参数的变化所呈现出的各种类型的函数图像，并利用局域网功能，让每名学生的作品都能实时呈现和共享．这很大程度地体现出：应用信息技术解决问题能最大限度地激发学生自由探究的欲望．本节的特点是教师将探究未知的知识放在首位．

3. 基于图形计算器的"正态分布"探究

本节中，教师引导学生利用信息技术最大效率地推进数据整理、计算和统计建模的过程，对应每组频率直方图和密度曲线，把观察、猜想和理论结合起来．课堂中参数游标的恰当使用，使学生对正态分布特征量对应的曲线变化有了最直观的体验．整个概念生成的过程，对统计模型的理解是完全立体可视化的，在应用信息技术的过程中，学生是最大的受益者．

4. 导数的概念及其几何意义

本节区别于传统的教学模式，在理解平均速度向瞬时速度变化的过程这一概念时，学生利用电子表格，可以最快地量化极限过程．学生对导数概念及几何意义的体会，则通过 GeoGebra 动图实现，从时空上学生可以看到割线到切线连续变化的过程．案例中信息技术的使用让复杂的知识变得生动起来，并在达成本节两个主要教学目标上起到了较大的辅助作用．

5. 麦克劳林级数

学生在本节中像是做实验，从运用信息技术形象地看到随着项数的增多，麦克劳林级数的发展趋势，再到小组合作寻找这个现象背后的原因，并进行严格的数学分析，学生可以更深刻地理解这一现象，充分体现了信息技术手段和分析论证是相辅相成的．

案例 利用信息技术探究几类常见的数学问题

一、教学背景分析

教学内容分析：在数学教学中，我们常常遇到许多几何中的长度关系探究或证明问题，研究动点运动轨迹问题、数学模型中的最优化问题、递推数列求指定项及求和问题等，此类问题需要我们进行大量的分析、推导或运算才能解决，有的甚至很难用手工或简单的计算器运算完成求解．基于这样的学习背景，我们有必要让学生接触更多的信息技术，如编程技术、绘图技术、计算机统计分析等，通过运用信息技术去完成数学猜想、推导等过程，将大量的运算和递推问题交给程序去解决．

对比国内外中小学数学的学习模式，我们发现国外的教学比较注重知识的应用，即利用已知的数学结论解决相关的数学问题，而弱化了知识演绎生成的过程，使得数学学习不够深入；而国内则会强化许多定理及结论的理论证明，也比较注重培养学生的自主运算及绘图等能力．因此，在国内，学生的课堂学习、课后作业及考试中大都不允许使用图形计算器甚至一般的计算器．然而，其他国家均不同程度地开放了计算器在日常数学学习及考试中的使用．如美国的大部分考试中，学生可以使用图形计算器辅助绘图及运算；英国的考试中，学生可以使用科学计算器（不允许使用图形计算器）．

数学探究一般分为发现问题，提出猜想，验证猜想，总结结论四个阶段．如果能将国内外的优势进行融合，在数学学习中，利用信息技术帮助我们发现或总结一些规律，再通过严格的推导证明猜想，这样既能提升解决问题的效率，也不失数学学习的严谨．

本节纵观高中数学所学知识，总结归纳了几种常见的数学问题，借助图形计算器完成相关问题的求解，其中用到了图形计算器中的几何画图、测量工具、导数计算和编程功能．希望学生通过本节的学习，可以寻找更多能够运用信息技术的数学实例，在熟练掌握信息技术的同时，提升解题效率和自我探究意识，培养深厚的学科兴趣．学生在学习本节之前，已经基本掌握图形计算器的主要功能，并能利用图形计算器完成简单的计算、绘图等．

教学重难点：应用图形计算器的相关功能解决几类常见的数学问题．

二、教学目标设置

1. 熟练掌握图形计算器的几何画图、测量工具、导数计算及简单编程功能；会用技术解决部分几何问题、动点轨迹、数学模型最优化分析、数列递推公式等问题.

2．通过探究几何测量问题，完成直观数据的变化观测；利用图形计算器的图形绘制功能，探究动点的轨迹.

3．通过小组协作，培养学生的合作意识和创造性解决问题的思维，感受探究数学问题的严谨过程；借助图形计算器解决数学问题，感受信息技术与数学的结合，激发学生的学习兴趣及自主探究的意识.

三、教学方法使用

教学方法：信息技术与小组合作探究相结合.

四、教学过程设计

第一阶段：借助图形计算器的几何测量功能，
观察和归纳重要的数学结论

在解决一些数学问题时，我们可以尝试借助信息技术绘制几何图形，并利用图形中呈现的较为直观的结果，归纳出相关结论．在许多两点间距离、点线间距离等问题中，我们还可以通过测量直接获取较为近似的数值．此阶段，教师带领学生完成如下两个简单实例的探究.

例1 观察直角三角形三边的关系.

解

步骤1：用图形计算器的画图功能，任意作出一个直角三角形.

步骤2：利用计算器的测量功能，测量三边的长，记为 a, b, c 并计算出三边的平方值.

步骤3：观察三条边长的平方值 a^2, b^2, c^2（其中 c 为斜边），总结归纳出其中两条直角边长的平方和等于斜边的平方.

步骤4：计算 $a^2+b^2-c^2$ 的数值，并拖动三角形的顶点（不改变直角大小），此时，三角形各边长随着拖动数值变化，观察发现 $a^2+b^2-c^2$ 的值始终为0，归纳猜想：直角三角形中，两直角边的平方和等于斜边的平方，即：$a^2+b^2=c^2$.

例2 三角形两边和大于第三边.

解

步骤1：利用图形计算器的几何功能，任意作一个三角形.

步骤2：利用测量功能测量出三角形三边的长，记为 a, b, c.

步骤3：利用计算功能，计算出 $a+b-c$.

步骤4：任意拖动三角形的顶点，观察 $a+b-c$ 的数值变化，发现该值始终符号为正，归纳猜想：三角形任意两边之和大于第三边.

例3 求椭圆 $x^2+4y^2-4=0$ 外一点 $P(2,3)$ 到椭圆的最短距离和最长距离．

解

步骤1：利用图形计算器的几何作图功能，作出椭圆及定点 P 的图像，如图 8-2-1.

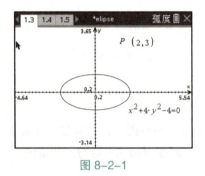

图 8-2-1

步骤2：在椭圆上任取一点，将该点与 P 点连接构成线段，并用测量功能测量出该线段的长度．

步骤3：在椭圆上拖动该动点，观察线段长度的数值变化．

步骤4：近似找到点 P 到椭圆的最短距离为 2.34（图 8-2-2 中表示最短距离的动点位置），最长距离为 5.12（图 8-2-3 中表示最长距离的动点位置）．

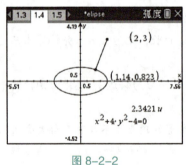
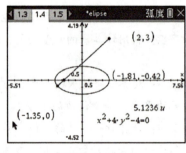

图 8-2-2   图 8-2-3

第二阶段：巧用图形计算器的画图等功能，
分析几何问题中动点的运动轨迹

在数学学习中，我们时常遇到与动点轨迹相关的问题，如：求动点轨迹方程，轨迹的路径长等．解决此类问题时，我们常常根据已知条件构造动点坐标所满足的方程，经过一系列的推导与化简，确定动点轨迹．有时，遇到一些较为复杂的问题时，我们会尝试作出图形，从图形中观察动点的轨迹，猜测轨迹形状，确定形状后，再以结果为导向，寻找解题的突破口.

接下来，我们利用图形计算器作出相关方程的图像，并根据已知条件，利用图形追踪的方式得到动点轨迹，再通过观察归纳出动点的形状. 教师带领学生共同探究如下三个相关例题.

例 4 △ABC 是边长为 2 的等边三角形，D 是中线 AM 上的一个动点，以 CD 为边向下做等边△CDE. 当点 D 从 A 运动到点 M 时，求点 E 所经过的路径长.

解

步骤 1：利用图形计算器的几何功能，作边长为 2 的△ABC.

步骤 2：过点 A 作 BC 边的中线，交 BC 于点 M.

步骤 3：取 AM 上任意点 D，以 CD 为边作正六边形，在正六边形中找到满足题目要求的等边△CDE.

步骤 4：拖动点 D，观察点 E 的运动轨迹，发现为一条线段（如图 8-2-4 所示线段 BE）.

步骤 5：完成线段 BE 长度的测量.

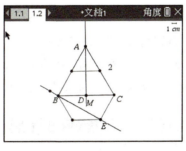

图 8-2-4

例 5 从双曲线 $x^2-y^2=1$ 上的一点 Q 引直线 $x+y=2$ 的垂线，垂足为 N，求线段 QN 中点 P 的轨迹方程.

解

步骤 1：作出双曲线 $x^2-y^2=1$ 与直线 $x+y=2$ 的图像.

步骤 2：在双曲线上任取一点 Q，作过点 Q 垂直于直线 $x+y=2$ 的直线，垂足为 N.

步骤 3：找到 QN 中点标记为 P.

步骤 4：分别在双曲线的两支上拖动点 Q，利用图形计算器的几何跟踪功能，跟踪中点 P 的轨迹.

步骤 5：观察可近似得到，该轨迹为中心在 $\left(\dfrac{1}{2}, \dfrac{1}{2}\right)$ 的双曲线（如图 8-2-5）.

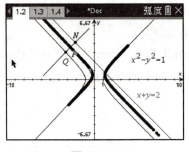

图 8-2-5

例6　已知椭圆$\dfrac{x^2}{24}+\dfrac{y^2}{16}=1$，直线$l$：$\dfrac{x}{12}+\dfrac{y}{8}=1$，$P$是直线$l$上的一点，射线$OP$交椭圆于点$R$，又点$Q$在$OP$上且满足$|OQ||OP|=|OR|^2$．当点$P$在直线$l$上移动时，求点$Q$的轨迹方程，并说明轨迹是什么曲线．

解

步骤1：利用图形计算器作出椭圆$\dfrac{x^2}{24}+\dfrac{y^2}{16}=1$及直线$\dfrac{x}{12}+\dfrac{y}{8}=1$的图像，并标出点$P$，$Q$，$R$.

步骤2：利用测量功能，测量出OP, OQ, OR的长度，分别记为a, b, c.

步骤3：计算出$\sqrt{ab}-c$的值，并锁定该值为0.

步骤4：拖动直线l上的动点P，观察满足$\sqrt{ab}-c=0$的动点Q的位置.

步骤5：通过观察可看到，动点轨迹为中心在（1，1）的椭圆（如图8-2-6）.

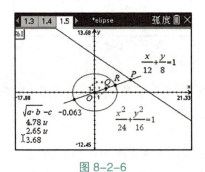

图 8-2-6

第三阶段：巧用图形计算器的图形分析及
微积分计算功能，完成最值分析

在解决许多实际生活中的最优化问题时，我们经常可以利用信息技术快速得到结果，比如在解决实际问题的数学模型中，用图形分析的功能快速找到图形的最大值及最小值等．同时，我们也可以利用图形计算器中的微积分和解方程等功能，完成最值问题的分析．此阶段，教师带领学生完成如下两个例题探究．

例7 探究圆柱体易拉罐体积一定（体积分别为 1, 2, 3, 4, 5）时，表面积何时取最小.

解 假设表面积为 S，底面半径为 r，高为 h，则表面积为 $S=2\pi rh+2\pi r^2$，$V=\pi r^2 h$，$h=\dfrac{V}{\pi r^2}$，代入 $S=2\pi r\dfrac{V}{\pi r^2}+2\pi r^2=2\dfrac{V}{r}+2\pi r^2$.

方法一：

在图形计算器中作出表面积对应的函数，设置游标 V 并将数值设置为 0-10. 利用图形分析功能，确定在 x 取不同值时，函数的最小值（如图 8-2-7）.

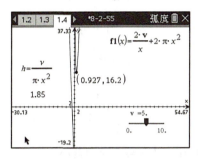

图 8-2-7

分别记录下 V 取 1, 2, 3, 4, 5 时，半径的取值，并求出对应的高值，观察其特征（表 8-2-1）.

表 8-2-1　圆柱体易拉罐高与半径关系探究

体积 V	表面积最小	半径 r	高 h	h/r	h 与 r 的关系
1	5.54	0.542	1.08	2	$h=2r$
2	8.79	0.683	1.37	2	$h=2r$
3	11.5	0.782	1.56	2	$h=2r$
4	13.9	0.86	1.72	2	$h=2r$
5	16.2	0.927	1.85	2	$h=2r$

方法二：

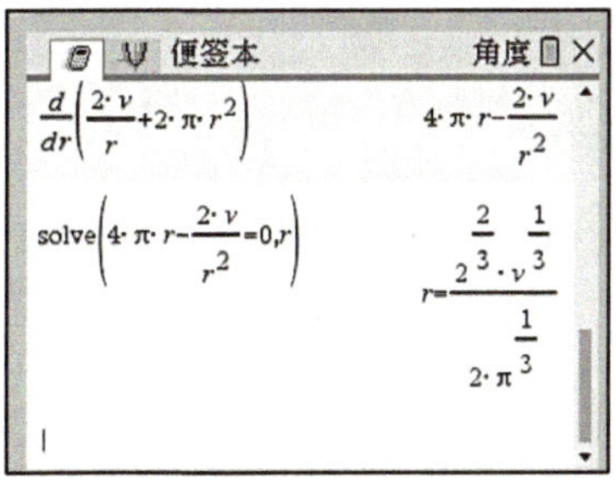

图 8-2-8

如图 8-2-8，有

$$\frac{\mathrm{d}S}{\mathrm{d}r} = -2\frac{V}{r^2} + 4\pi r$$

$$= 0 \ ,$$

$$r = \sqrt[3]{\frac{V}{2\pi}} \ ,$$

$$h = \frac{V}{\pi r^2}$$

$$= \frac{V}{\pi \left(\sqrt[3]{\frac{V}{2\pi}} \right)^2}$$

$$= \sqrt[3]{\frac{4V}{\pi}}$$

$$= 2\sqrt[3]{\frac{V}{2\pi}}$$

$$= 2r.$$

综上，当 $h=2r$ 时，圆柱体易拉罐表面积最小．

五、教学特点与反思

在信息技术迅猛发展的今天，数学学习与信息技术相融合的趋势日益明显．同时，运用信息技术可以帮助六大数学核心素养更好地形成，帮助学生在数学知识技能的学习过程中形成数学思维品质和关键能力．信息技术可以辅助完成数学运算、数据分析，减少大量手算和整理的时间，大大提高解决问题的效率．信息技术可以将许多抽象的公式快速转为直观的图形，帮助我们建立抽象和直观的联系．编程技术还可以帮助我们更好地完成逻辑推理过程，使我们的思路更加清晰．同时，综合运用信息技术，还可以让许多实际生活中较为复杂的建模问题得以解决．

本节探究了几类可以利用图形计算器分析的数学问题，后面我们还会继续探究其他领域的问题、其他类别的技术方式，使信息技术更好地应用于数学学习，解决更多的问题．

案例 三角函数叠加曲线

一、教学背景分析

教学内容分析：本节是在三角函数整体章节即将结束之际，也是在高中阶段研究初等函数的尾声时进行的．在此之前，我们研究了幂函数、指数函数、对数函数、正弦函数、余弦函数、正切函数，也研究了函数的基本性质，如单调性、奇偶性、周期性等．我们希望学生能够具备在此基础上去尝试探究未知函数的能力，以提高学生对于函数知识运用的能力．有些教师会在此时选择一个正比例函数与一个反比例函数求和之后构成的函数为案例，进行比较系统的研究．这个函数 $y = ax + \dfrac{b}{x}$ 也被称为对勾函数．

既然我们现在学习了三角函数，能否考虑研究三角函数的叠加问题呢？对不同频率的三角函数叠加时所形成的图像进行研究，虽然该研究内容并不在课标范围内，但是在学习了正弦函数图像性质和辅助角公式的基础上，学生有一定的研究三角函数叠加曲线的基础，因为辅助角公式本身就是同频的三角函数叠加，因此本节是教材知识的提升，是学生能够够得着的知识，同时也具有一定的挑战性，需要学生调动所学的知识和技能，在交流中进行合作、探究、发现和思考，从而完成学习目标．

学情分析：虽然对于不同频率的三角函数叠加本不好直接研究，但是授课对象为国际部学生时，在国际化考试中学生需要熟练掌握图形计算器，所以在教学前学生已经充分了解图形计算器的使用方法，可使合作探究更为方便．国际部学生有较强的知识的广度、数学理解能力和应用能力，在此之前也学习过较全面的三角函数基础知识，并且对图形计算器操作熟练，愿意尝试新方法．但是大部分学生研究问题时没有系统的数学思维，对很多问题缺乏深入的分析．

教学重难点：探究过程中数学思想的渗透；灵活运用图形计算器的功能探究函数性质．

二、教学目标设置

1. 熟练运用已知的研究函数的方法解决问题；能够利用现代技术作为工具解决问题；能够设计方案验证或推翻自己的猜想，并优化解决方案．

2. 师生共同探究，体会数学知识的形成过程和数学知识与现实世界的联系，培养学生的逻辑推理能力，养成自觉动手、动脑的良好习惯．

3．师生共同探究和学习，培养学生勤学严谨的学习习惯．

三、教学方法使用

1．以学生为主体：合作探究，实践演练．

2．发挥教师的主导作用：启发引导法，讲解示范法，教、学、做、说一体化教学．

四、教学过程设计

第一阶段：通过实例，提出问题

问题1：你知道身边都有哪些"波"？

学生：水波、绳波、声波、光波．

问题2：两个正弦波叠加是什么样子？

学生：$y=\sin x+\sin x$（频率是相同的）．

问题3：不同频率的两列波叠加是什么样子？

学生：$y=\sin ax+\sin bx$，图像不清楚．

设计意图：从物理中波的叠加以及熟悉的三角函数谈起，自然地引出本节研究的内容．同时，从研究两个关键参数对函数性质的影响入手，把复杂问题简单化、特殊化，体现从简单到复杂、从特殊到一般的研究问题的数学思维方式．

第二阶段：制定方案，合作探究

研究函数 $f(x)=\sin ax+\sin bx$ 的性质 $(a \neq b,\ ab \neq 0)$．

问题1：你打算如何研究函数 $f(x)=\sin ax+\sin bx$ 的性质呢？

问题2：该函数中含有两个参数，你准备怎样处理？

问题3：有了函数图像之后，类比之前的研究经验，你会观察该函数哪些方面的性质呢？

设计意图：在学生进行研究活动之前，教师制订好研究方案，用3个层层递进的问题引导学生思考研究的方法和目标．当然，这样做不仅为本节研究"三角函数的叠加"做好铺垫，还为以后研究其他函数揭示了研究的一般过程及方法，提供了可以类比的范例．

第三阶段：实验探究，得出猜想

教师明确了学习任务和研究方法后，每位同学先独立思考，再小组讨论.

很多学生首先研究 a，$b \in \mathbf{N}_+$ 时，对 a，b 取一个个不同的正整数，并利用图形计算器作图观察，发现规律，提出猜想.如：当 a，$b \in \mathbf{N}_+$ 时，研究函数 $f(x) = \sin ax + \sin bx$ 的周期性.

经过个人探究和小组交流，每个小组在班级展示交流的情况：

第一组学生：我们重点研究了当 a，$b \in \mathbf{N}_+$ 时，函数 $f(x) = \sin ax + \sin bx$ 的周期性.因为 a，b 相同时，我们可以应用辅助角公式统一成一个三角函数，所以重点考虑 a，b 不相等的情况，不妨设 $\begin{cases} a=1, \\ b=2, \end{cases}$ $\begin{cases} a=2, \\ b=3, \end{cases}$ 得到 2 组图像后，我们发现函数的周期有了变化，对比后猜测叠加函数的周期等于两个函数周期的最小公倍数.

第二组学生：利用图形计算器的游标功能，可以实现多个三角函数图像的快速转换，我们设置了 a，b 两个游标，都可以从 1~20 变化，也得到了周期是最小公倍数的猜测，因为数据比较多，所以基本验证了这个想法.

第三组学生：我们使用游标功能得到很多图像，主要研究的是新函数整体的波形，分为三种情况：当 a，b 大小差距很大时，图像整体还是三角函数图像的样子，是一种比较粗的振荡波（如当 $\begin{cases} a=1, \\ b=10 \end{cases}$ 时）；当 a，b 大小相近时，波形会变成一个"小球"一个"小球"的情况（如当 $\begin{cases} a=8, \\ b=10 \end{cases}$ 时）；当 a，b 是倍数关系时，波形以新的样子呈周期变化（如当 $\begin{cases} a=8, \\ b=4 \end{cases}$ 时）.

教师：为了方便研究，我们将这三种状态称为类波状态、拍状态（源自物理学中的"拍现象"）和周期状态.a，b 的大小关系其实就是频率的大小关系，所以我们也可以说频率相差很大时函数图像呈"类波"状态，频率接近时呈"拍"状态.

第四组学生：从函数性质的角度，我们发现函数的定义域是 $\mathbf{R}$，值域有时是 $[-2，2]$，有时是 $[-2，2]$ 的子集，所以我们尝试在两个函数前面加上系数，发现叠加函数的值域应该是系数之和的子集，即 $g(x) = m\sin ax + n\sin bx$ 的值域是 $[-m-n，m+n](m>0，n>0)$ 的子集.

第五组学生：在两个函数频率相差较大的时候，函数图像会呈现出较"粗"的波形，即"类波"状态，我们发现如果正弦函数频率高，那么波形整体会呈余弦状态，有一种正弦函数"挂"在余弦函数上的感觉；反之，如果余弦函数频率高，波形整体会呈正弦状态，所以我们认为当函数图像呈"类波"状态时，它的图像整体表现为高频波"挂"在低频波上.

教师：其实无线电波正是利用这一规律将高频波"挂"在低频波上传播的，低频波叫做控制信号，高频波是它的载波，两列波根据不同频率的叠加可以分为调频和调幅状态（如图 8-3-1），就是收音机里常说的 FM 和 AM，而我们之前说的拍状态下的"小球"，其实就是对控制信号进行振幅调整之后的调幅状态.

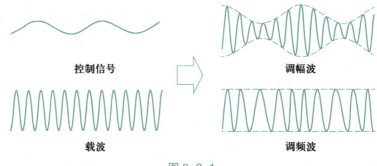

图 8-3-1

图 8-3-2 是学生讨论时的状态.

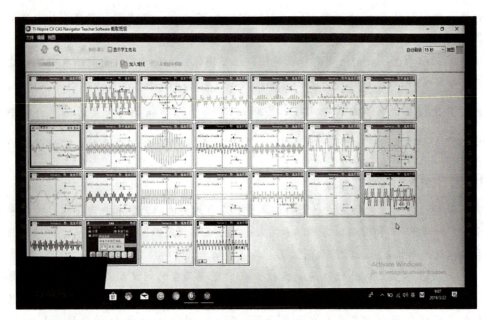

图 8-3-2

设计意图：只有通过操作、观察、归纳和猜想等活动，才能不断地聚焦学习任务，获得有价值的结论，这便是"探究—发现"的意义. 在这个过程中，教师应注重让学生经历从特殊现象中提炼出一般规律的思考过程，学会归纳推理；同时，应注重根据学生提出的各种想法，逐一加以分析、举例与验证（肯定或否定），引导学生初步筛选、修正和优化结论.

教师将数学内容进行直接延伸，如和差化积公式的验证等.

根据和差化积公式：$\sin ax + \sin bx = 2\sin\left(\dfrac{a+b}{2}x\right)\cos\left(\dfrac{a-b}{2}x\right)$，可以确定叠加函数的最值，即当 $\sin\left(\dfrac{a+b}{2}x\right)$ 取得 ±1 时（此时选择正弦函数，是因为余弦函数的最大值需要 a，b 相等时才能取到，而本节研究的是不同频率的函数叠加问题，取不到这种情况，所以选择取定正弦函数），叠加函数的图像包络线（拍状态时）为 $\pm 2\cos\left(\dfrac{a-b}{2}x\right)$，如图 8-3-3.

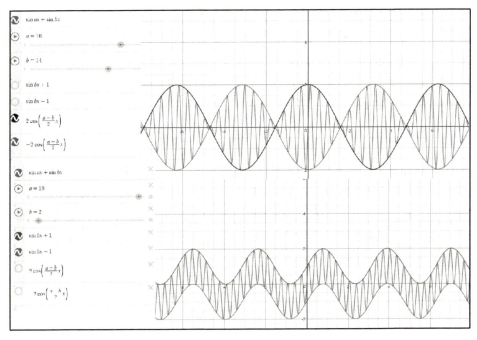

图 8-3-3

教师将所学知识与物理等学科融合，介绍数学与其他学科间的关联.

例如：给出一些乐器的声波图像，如果能掌握恰当的解法，就可以找到若干三角函数进行叠加，拟合声波函数，甚至发出声音. 在声音合成的过程中，当两个频率差距很小的声音叠加在一起时，会出现我们之前探究出来的拍状态.

设计意图：展示本节研究内容与其他学科的融合，给学生完整的"认知地图"，让学生"学以致用"，同时激发学生学习的兴趣，展示数学与信息技术结合的魅力.

1.请学生思考：我们是如何研究这些新函数的呢？可以先取特殊情况，画图观察；再推广到一般，提出猜想；最后从代数角度进行推理论证，还可以利用特殊化手段寻找思路，由此及彼、举一反三地拓展研究的范围，扩大方法的价值和内涵．

2.请学生课后继续研究其他参数对"三角函数的叠加"的影响．

五、教学特点与反思

1. 实现知识的重新构建

本节分为五个阶段，在时间分配中教师给予学生尽量多的探究和交流的时间，探究函数性质的过程实际上也是将之前所学习的函数性质进行回顾的过程，既是探究也是复习．拓展环节让学生能够"学以致用"，从理论和实践中体会到数学的魅力，为下一步实践探究提供了思路和方向，实现了知识重构的过程．即使课堂上没有涉及的结论也能为学生之后的学习埋下伏笔：比如包络线的生成、光学中的拍现象的应用等．

2. 凸显学生主体作用

在总体设计上，本节旨在让学生能够利用所学知识、方法与技能去探究新的函数性质，在教学方式上以学生为主体进行自主探究．教学的过程中教师起到的是引导者的作用，首先由师生确定所要研究的内容，比如函数的基本性质，单调性、奇偶性、周期性等，教师提供一种方案，但结论完全来自学生自主的合作探究与实践演练，教师在个别学生研究出现困难的时候给予一定的帮助，并不打扰其他学生的研究思路，体现了以学生为主体的课堂模式，教师从细节入手充分预设，实现多元的教学目标．

3. 教学主线分明

教学内容中的知识内容和思想方法（即明线与暗线）相互渗透，不单一强调某一点，而是交替进行，课堂中的每个环节都是总结提升的部分，不拘泥于传统形式．在实际操作中，教师带领学生用信息技术推动课堂交互，使得师生的交流更加快捷、丰富．

§8.4

案例 基于图形计算器的"正态分布"探究

一、教学背景分析

教学内容分析：正态分布是一种非常重要的连续型随机变量分布，它普遍应用于生活及自然科学中的概率统计问题，如一些商业领域中的股票变化，某国家男性身高，学生完成一项任务花费的时间，新生儿的体重以及在机械加工厂中的零件内径误差等.

在学习本节之前，学生已经完成离散型随机变量及其分布、连续型随机变量、指数分布、频率分布直方图和密度函数的学习.本节将利用教师提供的三组数据进行统计分析，引出正态分布.

近年来，随着科技和信息的迅猛发展，我们逐渐将 MATLAB，SPSS 统计软件，图形计算器等数学工具引入到课堂中，信息技术与数学课堂结合的趋势日益明显.本节，我们将借助图形计算器辅助正态分布概念的教学，利用该计算器的无线局域网、统计分析、函数绘图、游标、积分求值等功能，使学生熟练掌握正态分布密度函数曲线的生成过程，密度函数中参数对曲线形状的影响，及三个特殊的概率值求解等.本节旨在强化图形计算器在数学学习中的工具作用，解决正态分布中较为复杂的问题，辅助学生对本节的理解，并鼓励学生主动探究图形计算器的多重功能，尝试将其应用于日常学习与生活.

教学重难点：正态分布密度函数的图像及其特点与三个特殊概率值.

二、教学目标设置

1. 熟练掌握正态分布的概念、密度函数及其曲线和三个重要的特殊概率值.

2. 通过实例探究，体会正态分布曲线生成的过程，观察密度曲线的显著特征；通过操控游标，观测参数对密度曲线的影响，总结相关结论；通过对密度函数求积分，计算三个标准差范围内的特殊概率值，并应用于其他相关问题.

3. 利用正态分布的数学史，让学生体会无数专家开拓的科学之路，培养学生的人文情怀；通过分析实际案例数据，感受数学来源于生活并能回归指导生活；借助图形计算器解决数学问题，感受信息技术与数学的结合，激发学生的学习兴趣及自主探究的意识.

三、教学方法使用

信息技术与小组合作探究相结合．

四、教学过程设计

第一阶段：提出探究问题，引出正态分布

教师：本节我们将学习正态分布，它是与生活实际联系较为密切的一种概率分布类型，应用于生活和自然科学的各个领域．在认识正态分布前，我们已经学习了连续型随机变量的频率直方图及密度函数，这一阶段先借助图形计算器，完成三组数据的分析．

活动一：利用图形计算器分析数据的特征，数据由表 8-4-1、表 8-4-2 和表 8-4-3 给出．

表 8-4-1 高二年级 72 名男生的身高数据

单位：cm

身高	身高	身高	身高	身高
165	170	172	173	173
182	171	172	173	175
168	171	172	174	175
168	171	173	174	177
169	172	173	174	175
175	175	175	176	177
175	175	176	177	177
177	178	180	180	183
177	178	180	182	183
178	178	180	182	185
178	179	180	182	185
178	180	180	182	185
187	169	192	173	180
182	170	189	175	183
188	178			

表 8-4-2　高二年级 126 名学生第一学期期中测试数学分数

93	92	74	70	77	77	73	81	60
81	72	70	46	77	90	80	59	76
71.5	78	42	58	70	80	95	89	82
69	88	84	86	72	74	79	95	65
79	87	86	56	61	91.5	64	72	93
80	66	61	76	75	94	93	64	64
66	66	73	69	59	81	89	70	66
85	32	86	83	69	78	58	79	56
86	79	79	66	65	93	72	72	69
90	92	76	99	53	87	84	85	84.5
88	58	62	100	52	78	86	87	70
69	85	92	74	75	87	81	68	58
82	63	62	87	67	97.5	80	76	60
80	90.5	69	74	69	77	51	85	79

表 8-4-3　某机械加工厂 100 个钢管的内径数据

单位：mm

25.39	25.36	25.34	25.42	25.45	25.38	25.39	25.42
25.47	25.35	25.41	25.43	25.44	25.48	25.45	25.43
25.46	25.40	25.51	25.45	25.40	25.39	25.41	25.36
25.38	25.31	25.56	25.43	25.40	25.38	25.37	25.44
25.33	25.46	25.40	25.49	25.34	25.42	25.50	25.37
25.35	25.32	25.45	25.40	25.27	25.43	25.54	25.39
25.45	25.43	25.40	25.43	25.44	25.41	25.53	25.37
25.38	25.24	25.44	25.40	25.36	25.42	25.39	25.46
25.38	25.35	25.31	25.34	25.40	25.36	25.41	25.32
25.38	25.42	25.40	25.33	25.37	25.41	25.49	25.35
25.47	25.34	25.30	25.39	25.36	25.46	25.29	25.40
25.37	25.33	25.40	25.35	25.41	25.37	25.47	25.39
25.42	25.47	25.38	25.39				

由教师给出以上三组数据，学生分小组进行讨论，每个小组自行分工进行三组数据的研究，完成以下三个任务：

任务1：计算出每组数据的均值，标准差；

任务2：作出每组数据的频率直方图；

任务3：对比三组频率直方图的特征，总结规律．

设计意图：让学生分小组操作图形计算器，进行数据录入、单变量分析、绘制频数直方图、频率直方图等操作，在熟悉功能的同时，快速完成数据分析，并总结规律．鉴于每组学生进行合理分工，2—3名学生只需要负责一组数据的分析，因此该环节不会占用很长时间，且小组内对比三组数据的特征，得出结论，体现了集体的力量与智慧．

教师将纸质版的三组数据发给学生，每组数据都将由各组的2—3名学生完成分析，由于运用了图形计算器的无线局域网工具，教师在电脑端可以观察到每名学生的计算器界面，此时教师可以选取某一学生的界面，在电脑端进行动态展示，并进行指导．

以下为其中一组学生针对第一组数据探究的操作展示：数据录入及命名→选择单变量分析→添加数据与统计→为横轴赋值→绘制频数直方图→绘制频率直方图（如图8-4-1）．

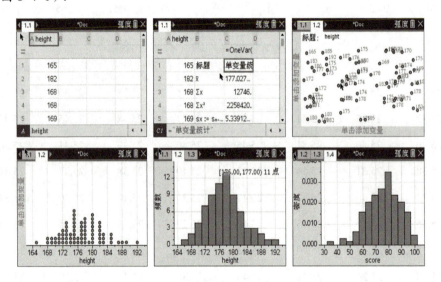

图8-4-1

同样，以下为第二组、第三组数据的数据表格及频率直方图界面（如图8-4-2）．

各小组完成三个任务后，选派代表进行分享，教师在电脑端直接打开分享各小组代表的图形计算器界面进行展示．

学生A：三组数据的均值和标准差分别为

第一组数据：男生身高均值：177.03　标准差：5.34；

第二组数据：数学成绩均值：75.42　　标准差：12.60;

第三组数据：钢管内径均值：25.40　　标准差：0.0569.

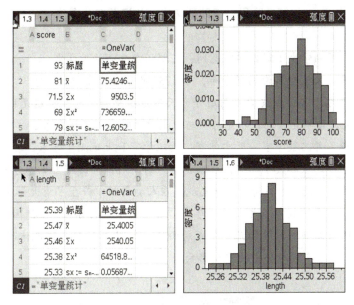

图 8-4-2

教师：学生现在已经可以很熟练地运用图形计算器进行分析，现在请观察每组学生作出的三个频率直方图，并说明具有怎样的特征.

学生B：观察这三组图我们发现，三个频率直方图的形状很相似，都是中间的数据比较密集，两边数据相对稀疏，导致直方图呈中间高、两边低的形态.

学生C：直方图的顶端形状有点像是开口向下的抛物线，形状较为对称，但是与抛物线不同的是，图形两边越来越趋于平稳.

教师：这三组数据的直方图都呈现出了中间高、两边低的特点，而且图形基本对称，随着数据逐渐变多，我们可以将组距分得更细，便可近似得出概率分布的密度曲线.教师可借助图形计算器上的 NormPdf 功能，展示出三组数据的正态分布的密度曲线（如图 8-4-3）.

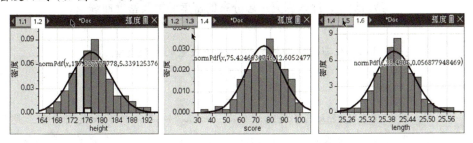

图 8-4-3

我们把密度曲线中间高、两边低，呈"钟"形的分布，称为正态分布.如果连

续型随机变量 X 服从正态分布，则记为 $X \sim N(\mu, \sigma^2)$，其中 μ 为均值，σ 为标准差．

第二阶段：借助数学史，认识正态分布

活动二：带领学生了解数学家高斯，了解正态分布的数学史．

正态分布，又被命名为高斯分布，于 1733 年第一次由德国数学家、天文学家棣莫弗提出，那为什么它会被称为高斯分布而不是棣莫弗分布呢？这是因为高斯率先将其应用于天文学研究，他在研究行星与恒星运动时应用了该分布．

高斯是德国著名数学家、天文学家、物理学家和大地测量学家，在 17 岁的时候发现了质数分布定理和最小二乘法．他成功得到高斯钟形曲线（正态分布曲线），在概率计算中被大量使用．高斯的这一发现，在人类文明中产生了重大影响．高斯被认为是世界上最重要的数学家之一，也享有"数学王子"的称号．在德国 10 马克钞票及硬币上，印有高斯的人像和正态分布的曲线（如图 8-4-4），这也体现了伟大的数学家高斯及正态分布在社会中的重要影响．

图 8-4-4

设计意图：教师通过介绍数学家的故事及正态分布的数学史，让学生感受数学应用之广泛，感受数学发展的伟大历程，激励学生学好正态分布，学好数学，主动探究，向科研巨匠看齐．

第三阶段：深入探究正态分布的密度函数及密度曲线

活动三：利用正态分布密度曲线的形态，寻找它的函数类型．

设计意图：引导学生有效利用所学知识进行正态分布密度函数形式的探究，强化学生间的合作，体现数学学习的环环相扣与严谨逻辑．

教师：我们现在已经认识了连续型分布——正态分布，接下来我们的重点是正态分布密度曲线的函数公式到底长什么样子？大家可以猜测它是怎样的一类函数．在我们学过的函数中，有哪类会呈现出钟形的特征呢？

学生 D：它中间的形状和我们学过的抛物线有些相像，但是两边的趋势不符．

学生 E：它是一个对称的函数，因而，如果它的对称中心为 y 轴，那么它应该是一个偶函数，我们可以先从这点开始探究.

学生 F：假设它的对称轴为 y 轴，那么它将在 $x=0$ 处取得最高点，且沿 x 正半轴方向随着 x 的增大函数值无限减小，我们可以先从右侧的图像开始着手研究.

学生 G：我觉得它右边的形状有点像指数函数的一部分，而且如果是减函数的话，那么它的底数应该是小于 1 的，比如底数为 0.5，指数为 x 的绝对值或平方的指数型函数，即 $y=0.5^{|x|}$ 或 $y=0.5^{x^2}$.

教师：接下来我们先做一个尝试，按照学生 G 所说的两种形式，试着用图形计算器作出对应的曲线，观察形状是否钟形.下面，请学生作出 $y=0.5^{|x|}$ 和 $y=0.5^{x^2}$ 的图像（如图 8-4-5）.

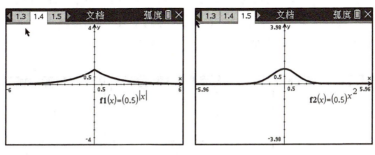

图 8-4-5

学生 H：经观察发现 $y=0.5^{x^2}$ 的函数图像形状和正态曲线非常一致.

教师：我们借助图形计算器在很短的时间内粗略地完成了正态分布密度函数的猜想，其实正态分布的曲线的确和我们所想的相似，它的密度函数形如

$$f(x)=\frac{1}{\sigma\sqrt{2\pi}}\mathrm{e}^{-\frac{1}{2\sigma^2}(x-\mu)^2}，-\infty<x<\infty，其中 \mu 为均值，\sigma 为标准差.$$

教师：这个式子形式相对复杂，大家可以想一些好的办法帮助准确记忆.我们目前虽然无法完成这个函数的推导，但是我们可以利用图形计算器验证它的概率和是否为 1（如图 8-4-6），在一定程度上也可以增加我们对此公式的接受度.

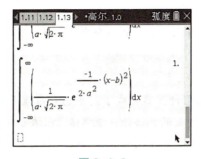

图 8-4-6

活动四：利用图形计算器研究正态分布密度曲线的两个参数．

设计意图：引导学生合理运用图形计算器的游标工具，直观观察参数对密度曲线的影响，师生共同总结规律，得出结论．

教师：现在我们已经知道了正态分布的密度曲线，在它的曲线中有两个参数，μ 和 σ．那么究竟这两个参数对曲线形状有怎样的影响呢？学生可以观察函数特征，也可以借助图形计算器进行分析．

学生 I：我们组认为均值应该会影响这个函数的水平位置，之前我们学过函数平移变换的"左加右减"原则．标准差可能会影响这个函数的形态，但具体随着参数如何变化，我们组尚在研究中．

学生 J：我们组通过游标工具，完成了这个函数中两个参数的分析，其中均值我们设为 b，标准差设为 a，均值对曲线的影响正如学生 I 所讲，比较好理解，当我们取定均值为 2 时，随着标准差从 0.4 变到 0.8 再到 1.4，再继续增大，曲线越来越扁平（如图 8-4-7：正态分布密度函数曲线随着参数的变化）．

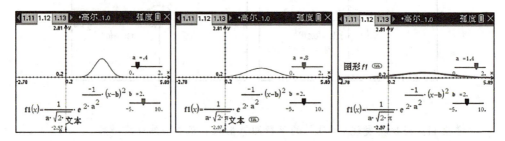

图 8-4-7

师生总结正态曲线的两个参数对曲线的影响：

均值 μ：影响曲线的水平位置．

标准差 σ：影响曲线的形态，σ 值越大，曲线的形状越矮胖（或扁平）；σ 值越小，曲线的形状越瘦高．σ 值体现了数据分布的集中程度．

第四阶段：实际应用，探究概率求解

活动五：借助图形计算器，完成正态分布的概率计算．

设计意图：借助图形计算器的积分功能，求解三个重要的概率值，学生自己操作得出结论，有助于对结论的记忆．

教师：请学生利用图形计算器完成下列正态分布概率的计算，后期我们会学习正态分布的概率表，借助查表的办法计算概率值．在学习查表之前，我们还可以利用图形计算器的积分工具求曲线与 x 轴围成的面积，即指定区域的概率．在此，有三个非常重要的概率值，学生可以借助图形计算器进行计算．

已知 $X \sim N(\mu, \sigma^2)$，求：

（1）$P(\mu - \sigma < X < \mu + \sigma)$；

（2）$P(\mu - 2\sigma < X < \mu + 2\sigma)$；

（3）$P(\mu - 3\sigma < X < \mu + 3\sigma)$.

学生 K：μ 和 σ 是未知的.

教师：大家可以先尝试下，在不给具体值的情况下是否可以计算.

经过计算，学生发现无论均值和标准差如何改变，对应的这三个概率值始终是固定的. 此时，教师带领学生总结该公式并记忆，落在 3σ 之外的数据非常少，只占到总数据的 0.3%（如图 8-4-8）.

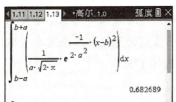 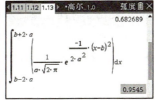 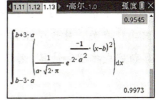

图 8-4-8

师生共同总结 3σ 原则：

$$P(\mu - \sigma < X < \mu + \sigma) \approx 0.68;$$

$$P(\mu - 2\sigma < X < \mu + 2\sigma) \approx 0.95;$$

$$P(\mu - 3\sigma < X < \mu + 3\sigma) \approx 0.997.$$

第五阶段：借用技术实时检测，夯实学习效果

活动 6：利用图形计算器的班级调查功能，发布当堂检测任务.

设计意图：实时反馈学生的作答数据，使教师了解学生的掌握情况，从而更有效地进行点评指导.

教师：下面请大家在图形计算器上查收调查任务，并认真完成每个题目的作答.

例 1 已知 $X \sim N(3, 16)$，下面哪个函数为该正态分布的密度函数？

A. $f(x) = \dfrac{1}{16\sqrt{2\pi}} e^{-\frac{1}{2 \times 16^2}(x-3)^2}$, $\quad -\infty < x < \infty$；

B. $f(x) = \dfrac{1}{3\sqrt{2\pi}} e^{-\frac{1}{18}(x-16)^2}$, $\quad -\infty < x < \infty$；

C. $f(x) = \dfrac{1}{4\sqrt{2\pi}} e^{-\frac{1}{32}(x-3)^2}$, $\quad -\infty < x < \infty$；

D. $f(x) = \dfrac{1}{4\sqrt{2\pi}} e^{-\frac{1}{8}(x-3)^2}$, $\quad -\infty < x < \infty$.

分析：该题考查正态分布密度函数公式的记忆，只需要将具体值代入公式判断选项即可．答案为 C．

例 2 关于正态函数的参数 μ，σ，以下哪种说法是错误的？

A. μ 决定曲线的水平位置；　　　　　　B. σ 决定曲线的形状；

C. σ 越大数据越集中，曲线越瘦高；　　D. σ 越大数据越分散，曲线越矮胖．

分析：该题考察参数对密度曲线的影响．答案为 C．

例 3 若 $X \sim N(5, 2^2)$，请你口算如下概率值：

$P(3<X<7)=$ _____；$P(1<X<9)=$ _____；

$P(5<X<11)=$ _____；$P(7<X<9)=$ _____．

分析：该题考查三个重要的概率，学生虽然可以采用图形计算器求积分的办法完成概率求解，但公式输入上比较耗费时间，通过观察，所给数据均与三个重要的概率值有关，建议学生作出正态分布的曲线，借助所求区间的位置和三个重要的概率值完成推理和计算．答案分别为：0.68，0.95，0.498 5，0.135．

五、教学特点与反思

1. 借助图形计算器展开教学环节，体现信息技术与数学课堂的有效结合

本节一方面运用了图形计算器的班级功能，实时展示学生的图形计算器操作界面，提升了课堂效率；另一方面，借助图形计算器开展小组探究，覆盖了图形计算器的绘图功能、数据分析功能、计算求解功能等，还用到了较为复杂的游标的使用，使学生通过运用信息技术简化数学运算和分析过程，体会信息技术和数学的结合，鼓励学生主动学习信息技术，并将其运用于日常所学．

2. 借助生活实例，体会数学来源于生活更指导生活

本节的第一阶段给出生活实际中十分常见的案例，学生借助图形计算器，完成三组案例数据的分析，得出年级男生身高、年级数学测试成绩及机械加工厂零件内径的均值、标准差及频率直方图，较为直观地描述出现实生活中某类数据的特征．图形计算器帮助我们更好地总结数据、理解生活，进而激发学生学习数学的兴趣，提升应用数学知识解决实际问题的能力和信心．

3. 小组合作探究，提升课堂效率

本节多次体现了小组合作探究的重要性．首先，在三组数据的分析中，我们并不需要每名学生都进行三组数据的分析，组内合理分工，分别进行指定数据的研究，再进行小组交流，将三组数据的结果进行比对，一方面避免了耗时，另一方面，也促进了学生间的协作，每名学生都参与其中，并乐于分享．其次，在借助图形计算器进行正态分布密度函数的探究时，小组间展开激烈讨论，探究何种函数的图像可以呈钟形，学生相互补充，层层递进，最终完成函数的合理推测，这大大提升了课堂效率．

4. 重点内容当堂检测，实时反馈数据结果，夯实学生学习效果

目前，很多学校提倡"三效课堂"，鼓励教师引导学生完成"堂堂清""日日清""周周清"，本节运用图形计算器的课堂调查功能，考查了十分重要的三块内容：正态分布的密度函数，参数对正态曲线形状的影响，特殊的概率值求解. 通过学生作答结果的实时统计，教师更快捷地了解到学生的掌握情况，并完成特定问题的随堂指导，真正完成了"堂堂清"的教学目标.

5. 课堂中渗透数学史，提升课堂的人文情怀

本节在正态分布的介绍中，引入数学史知识，使学生感知著名数学家高斯在正态分布的发现和应用中的重要作用，引导学生将历史上一代代科学巨匠设立成学习的榜样，学习他们的工匠精神.

§8.5
案例 导数的概念及其几何意义

一、教学背景分析

教学内容分析：微积分的教学内容主要包含极限、导数及导数的应用、积分及积分的应用、级数四大部分，其中导数是微积分的核心概念，在中学数学中有重要的地位和作用. 从横向看，导数是众多知识的交汇，是研究函数单调性、凹凸性、极值和切线等问题的重要工具，同时在物理、经济等科学领域有广泛的应用，用导数的思想解决实际问题可以使复杂问题简单化. 从纵向看，导数是函数内容学习的延续和深化，也是对极限知识的发展，同时为后续研究导数的几何意义及应用打下必备的基础，具有承前启后的重要作用.

导数概念的本质是极限，在人教版教材中不介绍极限定义和表示形式，而是通过列表计算，直观上观察函数的变化趋势，这实际蕴含的是极限的思想. 而在 AP 微积分课程中是在学习了极限的定义和表示形式，以及极限的运算之后再学习导数，学生已经初步掌握了极限的逼近思想以及极限的表示形式.

学情分析：学生在学习了函数的定义、一次函数、二次函数、幂函数、多项式函数、指对数函数、三角函数等函数的性质后直接进入微积分知识的学习. 学生从初中数学中简单的函数，直接过渡到高阶的数学知识. 在此之前，学生对函数知识的理解比较浅层，对知识的归纳和总结能力、数学逻辑思维能力、抽象思维能力和理解能力都较弱.

本节之前学生已经学习了极限的定义和函数平均变化率，以及物理中的平均速度和瞬时速度，对函数的变化率和极限的逼近思想有直观的感悟和一定的理解，具有了学习本节知识必备的认知基础.

教学重难点：瞬时速度、瞬时变化率、导数概念的形成及导数几何意义的理解.

二、教学目标设置

1. 通过平均变化率的极限来刻画瞬时变化率，理解导数的概念及其几何意义，会利用导数定义求简单函数在某点处的导数.

2. 通过信息技术工具演示，学生自主观察体会极限的思想，从实例中抽象出导数的定义，培养学生观察、分析和归纳总结的能力，体会从特殊到一般的解题思路.

3. 培养学生的探究和合作能力，利用信息技术工具动态展示知识的形成过程，降低思维难度，激发学生学习数学的兴趣.

三、教学方法使用

采用启发式教学、合作式教学、借助直观演示引导学生主动探究.

四、教学过程设计

第一阶段：创设情境，引出问题

教师在课堂上播放一段奥运会运动员跳水的视频，学生感受运动员跳水的整个过程和每一时刻的状态.

> 问题1：在一次跳水运动中，某高台跳水运动员相对于水面的高度 h（单位：m）与起跳后的时间 t（单位：s）存在函数关系：$h(t)=-4.9t^2+6.5t+10$. 计算运动员在 $0 \leqslant t \leqslant 1$ 和 $1 \leqslant t \leqslant 2$ 时间段内的平均速度.

师生活动预设：

学生在物理中已经学过平均速度，很容易就得到

当 $0 \leqslant t \leqslant 1$ 时，$\bar{v} = \dfrac{h(1)-h(0)}{1-0} = 1.6\,(\text{m}/\text{s})$；

当 $1 \leqslant t \leqslant 2$ 时，$\bar{v} = \dfrac{h(2)-h(1)}{2-1} = -8.2\,(\text{m}/\text{s})$.

通过平均速度的求解，学生想到之前学过的平均变化率，将平均速度与函数的平均变化率建立联系.

教师：我们可以用平均速度描述运动员的运动状态吗？

设计意图：学生认识到平均速度只能描述某段时间内的运动状态，并不能准确

刻画运动员在某一具体时刻的运动状态；而高台跳水运动员需要在跳水过程中做出各种不同的动作，为了设计不同时刻的不同动作，需要准确把握运动员在每一时刻的瞬时速度．这引发学生的认知冲突，进而明确本节学习的必要性．

教师：那么如何求运动员在 $t=1$ 这一时刻的瞬时速度？

师生活动预设：

1. 教师提示，瞬时速度与平均速度有什么关系吗？如汽车在行驶的过程中表盘上的速度是瞬时速度，是如何测量的呢？引导学生"以已知探究未知"，根据平均速度求瞬时速度，明确研究方法的合理性．

2. 有学生回答当平均速度的时间间隔非常小的时候，平均速度将会接近瞬时速度．学生的这一感观认识到底对不对呢？如何来刻画时间间隔非常小呢？

3. 教师提示，我们要求 $t=1$ 这一时刻的瞬时速度，那我们来研究一下距离 $t=1$ 这一时刻的非常短的时间间隔内平均速度的变化情况．用 Δt 表示距离 $t=1$ 的时间间隔，分别研究不同 Δt 值下平均速度的大小，并观察得出结论．

第二阶段：小组合作，自主探究

教师利用 Excel 展示 Δt 取不同值时，平均速度 $\bar{v}=\dfrac{h(1+\Delta t)-h(1)}{\Delta t}$ 的值，学生分组合作取值，分别给 Δt 赋值，最终对比学生的结果，其中一组结果如表 8-5-1.

表 8-5-1　Δt 取不同值时平均速度 $\bar{v}$ 的值

当 $\Delta t>0$ 时，在 $[1，1+\Delta t]$ 内，$\bar{v}=\dfrac{h(1+\Delta t)-h(1)}{(1+\Delta t)-1}=-4.9\Delta t-3.3$		当 $\Delta t<0$ 时，在 $[1+\Delta t，1]$ 内，$\bar{v}=\dfrac{h(1)-h(1+\Delta t)}{1-(1+\Delta t)}=-4.9\Delta t-3.3$	
Δt	$\bar{v}$	Δt	$\bar{v}$
0.01	−3.349	−0.01	3.251
0.001	−3.304 9	−0.001	3.295 1
0.000 1	−3.300 49	−0.000 1	−3.299 51
0.000 01	−3.300 049	−0.000 01	−3.299 951
0.000 001	−3.300 004 9	−0.000 001	−3.299 995 1
…	…	…	…

活动过程：在学生分组取值的过程中，有的小组时间间隔为 1 s，有的为 0.1 s，有的取值少，有的取值多，学生发现当 Δt 取值越大，数量越少越不易观察出平均速度的变化趋势，更多的数值计算有利于学生快速发现规律.

在取值的过程中也有的学生只取时间间隔为正值的情况而忽略了间隔为负值的情况，在时间间隔分别取正、负的过程，即分别从 $t=1$ 的两侧趋近于 $t=1$ 这一时刻的过程中学生很容易联想到前面学过的极限，当时间间隔非常小时，可以刻画为 $\Delta t \rightarrow 0$，最终学生发现，当 $\Delta t \rightarrow 0$ 时，平均速度趋近于一个确定的值 -3.3，即极限值 $\lim\limits_{\Delta t \rightarrow 0} \dfrac{h(1+\Delta t)-h(1)}{(1+\Delta t)-1}=-3.3$，也称为瞬时变化率，这个极限值同时也是 $t=1$ 这一时刻的瞬时速度，学生通过极限将平均速度和瞬时速度，平均变化率和瞬时变化率建立联系．

设计意图：学生在 Δt 取值逐渐减少的过程中感受到平均速度的变化趋势，经历计算、观察、发现规律的过程，归纳总结出平均速度与瞬时速度，平均变化率与瞬时变化率的关系．基于学生的数学运算能力和理解能力较弱，通过表格的形式展示出来，学生更容易快速理解．

第三阶段：从特殊到一般，归纳总结

教师：那么如何求运动员在任意时刻 t 处的瞬时速度呢？

基于以上 $t=1$ 时刻瞬时速度的讨论，学生通过类比很容易得到任意时刻的瞬时速度：

$$
\begin{aligned}
v(t) &= \lim_{\Delta t \rightarrow 0} \frac{h(t+\Delta t)-h(t)}{(t+\Delta t)-t} \\
&= \lim_{\Delta t \rightarrow 0} \frac{-4.9\Delta t^2 - 9.8t\Delta t + 6.5\Delta t}{\Delta t} \\
&= \lim_{\Delta t \rightarrow 0}(-4.9\Delta t^2 - 9.8t + 6.5) \\
&= -9.8t + 6.5 .
\end{aligned}
$$

设计意图：从特殊到一般，即从 $t=1$ 时刻的瞬时速度到任意时刻的瞬时速度，得出问题的结论，获取一般的表示形式，此时再求具体某一时刻的瞬时速度，直接将具体的时间代入上式即可．

第四阶段：知识迁移，进一步体会逼近思想

本节之前学生已经学习了平均变化率，并学习了曲线上割线和切线的定义．

问题2：连接曲线 $f(x)$ 上任意两点 $P(c, f(c))$，$Q(c+\Delta x, f(c+\Delta x))$ 构成的割线的斜率与曲线上以 P 点为切点的切线的斜率有什么关系？

师生活动预设：

教师用 GeoGebra 展示曲线上两点的割线和一点处的切线，固定 P 点，移动 Q 点，减小两点之间的距离，观察割线的斜率与曲线的斜率的关系，如图 8-5-1.

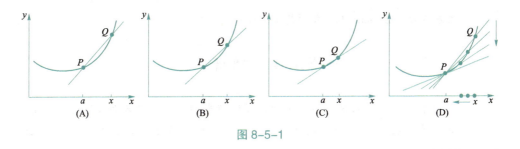

图 8-5-1

通过动态图展示，学生体会到当 Q 点靠近 P 点的时候，割线渐渐与切线重合，即当 $\Delta x \to 0$ 时，割线的斜率越来越接近于切线的斜率，同时体现的也是极限的逼近思想．所以

$$k_{切线=} \lim_{\Delta x \to 0} \frac{f(c+\Delta x)-f(c)}{(c+\Delta x)-c} = \lim_{\Delta x \to 0} k_{割线}.$$

设计意图：通过动态图展示，学生从瞬时速度与平均速度的关系，迁移到割线斜率到切线斜率的关系，找到相同之处，并会用极限的形式表示它们之间的关系，会用极限的形式求曲线在任一点处切线的斜率．

因此得出一般的结论，曲线在任意一点 $(x, f(x))$ 处切线的斜率为

$$k_{切线} = \lim_{\Delta x \to 0} \frac{f(x+\Delta x)-f(x)}{(x+\Delta x)-x}.$$

例 1 求函数 $f(x)=2x-3$ 在 $x=2$ 处切线的斜率及切线方程．

解

$$
\begin{aligned}
k_{切线=} &\lim_{\Delta x \to 0} \frac{f(x+\Delta x)-f(x)}{(x+\Delta x)-x} \\
&= \lim_{\Delta x \to 0} \frac{2(x+\Delta x)-3-(2x-3)}{(x+\Delta x)-x} \\
&= \lim_{\Delta x \to 0} \frac{2\Delta x}{\Delta x} \\
&= 2.
\end{aligned}
$$

切线方程为 $y-1=2(x-2)$，化简得 $y=2x-3$．

$f(x)=2x-3$ 是一条直线，很明显在任意一点处切线的斜率都是 2，也就是直线的斜率，通过以上过程我们也证明了这一点，验证了我们之前结论的合理性．

练习 1 求抛物线 $f(x)=x^2+1$ 在 $x=-1$ 处切线的斜率及切线方程．

解

$$
\begin{aligned}
k_{切线} &= \lim_{\Delta x \to 0} \frac{f(x+\Delta x)-f(x)}{(x+\Delta x)-x} \\
&= \lim_{\Delta x \to 0} \frac{(-1+\Delta x)^2+1-((-1)^2+1)}{(-1+\Delta x)-(-1)} \\
&= \lim_{\Delta x \to 0} \frac{-2\Delta x+\Delta x)^2}{\Delta x} \\
&= -2.
\end{aligned}
$$

切线方程为 $y-2=-2(x+1)$，化简得 $y=-2x$.

第五阶段：抽象概念

以上两个探究分别从物理和数学的角度理解平均变化率与瞬时变化率的关系，教师引导学生略去这两个问题的实际意义，抽象出任意函数 $f(x)$ 在任意一点 $(x, f(x))$ 的瞬时变化率的表示：

$$\lim_{\Delta x \to 0} \frac{\Delta y}{\Delta x} = \lim_{\Delta x \to 0} \frac{f(x+\Delta x) - f(x)}{(x+\Delta x) - x}.$$

若以上极限值存在，则定义上述极限为 $f(x)$ 在 $(x, f(x))$ 处的导数，记作：$f'(x)$，或者 $\dfrac{dy}{dx}$，y'，$\dfrac{d}{dx}[f(x)]$. 即 $f'(x) = \lim\limits_{\Delta x \to 0} \dfrac{f(x+\Delta x) - f(x)}{(x+\Delta x) - x}$.

设计意图：从实际问题中抽离，用一般的数学符号表示，并给出导数定义，同时得到导数的几何意义是曲线在这一点处切线的斜率.

例 2 求 $f(x)=2x-3$ 在任意点处的导数.

解

$$
\begin{aligned}
f'(x) &= \lim_{\Delta x \to 0} \frac{f(x+\Delta x) - f(x)}{(x+\Delta x) - x} \\
&= \lim_{\Delta x \to 0} \frac{2(x+\Delta x)-3-(2x-3)}{\Delta x} \\
&= \frac{2\Delta x}{\Delta x} \\
&= 2.
\end{aligned}
$$

基于例 2 的分析学生很容易将此极限值跟导数建立关系，并基于导数的几何意义得到任意点的导数即为该点切线的斜率.

练习 2 求 $f(x)=\sqrt{x}$ 在点 $(1,1)$ 处切线的斜率.

解 通过以上总结，$f(x)=\sqrt{x}$ 在点 $(1,1)$ 处的导数即切线的斜率.

$$
\begin{aligned}
f'(1) &= \lim_{\Delta x \to 0} \frac{f(1+\Delta x) - f(1)}{(1+\Delta x) - 1} \\
&= \lim_{\Delta x \to 0} \frac{\sqrt{1+\Delta x} - 1}{\Delta x} \\
&= \lim_{\Delta x \to 0} \frac{(\sqrt{1+\Delta x} - 1)(\sqrt{1+\Delta x} + 1)}{\Delta x(\sqrt{1+\Delta x} + 1)} \\
&= \lim_{\Delta x \to 0} \frac{\Delta x}{\Delta x(\sqrt{1+\Delta x} + 1)} = \frac{1}{2}.
\end{aligned}
$$

设计意图：掌握利用导数定义求导数的步骤，从而更深入地理解导数定义，理解导数的几何意义是切线的斜率. 学生比较熟悉分母有理化，对于分子的有理化变形学生是比较生疏的，在这里让学生熟悉并掌握这种变形技巧.

第六阶段：归纳总结，强化导数的定义和表示形式

展示本节学过的关系表达式：

平均变化率：$\dfrac{\Delta f}{\Delta x} = \dfrac{f(x + \Delta x) - f(x)}{\Delta x}$；

瞬时变化率：$\lim\limits_{\Delta x \to 0} \dfrac{\Delta f}{\Delta x} = \lim\limits_{\Delta x \to 0} \dfrac{f(x + \Delta x) - f(x)}{\Delta x}$.

平均速度：$\overline{v(t)} = \dfrac{\Delta h}{\Delta t} = \dfrac{h(t + \Delta t) - h(t)}{\Delta t}$；

瞬时速度：$v(t) = \lim\limits_{\Delta t \to 0} \dfrac{\Delta h}{\Delta t} = \lim\limits_{\Delta t \to 0} \dfrac{h(t + \Delta t) - h(t)}{\Delta t}$；

割线斜率：$k_{割线} = \dfrac{\Delta f}{\Delta x} = \dfrac{f(x + \Delta x) - f(x)}{\Delta x}$；

切线斜率：$k_{切线} = \lim\limits_{\Delta x \to 0} \dfrac{\Delta f}{\Delta x} = \lim\limits_{\Delta x \to 0} \dfrac{f(x + \Delta x) - f(x)}{\Delta x}$；

导数的定义：$f'(x) = \lim\limits_{\Delta x \to 0} \dfrac{\Delta f}{\Delta x} = \lim\limits_{\Delta x \to 0} \dfrac{f(x + \Delta x) - f(x)}{\Delta x}$.

设计意图：知识再现，培养学生对知识的归纳总结能力，进一步加深学生对知识的理解．学生对于自主探究的知识往往记忆比较深刻，理解比较到位，这样可以帮助学生后面更好地理解各种求导公式及其证明．

第七阶段：布置作业

1. 求 $f(x)$ 在给定点处切线的斜率，并写出切线方程.

（1）$f(x)=3-5x$，点 A 横坐标为 $x=-1$；

（2）$f(x)=2x^2-3x+1$，点 A 坐标为 $(2, 3)$.

2. 已知：$f(x)=\dfrac{1}{x}$；

（1）求 $f'(x)$；

（2）曲线 $f(x)$ 在哪一点处切线的斜率为 $-\dfrac{1}{4}$？

设计意图：进一步认识导数的几何意义是斜率，并通过导数的极限定义求出函数在给定点处的导数，即给定点处切线的斜率，反之也可以通过已知切线的斜率判断切点的位置，同时进一步巩固用点斜式写出切线方程．

五、教学特点与反思

1. 引导学生合作，自主探究，发现问题

导数是微积分的核心内容，本节是导数部分的起始课，主要内容包含变化率、导数的定义、导数的几何意义三个部分．教学过程中主要采用教师提出问题，启发学生思考，引导学生发现规律的方法．

学生在学习本节之前已经具备了一定的认知基础，如物理中的平均速度和瞬时速度的定义，当给出跳水的实际案例时，能迅速反应出平均速度与瞬时速度的区别；同时在几何层面也学习了割线、切线及斜率；且已经学习了严格的极限定义和表示形式，虽然对于函数的知识学习比较浅，数学的逻辑思维能力和理解能力也不强，但学过极限能让学生快速地理解到时间间隔很小和两点间距离很小是取极限的过程，能利用极限的逼近思想来理解平均变化率和瞬时变化率，平均速度和瞬时速度，割线斜率和切线斜率的关系，并能通过极限将它们建立联系．

在探究变量的关系时，首先是特殊点处的瞬时变化率，然后是任意点的瞬时变化率，从特殊到一般，得到一类问题的一般性结论．

2. 信息技术工具动态展示，提高效率

由于有时学生的抽象能力不强，为了使学生快速地发现规律并总结知识点，我们采用信息技术作为工具展示动态变化的过程，让学生从直观上进一步感受"逼近的思想"，体会知识的形成和发展．在本节中，教师未着重强调证明过程，例题和练习题的难度也相对适中，目的是使学生可以从感观中得出结论并进行验证，先让学生理解，然后重点是应用．

§8.6

案例　麦克劳林级数

一、教学背景分析

教学内容分析：在本节之前，学生学习了无穷级数的基本概念，判断级数是否收敛的方法，以及幂级数这一重要的级数．在此基础上，学生便可以开始探索级数这一部分的核心：麦克劳林级数．

麦克劳林级数是泰勒级数在零点的特殊形式，也是最重要最常用的形式．泰勒级数起源于近似计算，例如，$e^{1.2}$ 的值为多少？在泰勒级数出现之前，主要通过著名的牛顿插值公式来进行函数值的估计．但是牛顿并没有给出该公式的详细证明．1712

年，英国数学家泰勒结合牛顿插值公式和函数可导性给出了泰勒级数的表达式．随后，大量数学家对级数的形式及应用进行了研究，只有少数学者对其收敛性提出疑问．直到 19 世纪初，无穷级数的严格化研究才开始．在本节中，学生也将按照这一历史顺序来研究麦克劳林级数．学生首先需要正确地写出给定函数的麦克劳林级数，然后结合技术手段探索该级数是否收敛，最后再从理论上研究该级数的收敛条件．

随着数学的发展，麦克劳林级数的应用已经远远超出了近似计算的范围．由于它能把复杂的函数近似表示为简单的幂级数形式，因此对我们研究复杂函数的性质有巨大的帮助．麦克劳林级数除了在数学中具有举足轻重的作用，它在其他领域的应用也不容小觑．在物理学中，将比较复杂的势能函数近似为麦克劳林级数是极其普遍的操作，由此带来了很多重要的发现．将麦克劳林级数的相关概念融入复变函数领域产生了极其重要的成果，该成果是物理学中的大统一理论（弦论）的基本数学工具．在人工智能领域，哈里斯（Harris）角点检测原理也用到了麦克劳林级数．

教学重难点：求函数的麦克劳林级数；理解函数和麦克劳林级数之间的关系；证明麦克劳林级数的收敛性．

二、教学目标设置

1. 知道什么是麦克劳林多项式，能通过求导的方法求出麦克劳林多项式的系数，并最终写出函数的麦克劳林多项式．

2. 通过对麦克劳林多项式进行推广，猜想出麦克劳林级数的一般形式，并结合技术手段探索麦克劳林级数的收敛性．

3. 通过实验探究，感悟数学家研究数学的过程与方法，培养严谨的科学观．

三、教学方法使用

应用信息技术进行探究．

四、教学过程设计

第一阶段：课题引入

学生活动 1：什么是麦克劳林多项式？它的作用是什么？

设计意图：回顾麦克劳林多项式，进而自然地引出麦克劳林级数．

活动结果：根据之前学习的知识，学生写出麦克劳林多项式，

$$f(x) \approx p_n(x) = f(0) + f'(0)x + \frac{f''(0)}{2!}x^2 + \cdots + \frac{f^{(n)}(0)}{n!}x^n.$$

学生活动2：如何修改麦克劳林多项式，使近似关系变成相等关系？

设计意图：引导学生自己提出猜想，体会数学研究的过程.

活动结果：由于推广非常自然明显，学生都能正确猜想出麦克劳林级数，

$$f(x) = f(0) + f'(0)x + \frac{f''(0)}{2!}x^2 + \cdots + \frac{f^{(n)}(0)}{n!}x^n + \cdots.$$

第二阶段：提出问题

学生活动1；上述猜想是否正确？我们选择几个常见的函数进行验证.

设计意图：让学生体验小组合作和自主探索的研究模式.

活动过程：为验证猜想，每3名学生组成一个小组，在 $\sin x$，$\cos x$，e^x 中自行选择一个函数求出对应的麦克劳林级数：

$$\sin x \sim x - \frac{x^3}{3!} + \cdots;$$

$$\cos x \sim 1 - \frac{x^2}{2!} + \cdots;$$

$$\mathrm{e}^x \sim 1 + x + \frac{x^2}{2!} + \cdots.$$

然后，用图形计算器画出这三个函数及其对应的麦克劳林级数的前几项的图像，进行观察比较.

活动结果：不同小组通过不断增加麦克劳林级数的项数，发现对应图像的重合范围越来越大，最终得出猜想，当项数变为无穷之后，各函数对应的麦克劳林级数收敛于该函数，如图8-6-1.

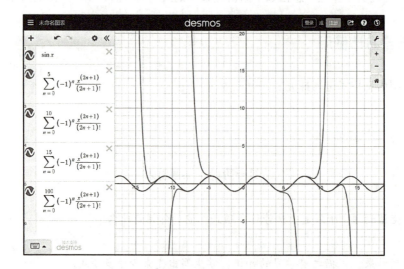

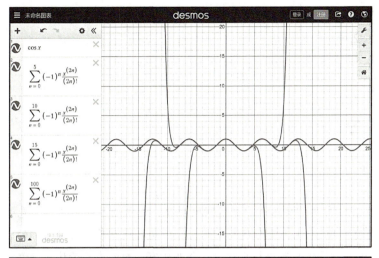

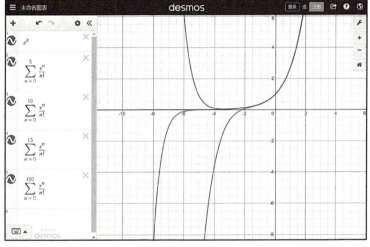

图 8-6-1

第三阶段：深入探究

学生活动 1：是否所有函数的麦克劳林级数都一定收敛呢？求 $f(x) = \dfrac{1}{1-x}$ 的麦克劳林级数并用图形计算器画图.

设计意图：在小组合作过程中引导学生体会信息技术对研究问题的辅助作用. 积极鼓励学生作答，活跃课堂气氛，由学生自主分工展示成果.

活动过程：学生分成小组，求出该函数的麦克劳林级数 $1+x+x^2+\cdots$.

然后，用图形计算器画图，如图 8-6-2.

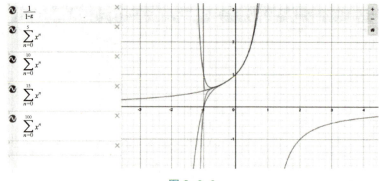

图 8-6-2

学生发现了与之前的三个函数不同的现象：随着项数的增多，麦克劳林级数和原函数只是在（-1，1）上重合度越来越大，但是在这个范围之外它们的图像差别很大．由此，学生从图像中可以得出结论：并非所有函数的麦克劳林级数都收敛．

进一步探索：如果某函数的麦克劳林级数收敛，那么它是否一定收敛于该函数呢？

学生活动 2：求函数 $f(x) = \begin{cases} e^{-\frac{1}{x^2}}, & x \neq 0, \\ 0, & x = 0 \end{cases}$ 的麦克劳林级数并画图．

活动过程：在求麦克劳林级数的各项系数时，需要用洛必达法则求极限，过程涉及求导和换元，例如，求一次项前面的系数

$$f'(0) = \lim_{x \to 0} \frac{f(x) - f(0)}{x - 0}$$

$$= \lim_{x \to 0} \frac{e^{-\frac{1}{x^2}}}{x}$$

$$= \lim_{u \to \infty} \frac{u}{e^{u^2}}$$

$$= \lim_{u \to \infty} \frac{1}{2ue^{u^2}}$$

$$= 0.$$

用类似的方法，学生最终得到了该函数的麦克劳林级数：0+0+0+⋯．

活动结果：显然，该函数对应的麦克劳林级数收敛，但它收敛于 0 而非原函数．从这个例子当中，学生可以清楚地看到，一个函数的麦克劳林级数即使收敛，也不一定收敛于自身．

综合以上研究，学生认识到：一个函数和其麦克劳林级数并不能随便画上等号．

第四阶段：总结提升

思考：既然并不是所有的函数和其麦克劳林级数都能画上等号，那满足什么条件的函数可以和其麦克劳林级数画上等号呢？之前我们学习过泰勒余项的概念，是

否可以利用泰勒余项来猜测一下这个条件呢？

学生活动 1：证明泰勒余项极限为零时，麦克劳林级数收敛于原函数．

活动过程：经过提示之后，学生能够完成该猜想的证明．

活动结果：一个麦克劳林级数的前 n 项部分和与前 n 项麦克劳林多项式一致，也就是 $S_n(x)=P_n(x)$．用 $R_n(x)$ 表示泰勒余项，那么：

$$P_n(x) = f(x) - R_n(x),$$
$$\lim_{n \to \infty} S_n(x) = \lim_{n \to \infty} P_n(x)$$
$$= \lim_{n \to \infty} \left[f(x) - R_n(x) \right]$$
$$= f(x) - \lim_{n \to \infty} R_n(x).$$

容易看出，当且仅当泰勒余项极限为零时，麦克劳林级数收敛于原函数．

学生活动 2：证明 $f(x)=\sin x$ 等于其麦克劳林级数．

设计意图：通过具体的例子让学生真正理解之前的抽象证明．

活动过程：由于 $f^{(n+1)}(x)=\pm\sin x$ 或 $f^{(n+1)}(x)=\pm\cos x$，我们能得到 $|f^{(n+1)}(z)| \leq 1$，对任意实数 z．应用之前学过的泰勒定理，

$$0 \leq \left| R_n(x) \right| = \left| \frac{f^{(n+1)}(z)}{(n+1)!} x^{n+1} \right| \leq \frac{|x|^{n+1}}{(n+1)!}.$$

我们已知极限

$$\lim_{n \to \infty} \frac{|x|^{n+1}}{(n+1)!} = 0.$$

根据夹逼定理，泰勒余项的极限只能为零，证明完成．

至此，我们就可以安心地把 $\sin x$ 和它的麦克劳林级数"划上等号"了．

活动结果：学生通过这个简单但却非常重要的例子，真正领会到了之前抽象证明的精髓．

总结：当泰勒余项的极限为零时，一个函数才等于它的麦克劳林级数．

五、教学特点与反思

1. 结合信息技术手段辅助探索

麦克劳林级数是级数这一部分内容的核心，也是微积分中极其重要的内容，因为该级数研究的是将一般的函数写成非常简单的多项式的形式，从而使很多问题都得到简化，所以普遍出现在数学和其他领域中．学生在初学麦克劳林级数时，非常容易犯的错误就是把任何一个函数都和它的麦克劳林级数划上等号．本节设计的核心就是通过信息技术方法让学生避免这种错误的想法，而信息技术手段凭借其形象化的特点，非常容易让学生看到随着项数的增多，麦克劳林级数是按照怎样的趋势发展，进而能够比较容易地确定麦克劳林级数是否收敛以及是否收敛于原函数．如果没有信

息技术手段，仅凭代数表达式是很难看到这些结果的．

与此同时，我们并没有停留在只看现象这一阶段．学生在本节的学习更像在做实验．看到现象之后，我们需要找到这个现象背后的原因，进行严格的数学分析，这种分析反过来又能让学生更加深刻地理解看到的现象．因此，信息技术手段和分析论证是相辅相成的，我们可以利用技术，但不能完全依赖于技术．

2. 合作学习，共同探究

在本节课上，学生分成了小组，每个小组的任务不尽相同．例如，本节需要求出三个函数的麦克劳林级数，如果每名学生都把这三个问题做一遍，时间花费就会比较多，上课效率会降低，但我们又需要将这三个函数的麦克劳林级数进行比较，那最好的方法就是让每个小组选择一个函数来计算．在组内，不同的组员也有不同的分工，有的做计算，有的画图，有的进行最后的分享总结．在这个过程中，每名同学都非常明确自己的任务，体会到了合作学习这一新的学习模式．

附录1 数学文化节（π Day）

附录2 魔方的还原与制作

附录3 TI 技术科学实验室

附录4 数学建模专题课程设计与实施

读者意见反馈

为收集对教材的意见建议，进一步完善教材编写并做好服务工作，读者可将对本教材的意见建议通过如下渠道反馈至我社。

咨询电话　400-810-0598

反馈邮箱　hepsci@pub.hep.cn

通信地址　北京市朝阳区惠新东街 4 号富盛大厦 1 座

　　　　　　高等教育出版社理科事业部

邮政编码　100029

防伪查询说明

用户购书后刮开封底防伪涂层，使用手机微信等软件扫描二维码，会跳转至防伪查询网页，获得所购图书详细信息。

防伪客服电话　（010）58582300